모형 전자공작
아두이노 프로그램편

박성윤 / 박철종 지음

AK HOBBY BOOK

머리말

제가 전자공작을 처음 시작한 것은 중학생 때 전자공작부에 들어가면서부터였습니다. 깜빡이는 전자꽃과 재미있는 소리를 내는 사이렌 회로 등을 직접 조립해서 작동하는 것이 흥미로웠습니다. 그런데 조금이라도 기능을 바꿔보려고 시도하면 회로가 제대로 작동하지 않았습니다. 부품을 구할 수 있는 것도 제한적이고, 책을 봐도 이해하기 어려워 전자공작에 대한 관심은 점점 사라지게 되었습니다.

그 후에 모형제작을 취미로 하던 중, LED를 사용하기 시작한 것이 다시 전자공작에 관심을 갖게 된 계기가 되었습니다. 기본적인 전자공작을 반복하며 점점 익숙해지다 보니 자연스럽게 아두이노에도 관심이 생겼습니다.

하지만 "프로그램"을 공부해야한다는 부담에 2년 정도 망설이다 어떻게든 해보자는 마음으로 LED를 서서히 켜고 끄는 코드를 시도해봤습니다. 간단히 원하는 작동을 손쉽게 만들 수 있어 깜짝 놀랐습니다. 이때가 그토록 두려워하던 프로그램이 원하는 기능을 만들 수 있는 훌륭한 도구가 되는 순간이었습니다. 목표가 생기니 다양한 자료를 찾으며 공부하는 것도 재미있었습니다.

이 책의 공저자인 아들, 철종과의 협력은 2016년부터였습니다. 당시 중학생이었던 아들은 평소 프로그래밍에 관심이 있었기에 다양한 프로젝트를 함께 진행했습니다(아빠는 아날로그 세대, 아들은 디지털 세대. 그래서 D&A). 아마 아들과의 협력이 없었다면 저의 전자공작 취미는 훨씬 느리게 발전했거나 일찌감치 포기했을 수도 있습니다. 다양한 프로그램 언어를 공부하며 대학생이 된 지금은 제가 많은 도움을 받고 있습니다. 만약 세 번째 책을 쓰게 된다면 아들의 능력을 마음껏 발휘한 재미있는 코드를 보실 수 있을 것 같습니다.

21세기의 전자공작은 예전과 다르게 부품이나 정보를 얻는 것은 훨씬 쉽고 편리합니다. 중요한 것은 한 발짝 나아가는 작은 용기입니다. 이 책이 여러분의 도전에 도움이 되는 협력자가 될 수 있다면, 아들과 함께 좋은 책을 만들기 위해 했던 수많은 고민과 노력이 조금이라도 의미가 있을 것이라고 생각합니다.

책을 쓰는 동안 조언과 응원을 해주신 가족과 친구들 그리고 독자들 덕분에 이 책을 마무리 할 수 있기에 감사인사를 드립니다. 또한 <기초부터 시작하는 모형전자공작>(2022년)에 이어 이번 책의 출간을 허락해주시고 많은 노력을 해주신 AK커뮤니케이션즈의 사장님과 직원 분들에게도 감사의 말씀을 드립니다.

즐거운 모형전자공작 되시기를 바랍니다.

2024년 4월 수유리 작업실에서

- -

누구에게나 뭔가를 시작하는 처음이 있습니다. 실패하기 무서워 시작하지 않는다면 그것이 가장 큰 실패일겁니다.

저는 이번 책에서 프로그래밍과 조언을 담당했습니다. 아빠가 아두이노에 관한 책을 쓰자고 하셨을 때 조금 겁이 났습니다. 기존에 개인적으로 프로그램을 제작하거나 아빠와 프로젝트를 진행할 때는 우리끼리만 보는 코드였지만, 다른 사람을 위해 보기 좋은 코드를 만들고 해설과 조언을 쓰는 과정이 생각보다는 쉽지는 않았습니다.

보기 좋으면서도 재미있는 동작을 연출하고, 그러면서도 이해하기 쉽게 짜기 위해 여러 고민을 했습니다. 그렇게 첫 번째 챕터를 완성하고 나니 앞으로 어떻게 해야겠다는 생각도 들고 무엇을 중요하게 여겨야 할지도 감이 잡히기 시작했습니다. 챕터를 진행하면서 좋은 코드를 만들어야 하는 고민은 늘 있었지만 어떻게 해야한다는 방향은 잡을 수 있었습니다.

여러분의 전자공작 취미도 제가 책 쓰기를 함께하면서 경험했던 것과 비슷할 것 같습니다. 처음 하는 거라면 어려워 보이고, 무엇부터 시작해야 할지도 잘 모를 수 있습니다. 하지만 작은 것부터 시작해서 반복하고 거기에 하나씩 새로운 것을 더해가다보면, 시작하기 전의 막연한 두려움은 사라지고 스스로도 목표를 세울 수 있게 될 것입니다.

이 책을 펼친 것으로 독자분들은 이미 멋진 처음을 시작했다고 봅니다. 여러분이 자신만의 멋진 작품을 만들 때, 저희의 경험과 노하우가 담긴 이 책이 좋은 협력자가 된다면 좋겠습니다.

2024년 4월 문산 어딘가에서

필자가 운용 중인 채널들

유튜브
본 책과 관련된 동영상, 제작중인 작업 공개, 모형관련 강좌 등을 게시하고 있다.

Youtube : Kyojipark
http://youtube.com/KyojiPark

네이버 블로그
본 책과 관련된 코드, 3D파일, 뒷이야기, 추가사항 등을 게시하고 있다.
관련 압축파일의 비밀번호는 ele (소문자 이엘이)

Naver Blog : Kyoji
https://blog.naver.com/ballak

페이스북
필자의 일상과 취미생활 관련의 소소한 포스팅을 하고 있다.

Facebook : kyojipark
https://fb.com/kyojipark

목차

목차

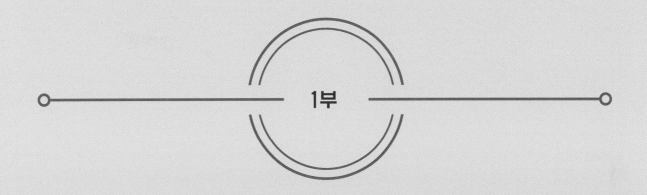

아두이노 모형 전자공작의 기초

ARDUINO

01 아두이노의 기초

01-1 │ 아두이노란?

신호등 만들기

우리가 횡단보도를 건널 때 보게 되는 신호등은 초록색 등과 빨간색 등이 일정 시간동안 켜지고 꺼지는 구조를 반복한다. 이 신호등을 간단한 전자공작으로 만들어보고자 한다. (여러분이 직접 만들 필요는 없다! 말하자면 상상공작.)

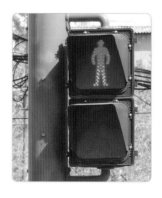 

스위치는 병렬로 전원과 연결되어 있고 각각의 스위치에 빨간색, 초록색 LED를 연결한다. 전원의 전압에 따라 LED를 보호하기 위해 저항이 필요하다.
저항을 연결하는 이유와 기본전자공작에 관해서는 <기초부터 시작하는 모형 전자공작>(박성윤, 2022년)을 참고해주시길.
회로를 완성하고 스위치를 누르면 해당하는 LED가 켜지고, 손을 떼면 꺼지는 간단한 공작이다.

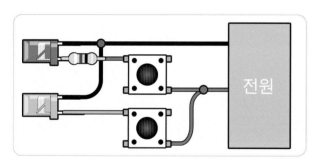

LED가 무작위로 켜지고 꺼진다면 신호등이 아니다. 일정 시간에 맞춰 LED가 순서대로 작동해야 하므로 아래 회색상자와 같은 순서를 만들고 스위치를 눌러보자.

[1] 빨간색 LED를 켠다.(스위치를 누른다.)
[2] 20초 동안 유지.
[3] 빨간색 LED를 끈다.(스위치에서 손을 뗀다.)
[4] 초록색 LED를 켠다.
[5] 10초 동안 유지.
[6] 초록색 LED가 1초 간격으로 켜짐, 꺼짐
[7] 다섯번 반복한다.
다시 [1]부터 실행.

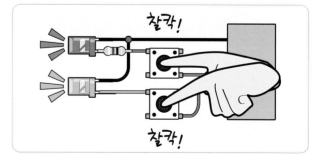

이 순서대로라면 신호등처럼 작동을 할 수 있다. 하지만 몇 번이라면 몰라도 계속해서 정확히 시간에 맞춰 스위치를 누르는 것은 거의 불가능하다. 게다가 모형에 수많은 LED를 설치해서 제각각 깜빡임이나 밝기가 변하고, 나아가 작동모형을 만들고 싶다면 더 더욱 힘들 것이다. 무언가 나의 아이디어를 위해 대신 노동해줄 것은 없을까?

아두이노를 사용하면 이런 힘든 일을 해결할 수 있다. 예전에는 이런 장치 사용이 여러모로 까다로웠지만 이제는 저렴한 가격에 구입 가능하고 사용법도 생각보다 어렵지 않다.

아두이노로 신호등을 만들어보자. 우선 필요한 부품들을 아두이노에 연결해서 회로를 만든다. 기본적인 전자공작을 해봤다면 그리 어렵지 않다.

그리고 내가 원하는 작동을 하는 '프로그램'이 있어야 한다. 아마도 처음 아두이노를 대하는 사람이라면 가장 두려워하는 부분일 것이다. 그러나 프로그램은 특별한 것이 아니라 위에서 소개한 회색 상자와 같이 내가 원하는 명령을 순서대로 적어 둔 것이다.

아두이노 보드에는 다리가 여러 개 있다. 여기에 필요한 장치를 연결한다.

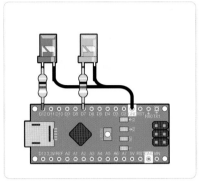

회로 제작. 자동으로 계속 작동하므로 스위치는 필요 없고 LED를 보호하기 위한 저항만 설치했다.

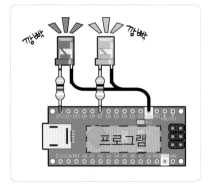

프로그램(회색상자)을 MCU에 저장하면 순서대로 명령을 처리해 LED를 깜빡인다. 프로그램을 수정하면 시간이나 순서도 쉽게 바꿀 수 있다.

아두이노의 장점

아두이노와 같이 프로그램을 저장하고 순서대로 처리하는 장치를 MCU(Micro Controller Unit, 소형 처리 장치)라고 부른다. 아두이노 역시 수많은 MCU 중 하나이다. 다른 MCU보다 아두이노를 사용하는 이유는 전세계적으로 많은 사람들이 애용하고 있고 그로 인해 얻을 수 있는 큰 장점이 몇 가지 있기 때문이다.

① 대량생산을 하므로 가격이 저렴하다.
② 연결하는 전자부품도 구하기 쉽고 가격도 저렴하다.
③ 검색을 하면 참고할 수 있는 수많은 예제를 찾을 수 있다.
④ 국내외에 다양한 커뮤니티가 있어서 문제 해결에 도움을 받기 쉽다.

TIP 초창기 아두이노의 모습

아두이노는 이탈리아에서 최초로 개발되어 수 많은 프로젝트에서 사용하고 있으며 지금도 정품 아두이노는 이탈리아에서 생산하고 있다 (이탈리아제 명품^^)

기판에 여러 부품이 조립된 것을 "아두이노 보드"라고 부른다. 아래 사진은 2005년에 개발된 아두이노의 대표적격인 우노(UNO) 보드. 이후 계속 개량되고 새로운 형태가 추가되어 지금까지도 전세계의 창의적인 사람들이 애용하는 MCU가 되었다.

사진 출처 https://www.arduino.cc/en/Main/Boards)

아두이노 개념 정리

아두이노 전자공작을 처음 시작해 여러 가지 생소한 용어나 설명을 만나면서 머리가 혼란스러울
것이다. 아두이노 전자공작의 기본적인 구분과 설명에 대해 알아둔다면 무엇이 필요하고 배워야
할 것인지 정리할 수 있다. 예방주사라고 생각하고 한 번 살펴보도록 하자.

◇ **아두이노** : 아두이노 하드웨어, 소프트웨어를 통합해서 지칭하는 말.

◆ **아두이노 하드웨어** : 아두이노를 구성하는 부품, 장치류

아두이노 보드 　프로그램을 저장하고 순서대로 처리하는 장치. [01-2 아두이노 하드웨어] 참조.

아두이노에는 다양한 종류의 보드가 있다. 자신의 프로젝트에 맞춰 보드를 선택할 수 있다. 각 보드의 특징은 [10-1
아두이노보드의 종류] 참조)

전자부품 　아두이노와 연결하여 회로를 만드는데 필요한 부품. LED, 센서, 모터, 전선 등등. 전자부품을 아두이노 보드에 연결
하는 것을 "회로 만들기"라고 한다. [02 이 책에서 사용하는 부품] 참조.

주위 환경의 변화를 알려주는 센서, 작동하는 모터, 빛을 내는 LED, 회로를 구성하는 전선 등

◆ **아두이노 소프트웨어** : 코딩으로 만들어진 프로그램과 그 프로그램을 만드는 애플리케이션

애플리케이션 　아두이노 프로그램을 만들 때 필요한 애플리케이션 모음을 아두이노 IDE라고 부른다. 아두이노 스케치, 드라이버
및 기타 필요한 파일이 포함되어 있으며 아두이노 홈페이지에서 무료로 다운로드해 컴퓨터에 설치한다. [01-3 아
두이노 소프트웨어: IDE 설치] 참조

　컴퓨터나 스마트폰에서 사용하는 각종 에디터, 그래픽 툴 등을 "프로그램"이라
부르는데 이 책에서는 아두이노를 작동하는 프로그램과 혼동할 수 있으므로 컴
퓨터에 설치해서 활용하는 프로그램을 애플리케이션(App)이라고 부른다.

● 아두이노 스케치 　아두이노 프로그램을 만들 때
편리하게 사용할 기능이 있는
전용 에디터. [01-4 아두이노
소프트웨어: 스케치] 참조.

● 아두이노 드라이버 　하드웨어인 아두이노 보드를 컴퓨터에서 인식할 수 있도록 하는 애플리케이션. 정품 아두이노는 IDE에 포함
되어 할 때 함께 설치된다. 호환보드를 사용하면 전용 드라이버를 직접 설치해야 한다. [01-3 아두이노 소프
트웨어:IDE 설치] 참조

아두이노 프로그램 아두이노가 작동하도록 규칙(문법)에 맞춰 만들어진 명령어 모음을
프로그램이라고 한다.

● 프로그램, 프로그램은 어떤 작동을 할지 기획하고 코드를 작성해 완성하는 것을 포함하는 포괄적 의미를 지니고 있다. 또한
  프로그래밍 완성한 하나의 파일을 프로그램이라고 부르기도 한다. 프로그램을 만드는 과정을 프로그래밍이라고 한다.

모형으로 비유하면 디오라마 제작과 비슷하다. 스토리를 구상하고 모형과 배경을 각각 제작하고 완성하는 전체적
인 과정, 그리고 그 결과물이라고 생각할 수 있다.

 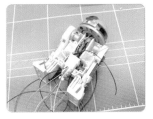 

구상, 계획 모형, 배경 제작 완성, 마무리 배치

● 코드, 코딩 프로그램을 만들기 위해 사용하는 명령어들을 코드라고 하고, 코드를 작성하는 과정을 코딩이라고 한다.
디오라마를 완성하기 위해 필요한 인형, 자동차, 배경과 같은 하나하나의 세부적인 작업을 코딩에 비유할 수 있다.

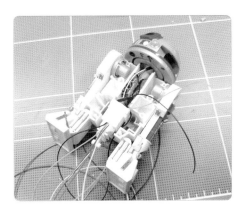 

모형제작 배경제작

※ 보통은 프로그램을 만드는 과정인 "프로그래밍"과 코드를 만드는 과정인 "코딩"을 혼용해서 사용하고 있다. 만드는 의미
로 볼 때 비슷한 용어이므로 큰 문제는 없다. 디오라마를 모형이라고 불러도 큰 문제가 없는 것과 비슷한 느낌이다.
이 책에서는 어떻게 만들지 계획하고, 모형과 전자회로를 만든 후 코딩까지를 다루고 있으므로 책의 제목을 "아두이노 프로
그램"이라고 했다.

아두이노 하드웨어

이 책에서는 아두이노 나노(Arduino NANO)보드를 사용하고 있다. 작은 크기임에도 모형 전자공작에 적당한 성능을 지니고 있다(다양한 크기와 성능의 다른 아두이노 보드는 [3부 부록]의 아두이노 보드 소개 참조).

각 부분의 자세한 역할은 본문에서 공작을 진행하며 설명한다.
① USB 커넥터 : 컴퓨터와 연결해 프로그램을 저장할 때 사용하며 보드에 전원을 공급한다. USB 미니B 규격.
② 상태 LED : 4개의 LED가 있다. 아두이노에 전원이 공급되면 ON LED가 켜진다.
③ 핀 : 아두이노와 전자 부품을 연결할 때 사용한다. I/O핀(아이오핀 = In put / Out put)이라고 부른다.
④ 핀 번호 : 핀의 역할과 번호가 인쇄되어 있다..
⑤ 리셋 버튼 : 버튼을 누르면 프로그램을 처음부터 다시 실행한다.

아두이노 나노 정품 보드 18mm × 45mm, 초록색 기판

② 상태 LED
① USB 커넥터
⑤ 리셋 버튼
④ 핀 번호
③ 핀

TIP **정품보드와 호환보드**

아두이노 나노 정품(이탈리아 제)의 가격은 $24.9(국내에서는 약 3만원대에 판매). 그런데 '아두이노 나노'로 검색해보면 4천원대의 보드가 더 많이 보인다. 이런 것을 호환보드 또는 카피보드라고 부른다.

아두이노 본사에서는 부품과 회로도를 공개해 누구나 비슷한 성능의 보드를 생산할 수 있도록 하고 있다. 그로 인해 저렴하고 다양한 호환보드가 생산되어 더 많은 사람들이 아두이노 생태계를 만들 수 있게 되었다. 이렇게 만든 호환보드는 불법복제가 아니므로 사용에 아무런 제약이 없으며 성능도 정품보드와 비슷하다. 대신 몇 가지 주의해야 할 특징이 있다.

[호환보드의 특징]
① 주로 중국제로 가격이 매우 저렴하다.
② USB 커넥터 종류가 정품과 다른 경우가 있다. 커넥터에 맞는 케이블을 함께 구입해야 한다.
③ 일부 호환보드는 저가 부품을 사용해 쉽게 고장나는 경우가 있다. 여분을 구입해두기를 추천.
④ 일부 제품은 I/O핀이 연결되지 않은 것도 있는데 직접 납땜해서 사용해야 한다. 제품설명을 잘 참고해서 구입해야 한다.
⑤ 호환보드를 컴퓨터에 연결할 때는 인식을 위해 "CH340 드라이버"를 따로 설치한다([03-2 아두이노 컴퓨터에 연결하기] 참조)

TIP **아두이노의 커넥터**

컴퓨터와 아두이노를 연결해 데이터를 주고 받는 USB 커넥터는 다양한 종류가 있다. 아두이노 나노 정품의 경우 USB 미니B 규격을 사용하나(다른 보드는 커넥터의 형태가 다른 것을 사용한다. 자세한 설명은 [10-1 아두이노 보드의 종류] 참고)

호환보드는 미니B를 사용하는 것도 있고, 마이크로 5핀(충전식 소형 가전제품의 케이블)이나 최근에는 C타입(스마트폰 충전 케이블)을 사용한 보드도 있다. 제조사, 제조시기마다 다르므로 보드 구입시 반드시 확인해야 한다.

아두이노 보드를 구입할 때는 커넥터 규격에 맞는 케이블을 가지고 있는지 확인하고, 없다면 규격에 맞는 것을 함께 구입해야 한다.

정품보드　호환보드

미니B　미니B　마이크로5핀　C타입

01-3 아두이노 소프트웨어: IDE 설치

아두이노 보드를 사용하기 전에 아두이노 IDE(통합 개발 환경 Integrated Development Environment)를 설치해야 한다. 공식 홈페이지에서 무료로 다운받아 사용할 수 있다.

IDE에는
① 아두이노 보드를 컴퓨터에서 인식할 수 있는 장치 드라이버
② 아두이노 프로그램 제작용 애플리케이션인 "아두이노 스케치" (에디터라고도 부른다).
③ 아두이노 프로그램을 만드는데 도움이 되는 다양한 파일
등등이 포함되어 있어서 한 번 설치하면 바로 아두이노 프로그램을 제작할 수 있다.

▲ https://www.arduino.cc

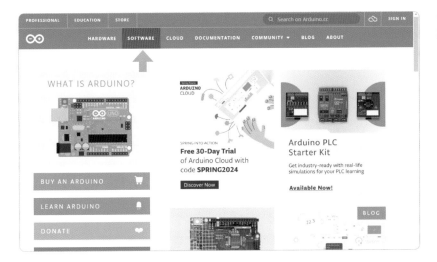

아두이노 홈페이지 접속한 후 메뉴에서 SOFTWARE를 선택

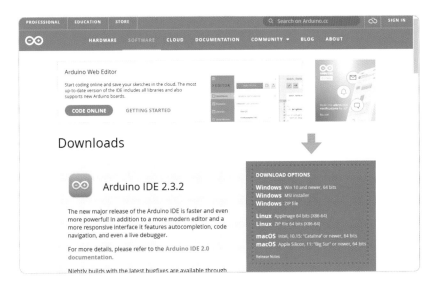

DOWNLOAD OPTION에서 자신의 컴퓨터 운영체제에 맞는 것을 선택해 다운로드 한다. 이 책에서는 Arduino IDE 2.0 버전으로 설명하고 있다.

아두이노 IDE는 2022년에 2.0버전으로 업데이트 되면서 인터페이스가 대폭 바뀌었다. 참고 자료를 검색하다 보면 예전 1.8버전의 설명을 자주 보게 되는데 에디터 외형은 약간 다르지만 기본 기능은 동일하다(24년 5월말 기준, 아두이노 IDE 최신 버전은 2.3.2).

아두이노 IDE 설치에 대한 자세한 설명은 인터넷 검색을 통해 찾아볼 수 있으며, 필자의 블로그 https://blog.naver.com/ballak (Kyoji : 네이버 블로그)에서도 확인할 수 있다.

▲ Kyoji : 네이버 블로그

01-4 아두이노 소프트웨어: 스케치

스케치 메뉴 살펴보기

아두이노 스케치는 아두이노 프로그램을 만드는 에디터로 컴퓨터에 설치해 사용한다. 아두이노 IDE를 설치한 후 아이콘을 눌러 스케치를 실행하면 아래와 같은 화면이 나온다(윈도우 PC기준). 스케치에는 여러 메뉴가 있는데 그 중 자주 사용하는 것을 알아보자.

```
∞ sketch_jun9a | Arduino IDE 2.0.3                        —    □    ×

① File  Edit  Sketch  Tools  Help
       ③
②   ✓    →    🐞      Arduino Nano  ④         ▼              ⋀  ·◎·

⑤  📁     sketch_jun9a.ino  ⑧                                    ···
          1    void setup() {
          2      // put your setup code here, to run once:
          3
          4    }
          5                          ⑨
⑥  📚     6    void loop() {
          7      // put your main code here, to run repeatedly:
          8
  ▷       9    }
          10
⑦  🔍     ⑩



              ⑪ Ln 1, Col 1   UTF-8   Arduino Nano [not connected]  ◻
```

① 메뉴 바 : 모든 메뉴가 여기에 있다. 아두이노 스케치 2.0버전에서는 자주 사용하는 메뉴 대부분이 외부에 아이콘으로 나와 있으므로 메뉴 바를 자주 사용하지 않는다.

② 검증(Verify) : 코드를 작성한 후 코드에 문제가 없는지 검증을 한다.

③ 업로드(Upload) : 작성한 코드를 검증하고 아두이노 보드에 프로그램을 전송한다. 만약 코드에 문제가 있다면 업로드가 중지되고 스케치 화면 아래에 에러 메시지를 표시한다.

④ 보드선택(select Board) : 아두이노 보드를 컴퓨터에 연결할 때 사용.

⑤ 스케치(SKETCH) : 자신이 열어봤던 프로그램을 찾을 때 사용.

⑥ 라이브러리 매니저(LIBRARY MANAGER) : 특정 부품에 필요한 명령어 모음인 라이브러리를 관리한다.
이 책에서는 서보모터(06, 07, 08, 09장)와 사운드 모듈(08, 09장)을 사용할 때 라이브러리를 사용한다.

⑦ 서치(SEARCH) : 현재 만들고 있는 코드에서 명령어, 단어 등을 검색할 때 사용.

⑧ 현재 탭 : 현재 작성중인 파일 이름을 표시. 메뉴 바의 파일(File)-새로 만들기(New Sketch)를 하면 날짜로 이름을 만든다. sketch_jun9a(6월 9일 첫번째(a) 스케치라는 의미) 파일을 저장할 때 원하는 이름으로 바꾸어 저장할 수 있다.

※ 아두이노 프로그램은 파일이름으로 폴더를 만든 후 그 안에 저장하므로 "폴더생성"에서 OK를 해야 한다.

⑨ 스케치 영역 : 코드를 작성하는 영역.

⑩ 줄 번호 : 코드를 작성하는 줄(Line)의 번호. 이 책에서 코드를 설명할 때는 줄 번호를 [1], [4]와 같이 대괄호로 표시한다.

⑪ 상태표시 영역 : 다양한 정보를 표시
Ln 1, Col 1 : 마우스 커서의 위치 Ln1 = 1번 줄, Col1 = 1번 열.
UTF-8 : 현재 사용 중인 문자 코드(크게 신경 쓰지 않아도 된다).
Arduino Nano (not connected) : 컴퓨터에 연결된 아두이노 보드의 연결 상태를 표시.

스케치 환경 설정

메뉴바의 파일(File) - 기본설정(Preference)을 누르면 스케치 환경 설정이 나타난다. 자신이 원하는
스타일로 스케치 화면을 바꿀 수 있다.

① 스케치 저장 폴더 (Sketchbook location) : 스케치를 저장하
는 폴더. 기본은 사용자의 도큐먼트에 저장된다. 원하는 폴
더로 바꿀 수 있다.

② 에디터 폰트 크기(Editor font Size) : 스케치에 사용하는 코
드 글자 크기를 바꿀 수 있다. 자신의 모니터 환경에 맞춰
편리한 크기로 설정한다.

③ 언어(Language) : 아두이노 스케치의 메뉴를 17개 언어 중
하나로 바꿀 수 있다(한글 포함). 이 책에서는 영어(English)
를 사용한다.

아두이노 프로그램의 기본구조

스케치에서 새 파일(New File)을 클릭하면 오른쪽과 같은 코드가 미리 입력되어있다. 이 기본 코드로 아두이노의 기본 구조를 알아본다.

```
1  void setup()  {
2    // put your setup code here, to run once:
3
4  }
5
6  void loop()  {
7    // put your main code here, to run repeatedly:
8
9  }
```

[1] `void setup() {`

셋업을 시작하는 코드. 프로그램을 실행하면 한 번만 작동한다. 주로 입력, 출력에 관한 설정을 한다.
[1] 코드의 제일 끝에는 중괄호 열기 '{ '가 있다. 아두이노의 코드는 중괄호 열기 '{ '와 닫기 '} '로 이루어진 블록(Block) 단위로 작성해야 한다. 셋업 블록은 [1]의 중괄호 열기 '{ '에서 [4]의 중괄호 닫기 '} '사이에 작성한다.
※ 작성한 코드가 어느 블록에도 포함되지 않는다면 에러가 발생한다.

```
void loop()  {                                          ◀ 블록
    //  put your setup code here, to run once:
 }
```

[2] `// put your setup code here, to run once:`

/ 슬래시(Slash)라고 읽는다. 2개의 슬래시를 쓰면 해당하는 줄은 주석(註釋, Comment)이 되며 코드에 대한 설명이나 참고할 내용을 넣을 수 있다. 주석은 프로그램의 실행에 아무런 영향을 주지 않으므로 원하는대로 주석을 만들어도 된다. 만약 필요없는 주석이라면 삭제해도 된다. 이 주석은 "한 번만 작동하는 코드를 여기에 작성하라"는 의미.

[5]

빈 줄. 블록과 블록 또는 코드와 코드를 구분해서 프로그램을 쉽게 알아보기 위해 사용한다. 빈 줄은 프로그램의 실행에 영향을 주지 않으므로 여러 줄을 넣어도 되고 빈 줄 없이 프로그램을 작성해도 된다(빈 줄 없이 빽빽하게 작성한 코드는 알아보기가 꽤 힘들다). 여기에서는 셋업과 루프를 구분하기 위해 빈 줄을 넣어주었다.

[6] `void loop() {`

루프를 시작하는 코드. 루프 블록은 [6]의 중괄호 열기 '{ '부터 [9]의 중괄호 닫기 '} '까지.
아두이노 프로그램은 [1] 코드실행 [2] 코드실행 [3] 코드 실행 ----[9] 코드 실행과 같이 순서대로 작동한다. [9] 코드까지 명령을 실행한 후에는 루프 블록의 첫 번째 코드인 [6]으로 돌아가 다시 실행한다. 아두이노를 끄기 전까지 루프블록을 계속 반복하므로 아두이노 프로그램의 메인이라고 할 수 있다.

[7] `// put your main code here, to run repeatedly:`

이 주석은 "반복적으로 실행하는 메인 코드를 여기에 작성하라"는 의미. 주석은 삭제해도 된다.

TIP | **프로그램 예시**

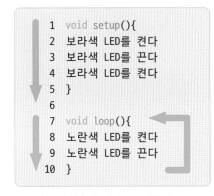

```
1  void setup(){
2    보라색 LED를 켠다
3    보라색 LED를 끈다
4    보라색 LED를 켠다
5  }
6
7  void loop(){
8    노란색 LED를 켠다
9    노란색 LED를 끈다
10 }
```

프로그램을 실행하면 눈의 보라색 LED는 한 번만 깜빡이고 켜신 재로 유시뷴나.
그 후 가슴의 노란색 LED가 켜지고 꺼진다. 이 명령은 루프에 속해 있으므로 켜지고 꺼지는 것을 반복해서 깜빡이는 것처럼 보인다.

[10]까지 실행한 후 다시 루프 블록[7]으로 돌아가 반복해서 실행한다.

아두이노 코드의 종류

아두이노 코드는 "프로그래밍 언어"의 문법에 맞춰서 만들어야 제대로 작동한다. 다행히 우리가 사용하는 언어처럼 복잡하지는 않다. 문법이므로 사용하는 코드도 역할에 따라 분류한다. 기본적인 코드의 분류 방법을 알아두면 코드를 보다 쉽게 이해하고 잘 활용 할 수 있다.

아두이노 프로그램 코드는 크게 3가지로 분류한다. 각 분류에 있는 명령어들은 전체 아두이노 코드 중 일부로서 이 책에서 주로 사용하고 있는 코드들이다.

함수(Function)
직접 명령을 실행하는 코드. 문법으로 치면 "동사"와 비슷한 역할이다. 주로 신호를 출력, 입력하는 코드.
- 디지털 함수 : digitalWrite, digitalRead, pinMode
- 아날로그 함수 : analogWrite, analogRead
- 시간 함수 : delay

변수(Variable)
변하는 숫자를 저장하고 사용하는 것과 관련된 코드. 특정 코드를 반복할 때 반복 횟수를 바꾸거나, LED의 밝기를 바꿀 때에도 변수를 사용한다. 처음 만나는 변수의 개념은 초보자에게 어려울 수 있지만 여러 코드들을 다루다 보면 차차 익숙해진다. 아두이노에서는 변수 뿐만 아니라 값이 정해져 있는 상수(Constants)도 사용한다.
- 변수 : int, void
- 상수: HIGH, LOW , INPUT, OUTPUT

구조(Structure)
프로그램의 뼈대인 구조를 만드는 코드. 이 코드로 만들어진 명령 단위인 블록을 "***문"이라고 부른다(예 : if로 이루어진 블록을 "if문"이라고 부른다).
- 스케치 : setup, loop
- 제어구문: if, else, for
- 추가구문: #define, #include

아두이노 프로그램의 전체 코드와 각각의 자세한 설명을 알고 싶다면 아두이노 레퍼런스 참고
영어 : https://www.arduino.cc/reference/en
한글 : https://www.arduino.cc/reference/ko

영어　　　　　　한글

TIP | TO. 어려운 용어로 많이 당황했을 분에게

코드를 처음 접하면 생소한 용어들과 문법 때문에 많이 당황할 수 있다. 이전까지는 몰랐던 것들이 한꺼번에 눈에 보이기 때문일 것이다. 우선은 자주 사용하는 기본적인 코드를 잘 익히고 그 위에 새로운 것들을 하나씩 더해간다는 생각으로 공부하다 보면 조금씩 익숙해질 수 있다.

취미로 프로그래밍을 하는 것은 머리 속의 생각을 능수능란하게 프로그램으로 만드는 프로페셔널한 능력이 필요한게 아니다. 우선은 전체적인 흐름을 구상하고, 무엇이 필요한지를 이해하는 것이다. 이해한다면 어떻게 찾아야 하는지를 아는 것이고, 그렇게 찾은 것을 잘 조합해서 적당히 이어 붙여 사용하는 것으로 충분하다.

우리가 외국에 여행 간다고 할 때 그 나라의 말을 유창하게 하는 것은 쉽지 않다. 하지만 "먹고 싶다"라는 말만 익혀두면 원하는 음식 이름만 바꿔 넣으면 된다. 그 후 또 다른 말을 하나씩 알아나가면 보다 즐거운 여행이 될 것이다. 이 책에서 다루는 코드도 고급 기술을 사용하지는 않는다. 대신 기본적인 것을 최대한 다양하게 활용하는데 집중하고 있다.

요약하자면, 자신이 당장 필요한 기본적인 코드부터 조금씩 천천히 연습하는 것이다. 거기에 하나씩 하나씩 새로운 기술을 공부하다보면 아두이노로 하는 모형 전자공작도 점점 더 재미있어진다. 필자도 그랬고, 지금도 그렇다. ^^

FROM : 똑같은 경험을 했던 사람으로부터

02 이 책에서 사용하는 부품

아두이노 전자공작에는 여러가지 부품이 필요한데, 용도에 따라 입력부품, 출력부품, 전자부품으로 구분할 수 있다. 이 책에서 사용하는 부품들의 특징과 용도에 대해 알아보도록 한다.

02-1 입력부품

외부의 변화를 아두이노에 알려주는 장치로 크게 두 가지로 나눌 수 있다.
① 디지털 입력 장치 : 0(Off) 또는 1(On)을 입력한다.
② 아날로그 입력 : 여러 가지 값의 변화를 입력한다.
자세한 사용방법은 각 모형 해설에서 다루고 있다.

부품		부품번호	타입	설명	모형
가변저항		10KΩ	아날로그	손잡이(노브)를 돌리면 저항값이변한다. 아두이노에서는그 값에 따라 명령을 처리. (예 : 저항값의 변화에 따라 LED의 밝기를 바꾼다)	04 블랙이글스
사운드센서			디지털	소리를 감지하는 센서. 음성인식은 아니고 소리의 크기만 감지한다. 소리가 나면 1, 소리가 없으면 0. (예 : 소리가 나면 A명령을 실행)	06 이브이
터치 센서		TTP-223	디지털	스위치와 동일한 역할을 한다. 정전기로 감지하므로 고장의 염려가 거의 없고, 다양한 응용이 가능하다. (예 : 터치하면 B명령을 실행)	06 이브이
버튼스위치			디지털	스위치를 누름(1), 안누름(0)에 따라 명령을 처리한다. 이번에 사용한 것은 푸시락 스위치. (예 : 스위치를 누르면 A명령을 실행) (11-3에서 다양한 스위치의 종류를 설명).	07 R2D2 & C3PO
적외선 센서		FC-51	디지털	눈에 보이지 않는 적외선을 이용해 물체의 유(1), 무(0)를 감지한다. 여러 개를 설치하면 각각 센서의 감지에 따라 다른 명령을 처리할 수 있다. (예 : 왼쪽 센서 감지 = A명령 실행, 가운데 센서 감지 = B명령 실행)	08 ZAKU-II R-1A
초음파 센서		HC-SR04	아날로그	초음파를 이용해 물체와의 거리를 측정한다. 거리에 따라 다른 명령을 처리할 수 있다. (예 : 30cm 거리에서는 A명령 실행, 20cm 거리에서는 B명령 실행)	09 ED-209

출력부품은 입력부품이나 프로그램에 따라 생긴 변화를 외부로 표시해주는 부품이다.
자세한 사용법은 각 모형 해설에서 다룬다.

부품명	부품번호	타입	설명	모형
LED	DIP SMD 1W	빛	다양한 크기와 색상이 있다. 켜기(1), 끄기(0) 뿐만 아니라 명령에 따라 밝기를 다르게도 할 수 있다([10-3 LED]에서 LED의 특징에 대해 자세히 설명)..	04 블랙이글스 05 배트모빌 07 R2D2&C3PO 08 ZAKU-II R-1A 09 ED-209
서보모터	3.7g SG90 MG90 MG996	작동	0˚~180˚의 범위를 움직이는 모터. 지정한 각도로 움직이거나 왕복운동을 할 수 있다. (예: 스위치를 누르면 30˚로 움직인다) ([10-2 서보모터]에서 자세히 설명).	06 이브이 07 R2D2&C3PO 08 ZAKU-II R-1A 09 ED-209
사운드 모듈	DF Player Mini	소리	MP3 파일을 저장하고 원하는 파일을 플레이 할 수 있다. (예: 스위치를 누르면 총소리 파일을 플레이)	08 ZAKU-II R-1A 09 ED-209
FND	TM1637 4 Digit	빛	숫자를 표시할 수 있는 장치. (예: 가변저항값의 변화에 따라 서보모터의 각도를 숫자로 표시한다)	12 서보 테스터 만들기

아두이노 전자공작을 할 때 회로를 만들기 위해서는 각각의 부품을 연결, 보조하는 다양한 전자
부품이 필요하다. 여기에서 소개하는 부품은 이 책의 대부분 공작에서 사용하고 있다.
자세한 사용법은 각 모형 해설에서 다룬다.

부품명	부품번호	타입	특징
브레드보드	브레드보드 하프, 미니	연결	아두이노 나노와 각종 전자부품을 조립해서 회로를 제작할 때 사용. 납땜할 필요 없이 부품과 전선을 끼워 회로를 만들 수 있다. 부품을 바꾸거나 수정하기도 편리. 브레드보드 하프는 기본회로 제작시에 사용하고, 미니는 MP3플레이어를 만들 때 사용한다.
점퍼 와이어	M-M 10cm M-F 10cm	연결	양쪽 끝에 커넥터가 있는 전선. 브레드보드를 사용할 때 간편하게 부품과 부품을 연결할 수 있다. 핀이 있는 커넥터를 메일(M), 구멍이 있는 커넥터를 피메일(F)이라고 부른다.
전선(연선)	AWG28, 30	연결	여러가닥의 속전선(연선)을 피복으로 감싸고 있다. 번호가 클수록 두께가 가늘어서 좁은 공간에 사용하기 좋다. 주로 AWG 28, 30번 선을 사용한다([10-4 전선]에서 자세히 설명).
전선(단선)	AWG22	연결	굵은 한가닥의 전선을 피복으로 감싸고 있다. 후크업(Hook Up) 전선이라고도 하며, 브레드보드에 전자회로를 만들 때 점퍼와이어 대신으로 사용해 회로를 깔끔하게 만들 수 있다([10-4 전선]에서 자세히 설명).
에나멜선	AWG32	연결	피복이 매우 얇은 코팅으로 된 단선. 좁은 공간에서 부품을 연결할 때 사용. UEW 코팅된 제품을 추천. ([10-4 전선]에서 자세히 설명).
저항	50Ω, 100Ω, 150Ω, 220Ω, 10KΩ	보조	전류, 전압을 조절할 때 사용한다. 단독으로 쓰기 보다 다른 부품과 연결해서 사용한다. 모형 전자공작에서는 주로 LED를 안전하게 켜고, 밝기를 조절하기 위해 사용한다.
핀헤더, 핀헤더 소켓	2.54피치	연결	긴 전선을 중간에서 연결할 때 커넥터로 활용할 수 있다. 핀헤더는 숫핀, 핀헤더 소켓은 핀헤더를 끼울 수 있는 암핀이다. 피치는 핀과 핀의 간격을 의미. 이 책에서는 주로 2.54피치를 주로 사용.

수축튜브	1mm, 1.5mm, 2mm, 2.5mm	연결	전선과 전선, 전선과 부품을 연결(납땜)한 후 합선 방지와 튼튼한 연결을 위해 사용.
전원스위치	KCD1-101	전원	아두이노 보드와 서보모터에 공급하는 전원을 조절하기 위해 사용. 전원용 스위치는 높은 전류가 흐르므로 허용전류가 낮은 스위치나 터치센서와 같은 스위치로는 사용하면 안된다.
AA 4구 건전지 홀더	1.5V × 4 (6V)	전원	1.5V 건전지 4개를 직렬로 연결한 건전지 홀더. 총 6V의 전압으로 서보모터나 아두이노에 전기를 공급하기 위해 사용.
9V 건전지 홀더	스냅단자 9V 홀더	전원	아두이노 보드에 전원을 공급하기 위해 사용.
서보 테스터		보조	서보모터를 사용해 움직이는 모형을 만들 때 작동 테스트를 할 수 있는 장치. 기존 제품의 단점을 보완한 자작 서보 테스터를 [12 서보 테스터 만들기]에서 소개하고 있다.

TIP 나사와 볼트와 너트

전자부품은 아니지만 아두이노 전자공작을 할 때 부품과 부품을 결합하고 작동시키기 위해 나사, 볼트 그리고 너트와 같은 부품을 자주 사용한다. 기본적인 구분 방법과 특징을 알면 필요한 부품을 구입할 때 도움이 된다.

나사는 나사산이 비교적 넓고 깊다. 좁은 구멍을 파고들면서 조여주는데 적합하다. 끝이 뾰족한 나사(1종 피스라고 부른다)는 구멍을 만들면서 조일 수 있다. 다만 프라모델처럼 얇고 약한 재질에 사용하면 구멍 주변에 손상을 줘 고정이 약해질 수 있다. 어느 정도 두께가 있고 튼튼한 재질에 사용하기를 추천.

볼트는 나사산이 비교적 좁고 얕다. 머리의 반대편에 너트를 사용하면 더욱 튼튼하게 고정할 수 있다. 너트 없이 플라스틱과 플라스틱을 고정하려면 볼트의 규격보다 약간 작은 크기의 구멍을 만들어야 한다. 머리 모양에 따라 육각렌치, 접시머리, 둥근머리로 분류한다.

접시머리   너트

육각렌치   둥근머리

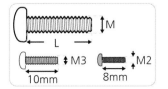

나사나 볼트는 직경을 의미하는 M과 길이를 의미하는 L을 사용한다.
M2는 2mm직경을 의미한다. 하지만 볼트로만 고정하기 위해 2mm의 구멍을 만들면 볼트는 헛돌게 된다(M2 볼트를 실측해보면 1.8mm 정도) M규격보다 0.5mm 정도 작게 구멍을 만들어야 해당하는 볼트를 확실하게 조일 수 있다. M2 볼트는 1.5mm 구멍을, M3 볼트는 2.5mm의 구멍을 만들어준다.

03 아두이노 전자공작을 위한 기본 준비

03

03-1 기본 회로 만들기

이 책에서 만드는 기본 회로는 아두이노 나노를 브레드보드 하프에 조립해서 사용하고 있다. 브레드보드 하프는 82mm×52mm 크기로 400개의 구멍(홀)을 가지고 있다. 아두이노 나노와 여러가지 부품을 연결해 소형 ~ 중형의 아두이노 프로젝트에 적합하다. 브레드보드는 특별히 위아래, 좌우는 없지만 이 책에서는 부품 조립의 설명을 위해 몇 가지 규칙을 정해서 사용하고 있다.

브레드보드

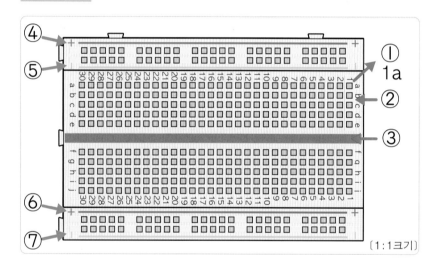

① 부품을 끼우는 홀의 위치는 숫자를 먼저 읽고 알파벳을 읽는다. 이 홀의 이름은 1a(여기가 우상단이 되도록 브레드보드를 놓는 것이 기준).
② 숫자는 연결(노란줄로 표시)되어 있다. 1a, 1b, 1c, 1d, 1e는 연결되어 있으므로 어느 홀에 부품을 끼워도 동일하다.
③ 가운데 홈은 전기가 통하지 않는다.
④ +표시가 있는 홀은 가로로 연결(노란줄로 표시)되어 있으며 +버스라고 부른다. 여러 부품에 전원을 공급할 때 사용한다. 위쪽(a쪽)에 있으므로 위+버스.
⑤ -표시가 있는 홀은 가로로 연결되어 있으며 - 버스라고 부른다. 위쪽에 있으므로 위-버스.
⑥ 아래 + 버스
⑦ 아래 - 버스

〔1:1크기〕

기본 회로

이 책의 전자공작은 기본 회로에서 시작한다. 각종 장치, 센서에 공통으로 5V의 전원을 공급하는 전원 버스를 아두이노와 연결하고 공통의 GND(-극과 연결하는 곳)를 미리 연결한다. 부품을 끼우는 홀의 이름에 괄호표시로 아두이노의 핀번호를 함께 병기하고 있다.

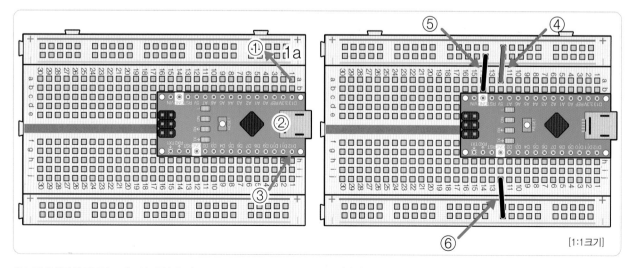

[1:1크기]

① 1a가 우상단이 되도록 브레드보드를 놓는다.
② 아두이노 나노의 USB케이블이 우측이 되도록 한다.
③ 아두이노 D12핀과 브레드보드 1g를 맞추고 조립한다.
④ 빨간선으로 위+버스와 12a(아두이노의 5V)를 연결한다.
⑤ 검정선으로 위-버스와 14b(GND)를 연결한다.
⑥ 검정선으로 아래-버스와 12j(GND)를 연결한다.

전선 연결

■ 점퍼 와이어 M-M(10cm)

기본 재료의 하나인 점퍼 와이어 M-M(10cm)을 이용하면 간단히 만들 수 있다. 전선의 색은 검정색, 빨간색을 추천하지만 자신이 원하는 것으로 바꾸어도 작동에 문제가 없다.

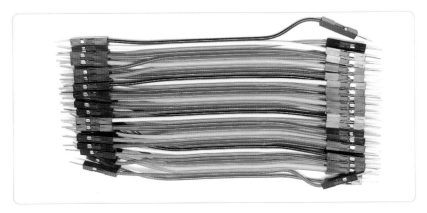
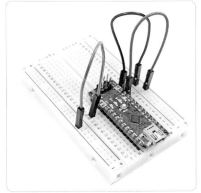

■ AWG22 단선

단선을 사용하면 기본회로를 깔끔하게 만들수 있다. 아래그림을 참고해서 전선을 준비해서 조립한다.

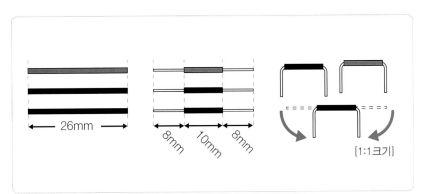
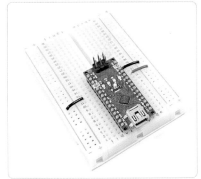

26mm / 8mm / 10mm / 8mm / [1:1크기]

TIP 전선의 색

전선의 피복은 일반적으로 10개의 색을 사용한다(점퍼 와이어는 10개 색이 4묶음으로 총 40개로 구성). 전선을 연결하는 부품이 많아지면 색으로 용도를 구분하는 게 조립과 수리할 때 알아보기 쉬운 장점이 있다. 필자의 전선색 사용법은 아래와 같다(상황에 따라 조금 바뀌기도 한다).

① 전원선은 빨간선, 갈색선, 검정선, 회색선을 사용한다.
② LED의 색에 맞춰 전선을 사용한다(예 : 흰색LED=흰선, 빨간색LED=빨간선)
③ 가변저항과 신호선 입력, 서보모터의 신호선 출력 등 아날로그신호에는 노란선, 주황선을 사용한다.
④ 버튼, 스위치 등의 입력 신호선은 보라선, 흰선을 사용한다.

※이 구분법은 절대적인 것은 아니다. 각자 취향에 맞게 원하는대로 규칙을 만들 수 있다.

갈색		전원선(+)
빨간색		전원선(+), LED
주황색		입출력(아날로그), LED
노란색		입출력(아날로그), LED
초록색		LED
파란색		LED
보라색		입출력(디지털)
회색		전원선(-)
흰색		입출력(디지털), LED
검정색		전원선(-)

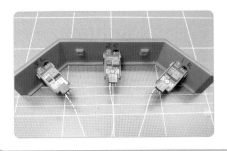

중복으로 여러 개의 장치를 연결 할 때는 전선에 유성펜으로 점번호를 표기하면 구분하기 좋다.

1번 센서의 전선에는 -
2번 센서의 점선에는 - -
3번 센서의 전선에는 - - -

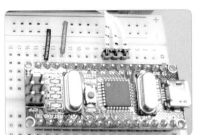

아두이노 프로그램을 작성한 후 보드에 저장하려면(이것을 업로드라고 한다) USB케이블로 컴퓨터와 연결해야 한다. 또 스케치에서 세 가지 설정(보드, 포트, 프로세서)까지 마쳐야 아두이노 보드와 컴퓨터의 통신이 제대로 작동한다.

USB 케이블로 연결하기

■ USB케이블

① 컴퓨터에 연결하는 큰 쪽은 "USB 타입A" 규격
② 정품보드는 "USB 미니B" 규격을 사용한다.
③ 호환보드의 경우 "USB 미니B", "마이크로 5핀", "C타입" 등 다양한 커넥터가 있으므로 구입시 반드시 확인해야 한다.

케이블은 하나로 여러 개의 보드에 사용할 수 있지만 커넥터 부분이 망가지는 경우를 대비해 여분으로 2~3개를 추가해 두는 것이 좋다.

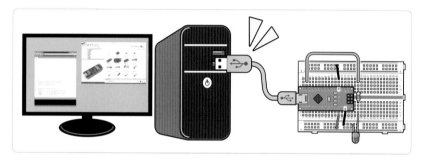

TIP 아두이노 장치 드라이버

아두이노 장치 드라이버는 컴퓨터가 아두이노 장치를 인식할 수 있도록 해주는 컴퓨터용 애플리케이션이다.

■ 정품 보드 : 아두이노 IDE를 설치할 때 장치 드라이버가 함께 설치되므로 바로 사용할 수 있다.
■ 호환 보드 : 정품 보드와 달리 추가로 직접 드라이버를 설치해야 컴퓨터가 호환보드를 인식한다. "CH340 드라이버"로 검색하면 쉽게 찾을 수 있다.

설치 방법과 드라이버 파일은 https://blog.naver.com/ballak(Kyoji: 네이버 블로그)에 등록되어 있다.

Contact

Naver Blog : Kyoji

보드 선택

아두이노에는 다양한 종류의 보드가 있으며, 어떤 종류의 보드를 사용하는지를 스케치에서 설정해야 한다. 이 책에서는 아두이노 나노를 사용하므로 아래와 같이 설정한다.
(만약 다른 보드를 사용한다면 해당하는 보드를 선택하면 된다.)

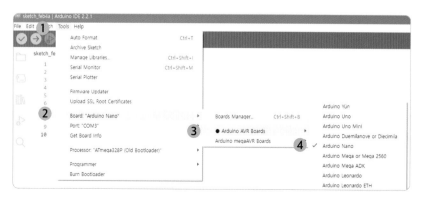

① 메뉴 바의 툴(Tools)을 선택
② 보드(Board)를 선택
③ 아두이노 AVR 보드(Arduino AVR Boards)를 선택
④ 아두이노 나노(Arduino Nano)를 선택

포트 선택

USB를 연결한 곳을 "포트(Port)"라고 한다. 컴퓨터에는 다양한 USB 장치를 사용하고 있으므로
어느 포트에 아두이노를 연결했는지를 스케치에서 설정한다.

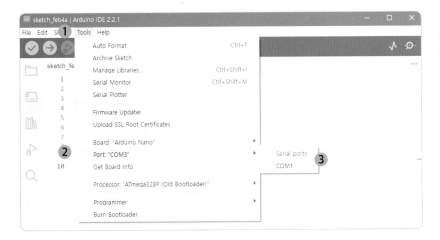

① 메뉴 바의 툴(Tools)을 선택
② 포트(Port)를 선택
③ 아두이노를 연결한 USB포트를 선택(사
　용자의 컴퓨터 환경에 따라 포트 번호는
　다르다).

TIP 연결포트 찾기

컴퓨터에 여러 개의 USB 장치가 연결되어 있으면 포트도 여러 개. 그 중 아두이노가 어느 포트에 연결되었는지 찾는 방법

① 나노를 연결하지 않은 상태에서 툴-포트를 열어보면 현재 연결
　된 포트가 보인다.
　(COM1은 이미 다른 USB 장치가 사용중)

② 나노를 연결한 후 다시 툴-포트를 열어보면 새로 연결한 포트
　(COM4)를 확인할 수 있다. COM4를 선택하면 완료.

(※사용자의 컴퓨터 환경에 따라 포트 번호는 다르다.)

프로세서 선택

컴퓨터에 연결한 아두이노 보드의 메인 프로세서를 선택한다. 정품 나노보드는 ATmega328P를
사용하고 있다.

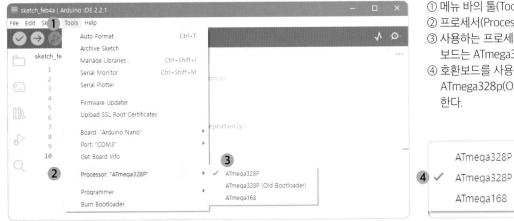

① 메뉴 바의 툴(Tools)을 선택
② 프로세서(Processor)를 선택
③ 사용하는 프로세서를 선택 : 오리지널
　보드는 ATmega328p를 선택
④ 호환보드를 사용할 경우
　ATmega328p(Old Bootloader)를 선택
　한다.

호환 보드 중에서 ATmega168 프로세서를 사용하는 보드가 있을 수 있다. 이런 보드라면 프로세서를 ATmega168을 선택해야 한
다. 지금은 이 프로세서의 제품이 거의 눈에 띄지 않지만 혹시 재고가 있을 수 있으니 제품 구입할 때 사양을 잘 살펴봐야 한다.

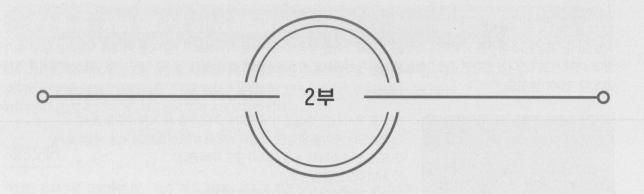

2부

공작편

ARDUINO

04-1 작품소개 : LED 깜빡이기와 가변저항으로 밝기 조절하기

제품명 : 1/48 T-50B BLACK EAGLES

제조사 : 아카데미
제작/글 : D&A 공작실 박성윤
프로그램 : D&A 공작실 박철종

CLIP

2-1 BLACK EAGLES

T-50B는 대한민국 공군의 특수 비행팀인 "블랙이글스"에서 사용하는 기체이다. 1967년에 창설된 블랙이글스는 다양한 기종의 비행기로 고난도의 비행 기술을 선보여왔다. 2009년부터 KAI에서 개발한 공군 연습기인 T-50을 일부 개량해 T-50B 골든이글로 명명한 기체를 사용하고 있다. 블랙이글스는 8대의 T-50B를 운용하며 한국을 대표하여 국내외 각종 에어쇼와 이벤트에서 뛰어난 기체 성능과 출중한 조종 실력으로 명성을 떨치고 있다.
이번 공작은 T-50B의 주요 조명을 LED로 제작하고 기초적인 아두이노 프로그램을 알아볼 수 있도록 제작한다.

기체 좌우의 인식등은 1608 LED로 제작. 좌측은 빨간색, 우측은 파란색. 프로그램에 따라 계속 켜진 상태 또는 깜빡임을 선택할 수 있다.

조종석 계기판은 프로그램으로 작동. 앞쪽이 먼저 켜지고 1초 후 뒤쪽이 켜진다. 프로그램을 수정하면 켜지는 시간을 바꿀 수 있다. 동시에 켜지거나 켜지는 간격을 더 길게 할 수도 있다. 프로그램 B에서는 계기판의 밝기를 바꿀 수 있다.

엔진노즐에는 1W LED를 설치. 3D 출력 부품을 사용하여 제트 엔진 내부구조를 재현. LED는 베이스의 가변저항으로 밝기를 조절할 수 있다.

비행기를 고정하는 스탠드는 3D 출력으로 제작해 각도를 바꾸어 전시할 수 있다. 베이스의 가변저항을 돌리면 엔진 노즐 LED의 밝기를 조절할 수 있다.

가동식 스탠드로 다양한 각도로 전시할 수 있다.

T50B의 동체는 회로 유지 보수를 위해 상하로 분리되는 구조로 제작. 기체 뒤쪽에 자석을 설치해 고정한다.

작동코드 계획

이번 공작에서는 조종석 계기판 앞뒤, 항법등 좌우 그리고 엔진 노즐에 LED를 설치하고, 아두이노 코드로 각각 작동하고 있다. 두 개의 프로그램을 준비해 코드의 위치에 따라 작동이 어떻게 바뀌는지 알아봄으로 아두이노 프로그램의 구조에 대해 알 수 있다.

(작동 계획과 주요 코드)
① 전방 계기판을 원하는 밝기로 켜기(analogWrite)
② 후방 계기판을 원하는 밝기로 켜기(analogWrite)
③ 항법등 좌우 켜고 끄기(digitalWrite)
④ 엔진노즐 켜기(analogWrite)
⑤ 가변저항을 사용하여 엔진 노즐의 밝기를 조절(int, val)

주요 부품

기본부품
□ 아두이노 나노 1개
□ USB 커넥터
□ 브레드보드 하프 1개

입력부품
□ 가변저항 10KΩ 1개

출력부품
□ 1W LED 웜화이트 1개
□ 3030 LED 흰색 2개
□ 1608 LED 파란색, 빨간색 각 1개

전자부품
□ 납땜용 도구
□ 연선 AWG30, 32 적, 흑, 백, 청, 황
□ 단선 AWG 22
□ 에나멜선 AWG32
□ 2.54 피치 핀헤더, 소켓 각 6핀
□ 점퍼와이어 10cm
□ 저항 150Ω×1, 100Ω×1, 150Ω×3

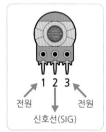

가변저항 10K
손잡이를 돌리면 저항의 값이 바뀐다. 이번 공작에서는 가변저항의 값에 따라 LED 밝기를 조절한다. 세 개의 전극은 일반적으로 좌측부터 1, 2, 3으로 부른다. 양쪽 끝(1, 3)에는 전원선, 가운데(2)는 저항값을 출력한다. 아두이노 전자공작에서는 이를 신호선(Signal = SIG)이라고 부른다. 너트와 와셔를 사용해서 베이스에 고정한다.

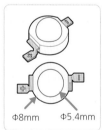

1W LED 웜화이트
1W LED 웜화이트 사용 전압은 3.4V, 소모 전류는 350mA로 고휘도 LED(20mA)보다 밝은 빛을 낸다. 웜화이트는 일반적인 흰색보다 약간 노란색 느낌의 색상(3100K)으로 이번 공작에서는 엔진노즐의 분사를 표현. 전극에 +와 -가 표시되어 있다. 주의할 것은 소모전류가 높은만큼 장시간 켜두면 고열이 발생해 플라스틱 모형의 외형을 변형시킬 수 있으므로 짧은 시간동안만 켜두는 것을 추천.

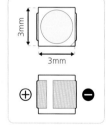

3030 LED 흰색
3mm × 3mm의 SMD LED. 이번 공작에서는 전,후방 계기판에 사용한다. LED의 두께가 일반적인 SMD LED보다 얇아 납땜할 때 열에 의해 LED 칩이 손상되기 쉽기 때문에 주의해야 한다. 전선을 납땜한 후에는 제대로 작동하는 테스트 해보자.
LED 뒷면 전극의 작은 쪽이 +극, 큰 쪽이 -극이다.

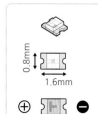

1608 LED
1.6mm × 0.8mm 크기의 SMD LED. 매우 작은 크기이지만 일반적인 LED와 전기적 특성은 동일하다. 공기 흡입구 측면의 좌(빨간색), 우(파란색) 항법등에 사용하고 있다.

※ 1608 LED는 크기가 매우 작아 납땜이 쉽지 않다. 해외 쇼핑몰에서는 에나멜선이 연결된 LED도 판매하고 있다. "0603 LED Wired"로 검색하면 찾을 수 있다. (LED이름이 다른 이유는 207P SMD LED 참조)

1 계기판 0303 LED 흰색, 에나멜선

T-50B는 복좌형 기체로 앞, 뒤에 계기판을 조립한다. 계기판은 투명부품으로 되어 있으며 여기에 LED를 부착하고 내부 반사로 빛을 내는 방법으로 공작했다.

앞,뒤 계기판은 프로그램 A에서는 각각 켜고 끄고, 프로그램 B에서는 밝기를 조절한다.

계기판의 사각형 모니터 몰드에 맞춰 뒷면에 3030 LED를 순간접착제로 고정. LED와 투명부품의 주변에 틈이 생기지 않도록 순간접착제로 꼼꼼히 막아준다.

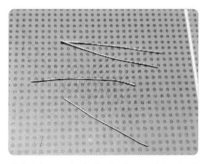

저항이나 LED의 긴 전극을 자르고 남은 전극을 활용하면 SMD LED를 병렬로 연결할 때 편리하다.

전극에 에나멜선을 감고 페이스트를 묻힌 후 인두로 가열하면 에나멜 코팅이 타면서 연결된다.

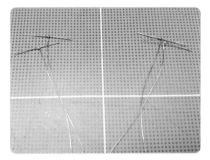

계기판 하나에 +, -용 하나씩. 앞뒤 두 쌍을 준비. 에나멜선은 극성을 구분하기 위해 +는 길게, -는 짧게 한다.

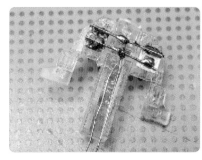

LED의 +극, -극에 맞춰 전극을 납땜으로 연결한다.

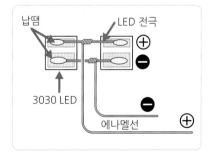

에나멜선의 길이를 다르게 해서 +, -선을 구분한다. 좌우의 LED는 LED전극으로 각각 병렬로 연결되어 있다.

계기판 앞면에 빛이 나올 부분을 마스킹 테이프와 마스킹 졸을 붙여둔다.

1차 도장. 투명 부품 내부에서 LED의 빛을 반사하기 위해 유광 흰색으로 앞면과 뒷면에 에어브러싱.

2차 도장. 계기판 기본색인 짙은 회색을 에어브러싱. 이때 뒷면에 빛샘이 없는지 LED를 켜서 확인한다. 빛샘이 있는 부분은 덧칠한다.

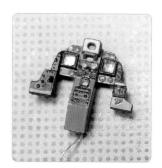

3차 도장. 검정색 에나멜로 계기판 디테일을 붓으로 도장. 도료가 완전히 건조한 후 마스킹 테이프와 마스킹 졸을 제거한다.

마스킹을 제거한 후 제품의 데칼을 붙인다. 데칼이 없는 곳은 클리어 블루 혹은 그린으로 칠한다. LED를 켜보고 도장이 벗겨져 빛샘이 있는 곳은 재도장해서 보완해준다.

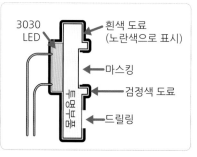

마스킹을 벗겨내면 투명 부품이 드러난다. 작은 디테일은 드릴을 사용해 색을 둥글게 벗겨낸다. 이 크기의 데칼이 없으므로 클리어 도료를 칠해준다.

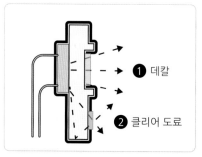

LED를 켜면 ①데칼을 통해 빛이 나온다. ②LED보다 아래에 있는 클리어 도료 부분도 흰색 도료의 내부 반사로 인해 빛이 나온다.

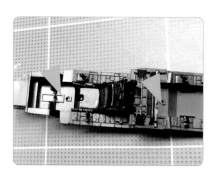

조종석을 기본 회색과 검정색으로 도장하고 앞, 뒤 계기판 기둥 위치에 1.5mm의 구멍을 뚫어준다.

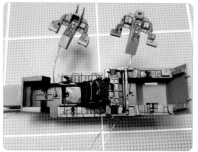

구멍으로 각 계기판의 에나멜선을 끼워 넣는다.

바닥에서 본 상태. 총 네 개의 에나멜선.

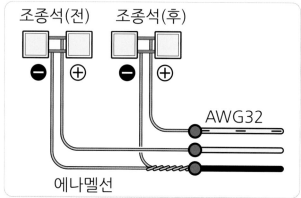

에나멜선 만으로는 용도구분이 어려우므로 색이 있는 AWG32선을 연결한다.
-선은 공용이므로 두 가닥은 함께 묶고 검정선을 연결.
+에나멜선에는 각각 노란선을 연결하고 앞, 뒤 구분을 위해 뒤쪽 조종석의 노란선에는 점선을 표시한다.

2 항법등 1608 LED 빨간색, 파란색, 에나멜선

항법등(NavigationLights)의 좌측은 빨간색, 우측은 파란색 혹은 녹색을 사용한다. 계속 켜진 상태를 유지하거나 필요에 따라 깜박이기도 한다.

T-50B는 동체의 공기흡입구(Air Intake)에 설치되어 있으며 이번 공작에서는 SMD LED(1608)로 제작했다.

우측 항법등
1608 LED 파란색

에나멜선

좌측 항법등
1608LED 빨간색

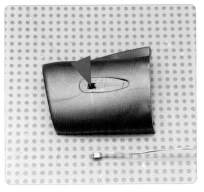

공기흡입구 부품에 1.5mm의 구멍을 뚫고 LED 크기에 맞춰 사각형 모양으로 만든다.
1608 LED에 에나멜선을 연결해서 준비.

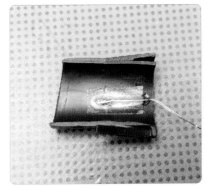

외부에서 보이지 않는 곳에 LED를 고정할 때는 투명 테이프를 사용하면 편리하다. 수리를 위한 분리도 가능하다.

빛샘 방지를 위해 투명 테이프 위에 알루미늄 테이프를 한 번 더 붙여준다. 알루미늄 테이프는 전기가 흐르므로 전극이 드러나있는 SMD LED에 바로 붙이면 안된다.

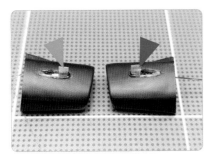

투명부품의 조명 부분에 클리어 도료 파랑, 빨강을 각각 칠한 후 테이프로 마스킹한다.

공기흡입구 내부와 외부 전체를 흰색으로 도장하고 완전히 건조하기를 기다린다. 마스킹 테이프는 계속 유지.

공기흡입구 내부를 마스킹하고 기체색인 유광 검정색을 도장. 완전히 건조한 후 마스킹 테이프를 제거한다. 사진은 파란색 LED를 켠 상태.

[항법등 제작과정]

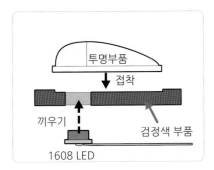

투명부품
접착
끼우기
검정색 부품
1608 LED

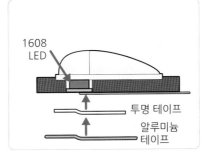

1608 LED
투명 테이프
알루미늄 테이프

검정색 도료
흰색 도료 (노란색으로 표시)

3 엔진노즐 1W LED 웜화이트, AWG30 검정선, 흰선

엔진노즐에는 고휘도 LED보다 밝은 1W LED 웜화이트를 사용했다. 엔진노즐의 LED 효과를 높이기 위해 3D설계로 만든 부품을 사용했다.

출력 가능한 3D부품(STL파일)은 필자의 블로그에서 다운로드 받아 사용할 수 있다.
Kyoji: 네이버블로그
https://blog.naver.com/ballak

Contact

Naver Blog : Kyoji

원통 고정부품을 동체 하부 부품에 순간접착제로 고정.
▶홈이 위쪽으로 향하도록 접착.
▶틈이 생기는 부분은 적당한 두께의 프라를 끼워 넣고 접착제로 고정한다.

원통 고정부품에는 홈(▶)을 만들어 두었다. 원통 부품이 돌아가지 않도록 위쪽에 프라판조각을 접착(노란 동그라미, 흰색 부품).

원통 부품과 고정 부품을 조립하고 엔진팬 부품을 결합. LED의 빛이 나올 수 있도록 망형태로 제작했다.

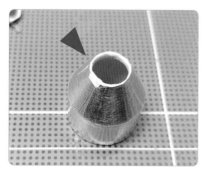

LED 고정 부품은 흰색으로 출력하고 빛샘 방지를 위해 알루미늄 테이프를 붙인다. ▶알루미늄 테이프는 전기가 흐르므로 LED의 단자가 닿는 부분은 칼로 잘라내야 한다.

LED에 전선(검정선, 흰선)을 연결하고 검정색 글루건으로 고정. ▶ 수축튜브로 두 선을 묶어주면 연결 부위가 떨어지는 것을 어느 정도 방지할 수 있다.

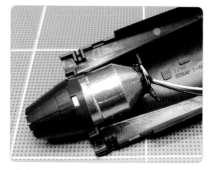

엔진노즐을 끼워 완성. 엔진 관련 부품들은 테이프로 고정해서 도장이나 수리를 위한 분해가 가능하다.

[조립참고]

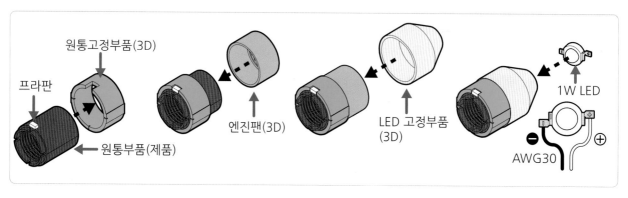

36

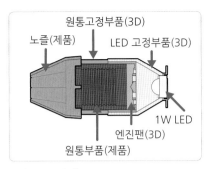

노즐(제품)
원통고정부품(3D)
LED 고정부품(3D)
1W LED
엔진팬(3D)
원통부품(제품)

엔진부품 조립 참고

LED를 켜지 않은 상태. 엔진 팬 뒤로 보이는 흰색은 LED 고정부품 내부.

1W LED에 3V 건전지를 연결해 제대로 작동하는지 시험해본다.

4 본체 커넥터 2.5피치 핀헤더 소켓 3핀 2열(6핀)

동체에 6핀 소켓 크기에 맞춰 구멍을 뚫기 위한 준비. 소켓 크기에 맞춰 테이프로 가이드를 만든다.

가이드 안쪽에 1.5mm 핀바이스로 구멍을 이어서 뚫는다.

뚫어놓은 구멍을 칼, 니퍼로 잘라낸 상태.

칼과 줄로 깨끗이 정리하고 가이드 테이프를 떼어낸다.

구멍에 6핀 소켓을 끼운 상태. 처음에는 조금 작게 뚫고 다듬어가며 크기를 맞추면 깔끔하게 구멍을 맞출 수 있다.

기체 안쪽에서 프라빔을 사용해 소켓을 고정. 젤타입 순간접착제를 사용하면 넓은 틈도 메워주므로 튼튼하게 고정할 수 있다.

5 본체 배선

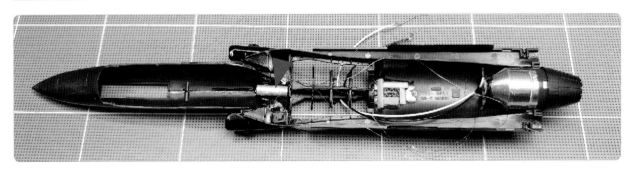

본 키트는 기수와 동체가 분리되어 있다. 유지보수를 위해 동체 상하 분리구조로 만들 예정이므로 기수와 동체를 접착했다. 이때 연결 부위가 약하므로 ▶알루미늄 파이프를 에폭시 접착제로 붙여 보강해주었다. 좌우 공기흡입구도 접착해 둔다.

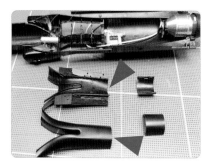

공기흡입구 내부 부품의 뒷부분이 커넥터를 가리므로 작업의 편의를 위해 잘라낸다.

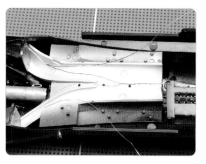

공기흡입구 내부는 흰색으로 도장. 항법등 에나멜선 중 -선(짧은 선) 두 개를 꼬아서 준비.

엔진 LED의 검정선(AWG30) 끝부분을 5mm 정도 탈피하고 속전선에 항법등의 -선(에나멜선 2가닥)을 감고 납땜으로 연결한다.

항법등 좌우 +에나멜선의 끝부분의 코팅을 인두 팁으로 태워 커넥터 연결을 준비한다.

엔진 LED의 흰선, 납땜한 검정선 그리고 항법등 에나멜선을 소켓의 핀에 납땜으로 연결한다. 위치는 회로 일러스트를 참고.

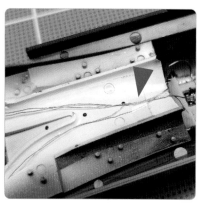

▶ 납땜이 끝난 에나멜선은 조립에 방해가 되지 않도록 투명 테이프로 고정한다.

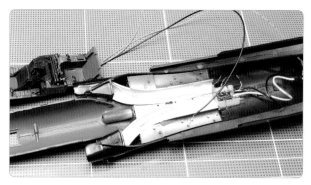

조종석의 전선을 소켓 위치에 맞춰 자른다. 이때 길이를 3cm 정도 여유있게 해주면 유지보수에 수월하다.

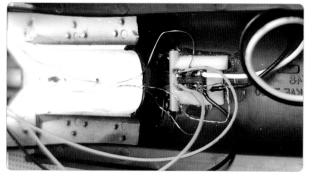

소켓핀의 해당 위치에 전선들을 연결하고, 여분의 전선은 조립에 방해가 되지 않도록 테이프로 고정한다.

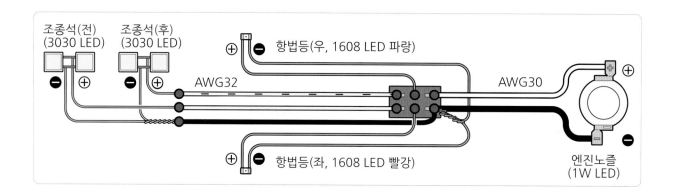

◀본체의 6핀 소켓에 핀헤더 6핀을 끼우고 동체 내부 전선의 색과 맞춰 전선을 연결. 핀헤더는 스탠드 기둥에 튼튼하게 고정하기 위해 앞뒤로 한 칸씩 넓게 준비했다.

▶아래에서 본 6핀 전선 연결 상태. 조종석(후)용의 노란선에는 구분을 위해 점선으로 표시해둔다.

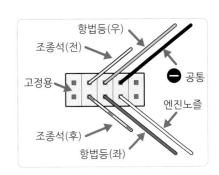

6 조인트 기둥

가동 스탠드 부품. 3D부품과 5mm 동파이프 8cm을 사용한다. 부품 고정을 위해 M3 볼트 5mm 2개, 10mm 3개와 M3 너트 3개가 필요.

동파이프의 양쪽 끝에 조인트 부품(T50_joint_1)을 끼우고 M3 5mm 볼트로 각각 고정.

동체와 연결하는 부품(T50_joint_2)에 핀헤더를 아래에서 끼운다. 핀헤더는 앞뒤로 한 칸씩 넓게 잘라놓았다.

핀헤더와 조인트 부품을 글루건으로 고정한다.

조인트 부품들을 볼트와 너트로 기둥에 조립한다. 전선은 동파이프 내부로 통과해둔다.

베이스 연결 부품(T50_joint_4)를 10mm 볼트와 너트로 연결한다. 나사로 조이고 풀어 각도를 조절할 수 있다.

7 베이스 1W LED 웜화이트, AWG30 적, 흑, 백, 청, 황

베이스는 생활용품점에서 구입한 나무재질 냅킨 상자(3,000원)를 사용. 뚜껑은 자석으로 고정된다. 상자는 뒤집어서 사용할 예정.

상자의 바닥면에 기둥 고정용 나사 구멍과 전선 통과용 구멍을 뚫어준다. MDF는 구멍을 뚫으면 주위가 쉽게 부서지므로 순간접착제를 흘려넣어 주변을 보강해준다.

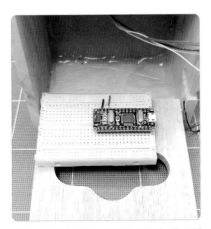

베이스의 뚜껑을 열고 안쪽에 아두이노를 조립한 기본회로를 고정한다.

※ 브레드보드의 뒷면은 접착테이프가 붙어 있으므로 이면지를 떼면 부착이 가능하다.

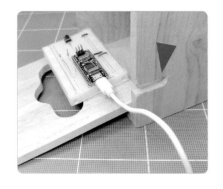

◀베이스 뚜껑을 덮으면 아두이노에 연결한 USB 케이블이 걸린다. 이를 방지하기 위해 베이스 뒷면에 U형태의 구멍을 뚫어 케이블이 통과할 수 있도록 했다.

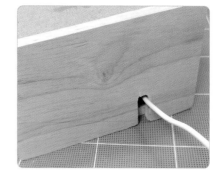

▶완성된 상태. U형태이므로 뚜껑을 덮어도 걸림 없이 케이블이 통과한다.

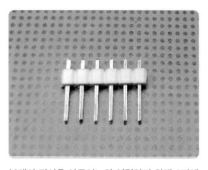

본체의 전선을 아두이노와 연결하기 위해 6핀헤더를 준비.

핀헤더를 브레드보드에 끼워두고 납땜을 하면 편리하다(저항연결은 회로 제작에서 설명한다).

전선 순서가 바뀌지 않도록 주의하며 각각의 전선을 납땜하고 수축튜브로 마무리한다(빨, 파, 흰, 노, 노점, 검).

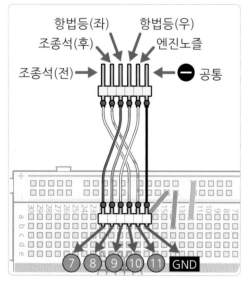

※모든 -극을 공통으로 GND와 연결한다.

[전선 연결 참고]

일반적인 전자공작은 LED의 전선에 스위치와 가변저항 등을 연결해 조절하지만 아두이노 전자공작에서는 아두이노의 입출력핀(I/O PIN)과 연결해야 한다. 그 후 프로그램에서는 핀의 번호로 켜고 끄기, 밝기 조절 등의 명령을 만든다.

위쪽 노란색 커넥터는 각각 LED와 연결되어있고, 아래쪽 흰색 커넥터는 아두이노의 핀과 연결한다. 전선색으로 연결된 LED를 구분하므로 쉽게 알 수 있다. 초록색 동그라미 숫자는 연결된 아두이노의 핀 번호를 표시.

TIP   LED의 밝기를 조절하는 핀

일반 전자공작에서는 LED 밝기를 조절하려면 저항을 바꿔야 하지만 아두이노에서는 프로그램에서 숫자를 바꿔 밝기를 조절 할 수 있다(보호용 저항은 반드시 연결해야 한다).

이렇게 숫자로 출력을 조절하는 것을 "아날로그 출력"이라고 하며, 아두이노 나노의 경우 D로 시작하는 디지털핀 중 6개 핀(3, 5, 6, 9, 10, 11)에 연결해서 사용할 수 있다. 왼쪽 회로에서 밝기를 조절해야 하는 LED는 아날로그 출력핀에 연결되어있다. 엔진노즐=9, 조종석(전)=10, 조종석 후=11.

엔진 LED의 밝기 조절을 위해 10K Ω의 가변저항을 사용. 핀헤더는 5핀 크기로 자른 후 가운데 2핀(▶)은 제거해 변형 3핀을 만든다.

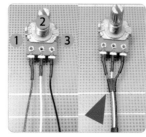

가변저항에 ①빨간선 ②흰선 ③검정선을 납땜하고 수축튜브로 마무리한다. 추가로 ▶ 세 개의 선을 수축튜브로 묶어두면 납땜이 떨어지는 것을 방지하고 관리도 쉽다.

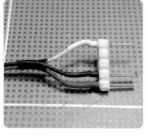

핀헤더에는 빨간선, 검정선 그리고 흰선을 그림의 순서에 맞게 납땜하고 수축튜브로 마무리해준다.

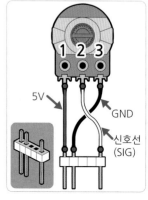

변형3핀 배선 연결 참고. 전선의 실제 길이는 약 17cm.

베이스 윗면에 가변저항을 설치할 위치를 정하고 구멍을 뚫는다.

가변저항의 나사가 통과할 정도의 크기로 구멍을 뚫고 안쪽에서 노브를 끼운다.

바깥쪽에서 너트와 와셔로 조여 고정한다.

마무리 및 기타 공작

베이스 커버를 3D 설계로 제작. 조인트 기둥의 베이스를 덮기 위해 두 부품으로 분리했다.

베이스 커버는 육각렌치 볼트로 고정. 사진의 나사는 M3 육각헤드 나사로서 일반적인 십자볼트보다 기계적인 느낌이 난다.

완성 상태. 남은 데칼로 베이스 전면을 꾸미고 가운데에 블랙이글스 기념 배지(Badge)를 끼워 포인트를 주고 마무리.

LED 유지보수와 내부 구조 전시를 위해 동체 상하는 분리할 수 있도록 제작했다.

기수 부분 안쪽에는 두께 2mm 프라판을 잘라 붙여 걸쇠 역할을 한다. 튼튼한 고정을 위해 에폭시 접착제를 사용.

동체 뒤쪽의 위아래에는 각각 네오디뮴 자석을 에폭시 접착제로 고정해두어 분해, 조립이 가능하다.

비행기 본체와 조인트 기둥은 6핀 커넥터로 연결한다.

조인트 기둥은 나사로 연결된 관절이 있어 전시 각도를 조절할 수 있다.

앞뒤는 물론 좌우로도 각도를 바꿀 수 있어 역동적인 형태로 전시가 가능하다.

회로제작

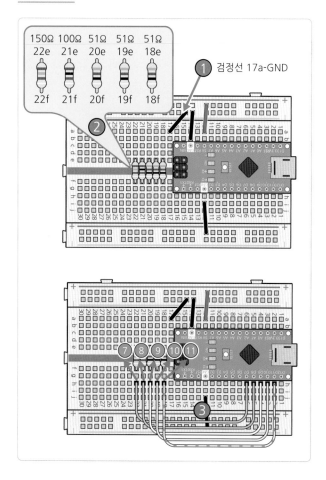

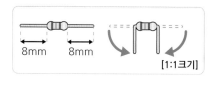

①아두이노 기본회로【03-1 기본 회로 만들기】에 검정선으로 14b(GND) 와17a을 연결. 이것은 비행기 본체의 공통 -선과 GND를 연결한다.

②저항 5개를 그림을 참조해 연결한다. 저항은 다리가 길어 그대로 조립하면 다른 부품과 합선될 수 있다. 양쪽 다리를 8mm(브레드보드 구멍 세 칸)정도 남기고 잘라낸 후 구부리면 브레드보드에 밀착해서 조립할 수 있다.
22f는 150Ω 항법등LED 빨간색.
21f는 100Ω 항법등LED 파란색.
20f는 51Ω 조종석 앞LED 흰색.
19f는 51Ω 조종석 뒤LED 흰색.
18f는 51Ω 엔진LED 흰색.

③저항과 아두이노의 핀을 전선으로 연결한다.
(번호는 바깥쪽부터 시작)
1번 저항(150Ω)=D7에 연결(22h-6h)
2번 저항(100Ω)=D8에 연결(21h-5h)
3번 저항(51Ω)=D9에 연결(20h-4h)
4번 저항(51Ω)=D10에 연결(19h-3h)
5번 저항(51Ω)=D11에 연결(18h-2h)

※같은 번호라면 끼우기 편한 g, h, I, j 어디에라도 연결해도 된다(22h = 22g = 22i = 22j).

④비행기 본체에서 나온 6핀 커넥터를 연결한다.

빨간선(항법등 빨간색)= 22b(D7)
파란선(항법등 파란색)= 21b(D8)
흰선(엔진LED)= 20b(D9)
노란선(조종석 앞)= 19b(D10)
노란선(점선) (조종석 뒤) = 18b(D11)
검정선 = 17b(GND)

⑤가변저항의 3핀에 변형3핀 커넥터를 연결한다.
빨간선 - 위+버스
검정선 - 위-버스
흰선= 5a(A1)

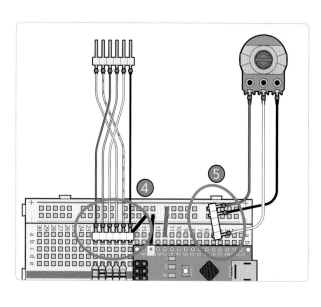

전체 회로와 배선

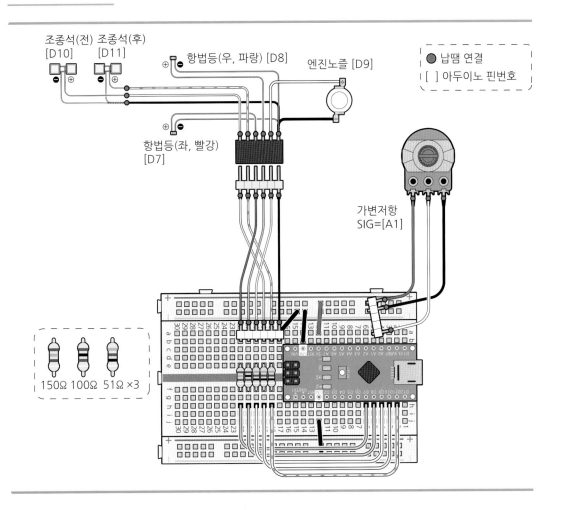

조종석(전) 조종석(후)
[D10]   [D11]

항법등(우, 파랑) [D8]   엔진노즐 [D9]

● 납땜 연결
[ ] 아두이노 핀번호

항법등(좌, 빨강)
[D7]

가변저항
SIG=[A1]

150Ω 100Ω 51Ω ×3

사용부분	핀	전선	사용부품	기타
항법등 좌	7	빨간선	1608 LED 빨강	150Ω
항법등 우	8	파란선	1608 LED 파랑	100Ω
엔진노즐	9	흰선	1W LED 웜화이트	51Ω
조종석 전	10	노란선	3030 LED 흰색×2	51Ω
조종석 후	11	노란선(점선)	3030 LED 흰색×2	51Ω
가변저항	A1	흰선	10KΩ	
공통 -	GND	검정선		

TIP 저항값이 다른 이유

일반적으로 사용하는 LED는 정격전류가 20mA이다. 그래서 7번 핀의 빨간색 LED(2V)에는 150Ω, 8번 핀의 파란색 LED(3V)에는 100Ω을 사용했다(LED저항값 계산은 [11-4 저항값 계산] 참조).
하지만 조종석에 사용한 3030LED는 150mA(두 개 병렬연결이므로 300mA), 엔진노즐에 사용한 1W LED는 350mA의 정격전류로, 일반 LED보다 훨씬 밝은 빛을 낼 수 있다. 특히 엔진노즐은 밝을수록 효과가 좋으므로 일반 LED(100Ω)보다 낮은 저항(51Ω)을 사용했다.

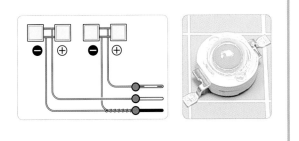

모형에 LED와 가변저항 등의 전자공작을 넣으면 정해진 방식으로만 작동을 한다. 그 후 작동 방식을 바꾸려면 새로운 부품을 추가하고 기존의 부품도 연결을 바꾸는 등의 작업이 필요하다.

하지만 아두이노 전자공작에서는 전자회로는 그대로 두고 프로그램을 바꿔서 작동을 바꿀 수 있다. 이번 장에서는 명령어(함수)의 위치를 바꾸는 것만으로도 다른 작동을 하는 것을 확인할 수 있도록 A, B 두 개의 프로그램을 준비했다.

Contact
Naver Blog : Kyoji

코드 다운로드
Kyoji: 네이버블로그
https://blog.naver.com/ballak

프로그램 A

① 전원을 연결하면 전방 조종석의 계기판(D10)이 켜지고 1초 후 후방 조종석의 계기판(D11)이 켜진다.

② 항법등 좌(D7), 우(D8)가 켜진 상태로 유지된다.

③ 가변저항을 돌려 엔진 노즐의 밝기를 조절한다.

CLIP

2-1 BLACK EAGLES

작동영상 Youtube.com/Kyojipark

프로그램 B

① 항법등 좌(빨강), 우(파랑)가 계속 깜박인다(계속 깜빡이는 것을 블링킹(Blinking)이라고 부른다).

② 가변저항(A1)을 돌려 조종석 앞, 뒤 그리고 엔진노즐(D9)의 밝기를 동시에 조절한다.

프로그램 A의 코드와 해설

```
1  void setup(){
2    pinMode(7, OUTPUT);    // Navi Lite Left RED LED
3    pinMode(8, OUTPUT);    // Navi Lite Right BLUE LED
4
5    analogWrite(10, 150);    // Cockpit FRONT LED Set 0~255
6    delay(1000);
7    analogWrite(11, 150);    // Cockpit REAR LED Set 0~255
8    delay(1000);
9
10   digitalWrite(7, HIGH);    // Navi Lite Left_REDLED
11   digitalWrite(8, HIGH);    // Navi Lite Right BLUE LED
12 }
13
14 void loop(){
15   int val= analogRead(A1)/ 4;
16   analogWrite(9, val);    // ENGINE Nozzle LED
17 }
```

【셋업영역】
프로그램에서 한 번만 실행.

【루프영역】
계속 반복해서 실행.

TIP 함수의 기본구조

괄호
digitalWrite(7 , HIGH);
함수이름 핀 번호 콤마 값 세미콜론

● 함수이름 : 예약어라고도 한다. 아두이노 코드에서 이미 사용하고 있는 이름이라는 의미. 대소문자도 잘 확인해서 써야 한다.

● 괄호 : 처리하는 부분을 묶어두는 역할.

● 핀번호: 함수의 명령을 받는 핀번호.

● 값 : 숫자로 표시. 잠깐! HIGH는 숫자가 아니다! 해설은 아래에서.

● 세미콜론 : 함수 명령이 끝난 것을 표시. 함수 코드에서는 반드시 써야 한다.

아두이노에서 특정 행동을 하는 것을 함수(Function)이라고 한다. 함수는 보통 비슷한 구조를 가지고 있다. 어떤 것은 완전히 동일하고, 특정 함수는 형태가 약간 다를 수 있지만 기본 개념은 동일하다.

이번 프로그램의 코드에서는 【2】pinMode, 【5】analogWrite, 【10】digitalWrite가 완전히 동일한 구조로 되어있음을 알 수 있다.

주목해서 볼 것은 값 부분이다. 값(Value)은 숫자를 의미한다. 아두이노에서 특정한 이름은 예약어로 설정되어 있다. 【10】digitalWrite의 값에 해당하는 HIGH도 예약어로서 1을 의미한다. 즉 HIGH라고 쓰면 아두이노는 1로 인식한다. HIGH의 반대인 LOW는 0을 의미한다.

```
【2】 pinMode(7, OUTPUT);   // Navi Lite Left RED LED
【3】 pinMode(8, OUTPUT);   // Navi Lite Right BLUE LED
```

pinMode(7 , OUTPUT);

M은 대문자　핀 번호　컴마로 구분　세미콜론

아두이노에서 부품을 연결한 핀을 디지털(0 또는 1)로 사용할 때는 입력 또는 출력으로 설정해야 제대로 작동한다. D7과 D8은 디지털로 켜거나 끄는 용도로 사용하므로 출력(OUTPUT : 모두 대문자)으로 설정한다.

■ 중요

; 세미콜론(Semi Colon)이라고 읽으며 함수를 쓸 때 명령이 끝났다는 의미로 반드시 써주어야 한다. ;를 쓰지 않으면 명령이 실행되지 않고 에러가 발생한다. : (colon, 콜론)으로 쓰지 않도록 주의해야 한다.

//(슬래시 슬래시)는 주석(Comment)으로 프로그램에는 영향을 주지 않고(정확히 이야기하면 주석은 무시), 코드 해설이나 설명 등의 메모를 남기는 기능이다. 줄이 바뀌면 주석은 해제되므로 아랫줄은 영향을 받지 않는다. 코드를 이해하는데 도움이 되므로 적극 활용하는 것을 추천. 여기에서는 D7에 연결한 LED의 용도(항법등 빨간색 LED)를 기록해 둔 것.

```
【5】 analogWrite(10, 150); // Cockpit FRONT LED Set 0~255
```

【5】 전방 조종석 계기판이 150의 밝기로 켜진다.

analogWrite(10 , 150);

W는 대문자　핀 번호　값

아날로그라이트는 해당하는 핀의 전압을 조절하는 명령으로 D10과 연결된 전방 조종석을 150의 밝기로 켠다.
값은 0(꺼짐)~ 255(최대 밝기)까지 숫자로 밝기를 조절할 수 있다(주석으로 값의 범위를 기록해 두었다).

```
【6】 delay(1000);
```

아두이노 프로그램을 실행하면 명령을 한줄씩 실행한다. 이때 일정 시간동안 프로그램의 진행을 잠시 멈추고 싶을 때 딜레이 함수를 사용한다. 정해진 시간이 지난 후 다음 코드로 진행한다. 괄호( ) 안의 값은 1/1000초 단위(이 단위를 밀리초Millisecond = ms라고 한다). 1000으로 쓰면 1초를 의미한다. 딜레이를 쓰지 않는다면【5】코드를 실행하고 바로【7】코드를 실행하므로 D10과 D11이 함께 켜지는 것처럼 보인다.

delay(1)이라고 쓰면 1/1000(=0.001)초를 대기
delay(500)이라고 쓰면 500/1000(=0.5)초를 대기
delay(2000)이라고 쓰면 2초를 대기한다.

【6】1초 대기

```
【7】 analogWrite(11, 150); // Cockpit REAR LED Set 0~255
```

D11과 연결된 후방 조종석을 150의 밝기로 켠다.

【7】 후방 조종석 계기판이 150의 밝기로 켜진다.

```
【 10 】 digitalWrite(7, HIGH);   // Navi Lite Left_REDLED
【 11 】 digitalWrite(8, HIGH);   // Navi Lite Right BLUE LED
```

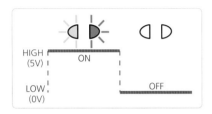

digitalWrite(7 , HIGH);
W는 대문자   핀 번호   값

디지털 라이트는 해당하는 핀을 디지털로 출력할 때 사용한다. 값에는 HIGH(켜짐) 또는 LOW(꺼짐) 둘 중 하나를 넣는다. D7(항법등 좌), D8(항법등 우)을 HIGH로 하여 LED를 켠다는 의미.

※【10】【11】줄의 사이에는 딜레이(delay)가 없으므로 D7(항법등 좌), D8(항법등 우)이 동시에 켜진다(실제로는 시간 차이가 있지만 매우 빠르게 명령을 실행해서 동시에 켜지는 것으로 보인다).

HIGH (5V)   ON
LOW (0V)   OFF

HIGH는 5V의 전압을 핀에 공급하므로 LED가 켜진다.
LOW는 핀을 0V로 설정하므로 LED가 꺼진다.

```
【 15 】 int val = analogRead(A1)/ 4;
```

가변저항을 돌리면 값이 변하고 변수도 바뀐다. 가변저항의 값이 800일 경우
800 ÷ 4 = 200 / val= 200

int는 변수설정이라고 한다. val이라는 상자를 만들고 그 안에 오른쪽의 계산값을 넣어 두는 명령. 이 코드를 사용하는 이유는 가변저항(A1)의 변화되는 값을 아두이노에 저장해두고 그 값에 따라 LED의 밝기를 바꾸기 위해서이다. "/ 4"는 A1의 아날로그 입력값이 1024단계이고 LED의 밝기를 조절하는 아날로그 출력(PWM)은 256단계이므로 값을 맞추기 위해 A1의 값을 4로 나누어 비율을 맞추기 위해 사용했다.

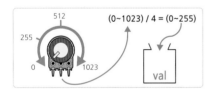

(0~1023) / 4 = (0~255)

val

(*프로그램에 익숙하지 않은 사람이 int 명령을 처음 보면 쉽게 이해하기 힘들 수 있다. 우선은 "int=변화하는 수를 이용하는 것" 정도로만 알아두자. 이 책에서는 계속 int를 다루고 있으므로 차차 이해할 수 있다.)

200
val

```
【 16 】 analogWrite(9, val);   // ENGINE Nozzle LED
```

엔진(D9)을 val의 값으로 아날로그로 출력한다.
【5】에서 사용한 아날로그 라이트와 동일한 구조의 함수. 다른 점은 값 부분에 직접 숫자를 쓰지 않고 【15】에서 설정한 변수 val을 사용했다. 값이 변할 수 있는 가변저항의 값에 따라 LED의 밝기를 조절할 수 있다.

analogWrite(9, 200);

TIP **아날로그 입력과 아날로그 출력은 다르다.**

아날로그 입력 : 아두이노의 A로 시작하는 핀과 연결해서 사용하며 입력값은 1024단계 (0~1023)를 구분한다. 센서나 가변저항을 아날로그 입력에 연결해서 변화를 감지할 수 있다.

아날로그 출력 : D로 시작하는 특정 핀(나노에서는 3, 5, 6, 9, 10, 11)은 전압을 256단계 (0~255)로 조절해서 출력할 수 있다. 이것을 PWM이라고도 한다.

주의할 것은 이름은 아날로그로 비슷해 보이지만 둘의 성격은 완전히 다르므로, 아날로그 입력핀을 아날로그 출력핀으로 바꿔 사용할 수는 없다. 반대의 경우도 마찬가지.

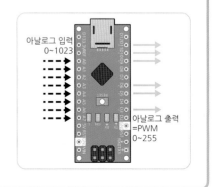

아날로그 입력
0~1023

아날로그 출력
=PWM
0~255

프로그램 B의 코드와 해설

프로그램 B는 프로그램 A와 거의 동일하지만 몇 개의 코드를 조금 수정하고 셋업에서 루프로 이동했다.
셋업 영역인 【1】~【3】은 같은 코드를 사용한다.

```
1    void setup(){
2      pinMode(7, OUTPUT);   // Navi Lite Left RED LED
3      pinMode(8, OUTPUT);   // Navi Lite Right BLUE LED
4
5      analogWrite(10, 150);    // Cockpit FRONT LED Set 0~255
6      delay(1000);
7      analogWrite(11, 150);    // Cockpit REAR LED Set 0~255
8      delay(1000);
9
10     digitalWrite(7, HIGH);   // Navi Lite Left RED LED
11     digitalWrite(8, HIGH);   // Navi Lite Right BLUE LED
12   }
13
14   void loop(){
15     int val = analogRead(A1)/ 4;
16     analogWrite(9, val);   // ENGINE Nozzle LED
17   }
```

프로그램-A

【5】~【8】 조종석 계기판(D10, D11)은 셋업 영역에서 1초 간격으로 켜지고 그 상태를 유지(프로그램을 끄기 전까지 계속 켜진 상태.
【10】~【11】 항법등(D7, D8)은 셋업 영역에서 HIGH로 켜지고 그 상태를 유지(프로그램을 끄기 전까지 계속 켜진 상태.
【15】~【16】 가변저항(A1)의 값을 읽어 엔진 LED(D9)의 밝기를 변화.

```
1    void setup(){
2      pinMode(7, OUTPUT);   // Navi Lite Left RED LED
3      pinMode(8, OUTPUT);   // Navi Lite Right BLUE LED
4    }
5
6    void loop(){
7      int val = analogRead(A1)/ 4;
8      analogWrite(9, val);     // ENGINE Nozzle LED
9      analogWrite(10, val);    // Cockpit FRONT LED
10     analogWrite(11, val);    // Cockpit REAR LED
11
12     digitalWrite(7, HIGH);   // Navi Lite Left RED LED
13     digitalWrite(8, HIGH);   // Navi Lite Right BLUE LED
14     delay(100);
15     digitalWrite(7, LOW);   // Navi Lite Left RED LED
16     digitalWrite(8, LOW);   // Navi Lite Right BLUE LED
17     delay(600);
18   }
```

프로그램 B

【7】~【8】 가변저항(A1)의 값을 읽어 엔진 LED(D9)의 밝기를 변화한다. 프로그램 A의 【15】,【16】과 동일.
【9】~【10】 조종석 계기판(D10, D11)은 루프영역으로 이동하고 가변저항의 변화된 값에 따라 밝기가 변한다.
【12】~【17】 항법등(D7, D8)을 루프영역으로 이동하고 꺼짐(LOW)명령을 추가하여 블링킹을 한다.

```
【 7 】 int val = analogRead(A1)/ 4;
```

가변저항(A1)의 값(1024단계)을 읽어 4로 나누어 256단계로
바꾼 후 변수 val에 저장한다.

전체 범위 0~1023
예) 1000 ÷4 = 250
val = 250

Val
(250)

```
【 8 】 analogWrite(9, val);    // ENGINE Nozzle LED
```

가변저항의 변화에 따라 바뀌는 값을 val에 저장, 그 값으로 엔
진 LED(D9)를 켠다.

val = 250
analogWrite(9, 250)

```
【 9 】 analogWrite(10, val);   // Cockpit FRONT LED
【 10 】 analogWrite(11, val);  // Cockpit REAR LED
```

【9】,【10】조종석 계기판(D10), (D11)은 프로그램 A에서는 고정
값(150)을 넣었지만, 이번 코드에서는 변수 val로 교체. 이렇게
하면 가변저항이 변하는 값에 따라 전방, 후방 계기판의 밝기가
동시에 바뀌게 된다.
【8】,【9】,【10】사이에는 딜레이가 없으므로 D9, D10, D11의 LED
밝기가 동시에 변한다.

val = 250
analogWrite(10, 250)
analogWrite(11, 250)

```
【 12 】 digitalWrite(LED_RED, HIGH);    // Navi Lite Left RED LED
【 13 】 digitalWrite(LED_BLUE, HIGH);   // Navi Lite Right BLUE LED
```

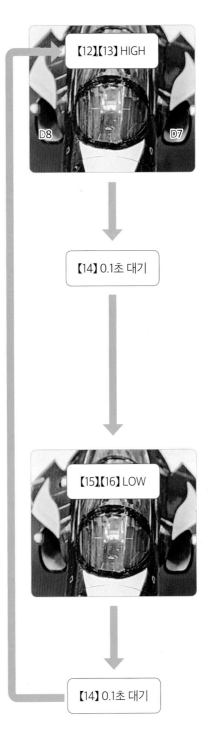

【12】【13】 HIGH

【12】와【13】사이에는 딜레이가 없으므로 동시에 켜지는 것처럼 보인다.

【응용】
만약 둘 사이에 딜레이를 넣어주면 항법등 좌(D7)가 먼저 켜지고 정해진 시간 후에 항법등 우(D8)가 켜진다. 예를 들어 경찰차의 경과등을 제작할 때 딜레이를 사용하면 빨강, 파랑 LED가 순차로 켜지게 할 수 있다.

```
【 14 】 delay(100);
```

【14】 0.1초 대기

항법등 좌(D7) 와 우(D8)가 켜진 후 0.1초를 대기.
딜레이의 값(시간)을 바꾸면 켜진 시간을 조절할 수 있다.

```
【 15 】 digitalWrite(LED_RED, LOW);    // Navi Lite Left RED LED
【 16 】 digitalWrite(LED_BLUE, LOW);   // Navi Lite Right BLUE LED
```

【15】【16】 LOW

디지털 라이트에서 LOW를 쓰면 LED가 꺼진다. 【15】와 【16】사이에 딜레이가 없으므로 두 LED는 동시에 꺼진다.

```
【 17 】 delay(600);
```

【14】 0.1초 대기

항법등 좌(D7)와 우(D8)가 꺼진 후 0.6초를 대기.

【12】-【17】 코드는 루프에서 계속 반복하므로 항법등(D7), (D8)은 블링킹(깜빡이기)한다. 딜레이의 값을 바꾸면 깜빡이는 주기를 조절할 수 있다.

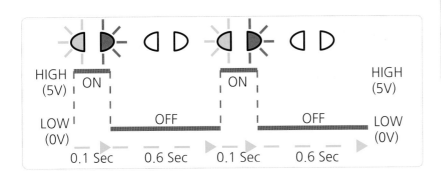

프로그램 A에서는 가변저항을 돌리면 그 값이 바로 적용되어 밝기가 부드럽게 변화한다. 하지만 프로그램 B에서는 밝기가 바로 적용되지 않고 끊기듯이 갑자기 밝기가 변한다.
그 이유는, 프로그램 A에서는 루프영역 안에 딜레이 함수 없이 밝기변화와 관련한 코드만 있고, 프로그램 B에서는 항법등 블링킹을 하는 코드에 딜레이 함수 두 개가 있어서, 딜레이 시간만큼 (0.1초+0.6초) 프로그램이 지연되기 때문이다.

05 배트모빌 : LED 부드럽게 켜고 끄기

05-1 작품소개 : 페이딩 코드로 화염효과 만들기

제품명 : 1/35 BATMOBILE
(BATMAN BEGINS Ver.)

제조사 : 반다이
제작/글 : D&A 공작실 박성윤
프로그램 : D&A 공작실 박철종

CLIP

2-2 BATMOBILE

시대에 따라 다양한 배트맨 관련의 영화가 제작되었다. 그와 함께 주요 장비로 등장하는 배트모빌의 형태도 다양하게 존재한다. 이번에 제작한 배트모빌은 크리스토퍼 놀란 감독의 배트맨 시리즈에 등장하는 일명 "텀블러". 영화가 제작된 시기나 감독은 다르더라도 배트모빌이 화염을 뚫고 나오는 장면은 늘 등장한다. 영화 <다크나이트(The Dark Knight, 2008)>에서는 터널 안에서 이 장면이 연출되었고, 이번 모형 제작의 모티브가 되었다. 이번에는 아두이노 프로그램을 이용해서 서서히 밝기가 변하는 화염을 제작했다.

베이스는 원근법을 적용해서 제작했다. 도로, 기둥, 전등 등의 직선 요소가 베이스의 뒷면의 한 점에서 만나는 투시도 같은 형태로 실제 베이스의 크기보다 더욱 깊어 보이는 입체감 있는 표현방법이다.

보는 각도에 따라 다양한 깊이감을 볼 수 있다. 좌우 기둥의 뒤에는 실제 도로의 사진을 빠른 속도로 움직이는 효과(모션 블로우)를 적용하고 인쇄.

좌우 기둥은 자석을 이용해 분리할 수 있도록 제작. 내부를 보거나 유지, 보수할 때 편리하다. 천장의 조명(LED)는 5mm로 같은 크기이지만 안쪽으로 들어갈수록 높은 저항을 사용해 어두워지도록 제작. 밖의 밝기가 낮아져 작아 보인다.

프레임만 남긴 상태로 전시한 상태. 좌우 기둥이 없으면 깊이 감이 없어지지만 내부의 구조를 보기 좋다.

화염효과를 위한 LED프레임. 배트모빌은 황동봉을 사용해 "ㄱ" 형태로 고정하고 있다.

배트모빌의 조명은 광섬유를 사용하여 상부 4개, 하부 4개로 재현했다.

베이스 하단의 박쥐 로고는 뒷면에서 LED를 켜는 구조로 제작.

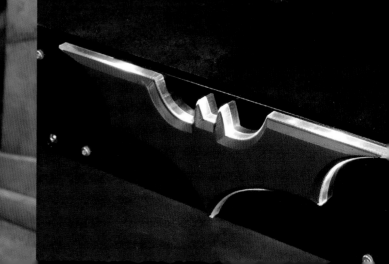

1 작동코드 계획

이번 공작에서는 아날로그 출력을 이용해서 그럴듯한 화염효과를 만드는 공작을 진행한다. 여러 개의 LED가 순차적으로 부드럽게 밝기가 변하는 코드를 알아보고 나아가 건전지를 이용해 외부 전원으로 아두이노를 작동시키는 방법을 설명한다. 프로그램은 갑자기 늘어난 것 같지만 알고 보면 화염효과에 사용하는 6개의 LED가 동일한 기본구조를 반복하는 것이므로 너무 놀라지 마시길.

(작동 계획과 주요 코드)
① 전원을 켠다.
② 상시 전원을 켠다(digitalWrite).
③ 화염효과 LED를 서서히 켜고 끈다(for, analogWrite).

2 주요부품

기본부품
□ 아두이노 나노 1개
□ USB 커넥터
□ 브레드보드 하프 1개

출력부품
□ 5mm 고휘도 LED 확산형 화이트 13개
□ 5mm 고휘도 LED 확산형 웜화이트 6개
□ 5mm 고휘도 LED 확산형 빨간색 3개
□ 3mm LED 흰색 2개

전자부품
□ 납땜용 도구
□ 연선 AWG 28, 30 전선 적, 흑, 백, 황, 청
□ AA건전지 4구 홀더 1개
□ 2.54 피치 핀헤더, 소켓

□ 점퍼와이어 10cm
□ 로커스위치
□ 저항 본체용 150Ω×3, 100Ω×7 가로등용 150Ω×2, 330Ω×2, 470Ω×2, 680Ω×2

(웜화이트)
화염효과에는 고휘도 확산형 LED 웜화이트를 사용. 웜화이트는 노란색과 흰색의 중간쯤 색으로 자동차의 전조등이나 백열등을 표현할 때는 물론 화염효과에도 어울린다. 확산형 LED 중 스트로햇 타입은 빛을 내는 각도(조사 각도)가 넓어 전체적으로 밝은 분위기를 내기에 적당하다.

> **[흰색도 여러가지?]**
> 색온도(단위는 캘빈, k)로 구분하며 일반적인 흰색은 약 5500k, 노란색 느낌인 웜화이트는 3000k, 약간 푸른 느낌의 흰색은 6500k 등이 있다.

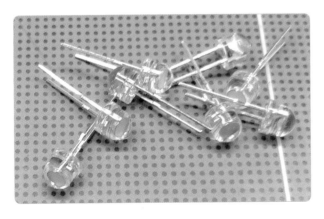
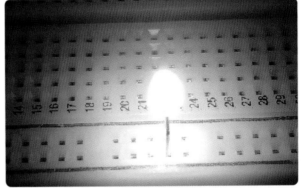

(광섬유)
광섬유는 한쪽 끝에 빛을 비추면 반대쪽까지 빛이 나기 때문에 모형에서는 LED로는 재현할 수 없는 아주 작은 크기의 광점을 만들 수 있다. 도레이(Toray)나 미쯔비시(Mitsubishi)에서 만든 제품이 품질이 좋다. 시중에서 구할 수 있는 규격은 직경 0.25mm(길이 6M), 0.5mm(4M), 1mm(2M) 단위에 1,000원 정도.
이번 공작에서는 지름 0.5mm의 광섬유를 사용해 배트모빌의 라이트를 제작했다.

(솜)

연기나 화염효과 등을 풍성하게 표현할 때 좋은 재료. 내부에서 LED를 비춰주면 더욱 그럴듯해
진다. 화학솜과 목화솜은 질감이 꽤 다르므로 적당히 섞어 쓰는 것이 좋다. 접착할 때는 점도가 높
은 순간접착제 사용을 추천. 묽은 순간접착제를 쓰면 원하지 않는 곳까지 흘러 꽤 지저분해질 수
있다.

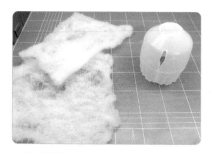

솜을 사용할 때는 처음부터 두툼하게 작업하면
생각보다 이쁘게 되지 않는다. 솜을 얇고 넓게 펴
고 겹치면서 두께 조절하는 것이 좋다.

화학솜 : 폴리에스터 재질의 솜. 쿠션, 인형 내부
충진용으로 사용. 텐션이 강해 풍성한 느낌이 난
다.

목화솜 : 밀도가 높아 부드러운 느낌의 효과를
만들 때 좋다. 약국에서 판매하는 탈지면, 이불이
나 인형에 넣는 목화솜 또는 화장솜 등을 사용한
다.

(핀헤더)

자작 커넥터를 만들 때 자주 사용하는 핀헤더. 기본형은 전극이 길게 뻗은 형태로 스트레이트
(Straight) 타입이라고 한다. 전극이 90˚ 꺾여있는 라이트 앵글(Right Angle=직각) 타입이 있다.
커넥터를 설치하는 장소에 따라 편리하게 사용할 수 있다.

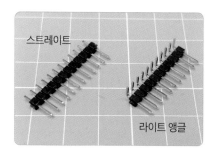

라이트 앵글 타입의 규격은 일반 핀헤더와 동일
하다. 이 책에서 사용하는 것은 2.54피치. 40핀
두세개 구입하기를 추천.

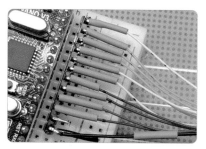

라이트 앵글타입의 핀헤더를 쓰면 전선이 보드와
평행해진다. 높이가 낮은 베이스에 사용할 때 편
리하다. 또한 뒤집어 끼우기 힘들어 방향을 잘못
조립하는 것을 방지할 수 있는 장점이 있다.

스트레이트 타입에 전선을 연결하면 위쪽으로
전선이 튀어나온다. 브레드보드를 가리지 않으
므로 어디에 연결하는지 확인하기 쉽다.

TIP 아두이노 PWM

아두이노의 디지털핀은 D0~D12를 사용한다(D0(RX), D1(TX)는 외부장치와 통신을 할
때 사용하므로 보통은 사용하지 않는다). 입력부품은 스위치, 디지털 센서 등을 연결하
고 출력부품은 LED와 같은 부품을 사용할 수 있다. 디지털은 1(있다, 켠다), 0(없다, 끈
다) 둘 중 하나의 신호만 출력하거나 입력 받을 수 있다.

나노보드에서는 3, 5, 6, 9, 10, 11핀을 아날로그 출력(analogWrite)으로도 사용할 수
있는데, PWM(펄스 폭 변조, 256단계로 조절) 방식을 사용하므로 PWM출력이라고 한
다. LED의 밝기가 서서히 변화하는 코드를 사용하기 위해서는 LED를 PWM핀에 연결
해야 한다. 만약 더 많은 PWM 출력을 사용하고 싶다면 다른 종류의 보드(아두이노 메
가 등)를 사용해야 한다.

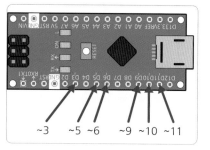

보드나 설명에 따라서는 PWM핀 앞에 ~표시를
하고 있다.

1 라이트 – 광섬유 광섬유 0.5mm

텀블러의 헤드라이트는 앞바퀴 안쪽에 4개와 운전석 위쪽에 4개가 있다. 두 개의 LED와 광섬유 8가닥으로 제작하고 병렬연결로 동시에 켜지도록 했다.

광섬유용 구멍을 뚫기 전에 둥근 돌기를 칼로 잘라내고 평평하게 만든다.

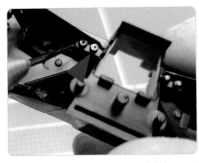

철필로 가운데 위치를 찍어두면 핀바이스로 구멍을 만들 때 중심을 잡기 좋다.

0.5mm 드릴로 구멍을 뚫은 상태. 총 4개의 구멍을 만들어둔다.

0.5mm 광섬유의 끝부분을 약하게 열로 가열하여 방울 형태로 만든다.

방울을 만든 상태. 그냥 자른 광섬유보다 약간 더 큰 광점을 만들 수 있다. 하부 4개, 상부 4개, 총 8개를 제작.

방울을 바깥쪽으로 하여 광섬유 4개를 끼워 넣는다.

차체에 추가로 구멍을 뚫고 운전석 쪽으로 4개의 광섬유를 빼낸다.

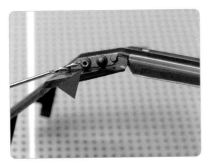

차체 상부의 프레임의 라이트 역시 같은 방법으로 4개의 구멍을 만든다.

앞서 제작한 광섬유 4개를 프레임 구멍에 끼워 넣는다.

상부 프레임과 지붕 부품을 조립할 때 광섬유 두께만큼 간섭이 생겨 제대로 조립이 되지 않으므로 광섬유가 지나갈 공간을 깎아준다.

2 라이트 – LED 3mm LED 흰색 2개, AWG30 흑, 백

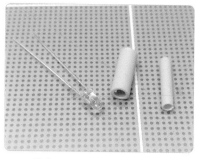

3mm 흰색 LED, 3mm 프라파이프(1.5cm), 5mm 프라파이프(1.5cm)를 준비.

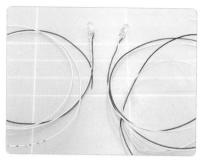

3mm 흰색 LED의 전극 다리를 8mm 정도 남기고 잘라낸 후 약 20cm의 흰선, 검정선을 납땜하여 2개를 제작.

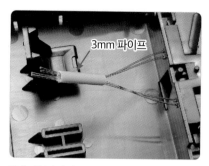

차체 하부의 광섬유 4개를 3mm 파이프에 끼운다.

광섬유를 알루미늄 테이프로 감아서 고정하고 파이프에서 튀어나온 광섬유는 날카로운 니퍼로 잘라준다.

5mm 파이프에 3mm LED를 끼우고 검정색 글루건으로 고정. 검정색 글루건을 사용하면 빛샘도 방지할 수 있다.

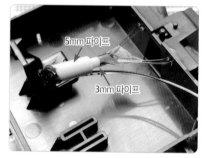

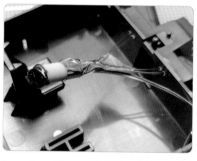

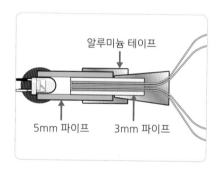

광섬유를 고정한 3mm 파이프와 LED를 고정한 5mm 파이프를 조립.

3mm, 5mm 파이프를 알루미늄 테이프로 감싸 고정.

상부 광섬유와 LED도 같은 방법으로 고정한다.

상하 LED의 흰선 두 개, 검정선 두 개를 각각 하나의 전선으로 연결한다([11-2 전선 다루기] 참조).

5mm 동파이프를 분사구 부품에 고정하고 라이트 LED의 전선을 통과시켜 빼낸다.

3 차체 도장과 스탠드

차량 도장을 위해 창문과 광섬유를 분리한다.

전체를 유광 검정으로 페인팅.

세부 도장을 위해 다시 분해.

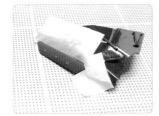

각 면마다 마스킹 테이프를 붙이고 엣지 부분에 묽게 희석한 회색으로 에어브러싱.

한 면을 완성한 상태. 회색->검정색으로 그라데이션이 만들어졌다. 나머지 면도 각각 엣지 작업을 반복한다.

▶마무리로 무광 클리어로 표면 광을 통일한다. 손이 많이 가는 작업이지만 검정색으로만 하는 것보다 다채로운 마무리가 되었다. 세부 디테일은 금색 (스타브라이트 골드)로 페인팅.

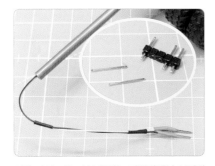

차량 라이트용 전선 끝에는 핀헤더에서 분리한 전극을 납땜하고 수축튜브로 마무리한다.

3D부품과 5mm 동파이프로 제작한 스탠드. 동파이프는 나사를 조여 고정한다.

차체에서 나온 동파이프를 스탠드 부품에 끼울 때 전선을 먼저 통과시킨다. 커넥터 형태를 쓰지 않았으므로 쉽게 통과 가능하다.

동파이프로 기둥을 만들었으므로 "ㄱ"형태로 유지된다.

3D로 출력한 스탠드 고정 부품은 위, 아래, 앞, 뒤로 움직일 수 있다. 최종적으로 위치를 확정하면 나사를 조여 고정한다.

4 화염효과 LED 공작 2핀 헤더 소켓10개, AWG30 적, 흑, 백, 청, 황, 저항 150Ω ×3, 100Ω ×7, 확산형 LED 웜화이트 6개, 빨간색 3개

작은 불꽃이라면 한두 개의 LED로도 가능하지만 큼직한 화염이라면 많은 LED가 필요하다. 각각의 LED를 조절해서 더욱 그럴듯한 화염효과를 만들 수 있다.

이번 공작에서는 아두이노에 전원을 넣으면 상시로 켜짐 웜화이트 LED ×3개, 페이딩하는 LED ×6개(빨간색 ×3, 웜화이트×3)로 화염효과를 연출한다.
LED를 여러 단으로 둥글게 배치하기 위해 구조물을 3D 출력으로 LED프레임을 제작한다.

4장 블랙이글스편에서는 브레드보드에 저항을 설치했었는데 이번에는 각 커넥터에 연결하는 방법으로 진행한다. 둘의 차이를 비교해보고, 모형의 상황이나 자신의 취향에 따라 제작해보자.

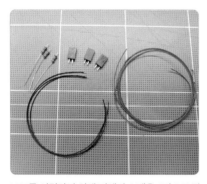

LED를 연결하기 위해 핀헤더 소켓을 2핀으로 잘라서 사용. 빨간색 LED용으로는 150Ω의 저항을 사용한다. 검정선은 한 가닥으로 묶을 예정이므로 약 10cm, 빨간선은 아두이노에 연결하므로 30cm 정도의 충분한 길이로 준비한다.

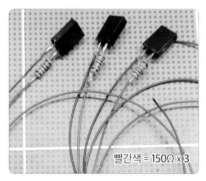

핀헤더 소켓의 단자 한쪽에는 저항을 연결하고 저항에 빨간선을 연결. 나머지 단자에는 검정선을 연결한다. 빨간선에는 구분을 위해 양쪽 끝에 유성 사인펜으로 점을 찍어 -, - -, - - -을 표시.

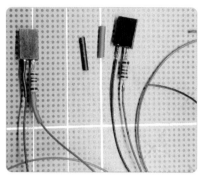

합선 방지와 전선 보호를 위해 수축튜브로 연결 단자와 전선을 감싸 마무리한다.

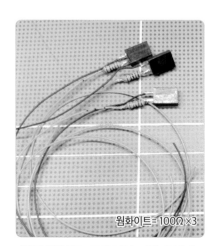

페이딩 웜화이트 LED용으로는 저항 100Ω과 노란선을 연결해서 3개의 커넥터를 제작. 노란선의 양쪽 끝에는 유성 사인펜으로 점을 찍어 숫자를 표시.

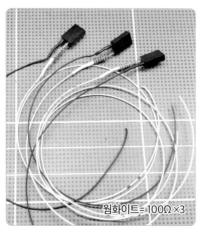

상시 켜짐 웜화이트 LED용으로는 저항 100Ω과 하얀선을 연결해서 3개를 제작. 하얀선의 양쪽 끝에는 사인펜으로 점을 찍어 숫자를 표시.

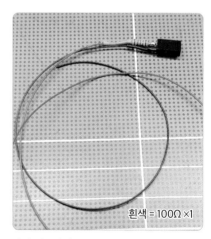

차량 헤드라이트 LED 용으로는 저항 100Ω과 파란선을 연결해서 한 개를 제작한다.

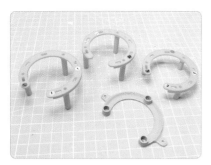

화염효과용 LED를 설치하기 위해 LED프레임을 3D로 출력. 여러 높이로 LED를 설치하기 위해 3단으로 제작했다.

LED프레임은 각각 3mm 프라봉을 끼워 조립한다. 각 단에는 상시켜짐 LED(흰색), 페이딩 웜화이트(노란색), 페이딩 빨간색(빨간색) 위치를 스티커를 붙여 구분.

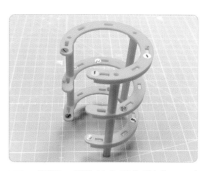

LED프레임을 조립한 상태. 위에서부터 1,2,3단으로 구분한다. 차량용 LED는 3단에 파란 스티커를 붙이고 설치한다.

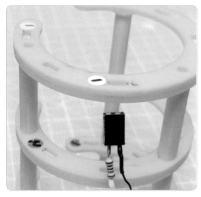

각각의 스티커와 전선의 색을 맞춰 커넥터를 밑에서 위로 끼운다. 헐렁할 경우 글루건으로 고정.

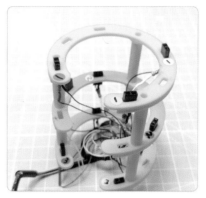

각 층의 커넥터를 모두 연결한 상태. 여분의 구멍이 있으므로 필요하다면 LED의 위치를 바꿀 수도 있다.

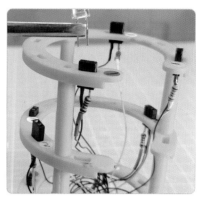

고휘도 LED의 다리를 커넥터 길이에 맞춰 자른 후 극성에 맞춰 조립한다.

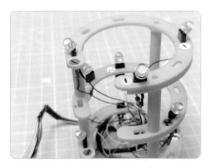

외부로 빛이 나가도록 LED의 머리를 바깥쪽으로 약간 꺾어 준다.

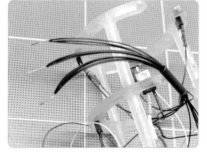

커넥터의 검정선 10개를 한꺼번에 묶으면 제대로 연결되지 않을 수 있으므로, 우선 3개, 3개, 4개로 먼저 묶어둔다(프레임색이 다르지만 동일한 디자인을 사용).

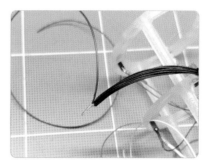

그 후 전체를 하나로 묶고 다른 아두이노 보드와 연결할 검정선 하나를 추가한 후 수축튜브로 마무리한다.

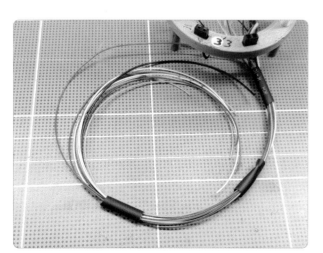

전체 선을 중간 중간에 짧게 자른 수축튜브로 묶어 선을 정리한다.

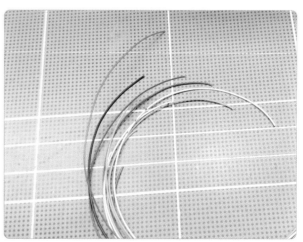

핀헤더 커넥터를 만들기 전에 길이가 제각각인 전선의 끝을 똑같은 길이로 잘라 준다.

이번 공작에서는 라이트 앵글 타입의 핀헤더를 사용한다. 전선이 브레드보드와 평행하게 가므로 수직으로 올라가는 부담이 없다. 아두이노 기본 회로에 핀헤더 12핀을 끼우고 납땜을 준비.

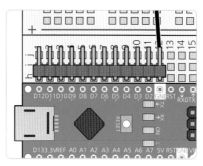
디지털핀 전체를 사용한다. 1h(GND)~12h(D12)에 핀헤더를 끼운다.

각각의 전선에 수축튜브를 미리 끼워두고 아두이노 핀과 전선의 색을 맞춰 연결한다. 그 후 수축튜브를 가열하여 마무리(이번 공작에서 2번 핀은 사용하지 않는다).

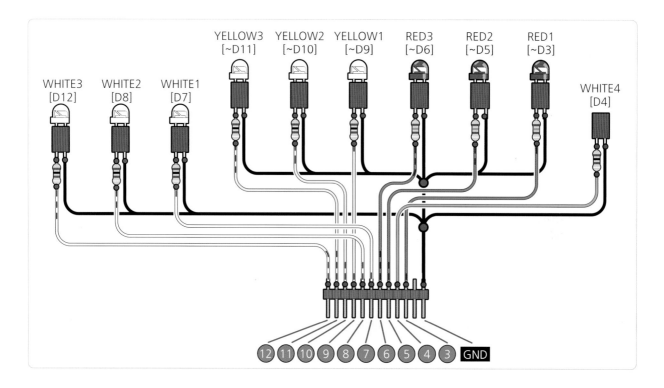

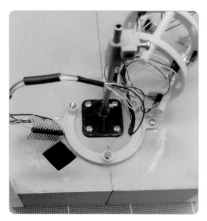
프레임 받침대를 베이스에 고정한 후 납땜한 커넥터가 통과할 수 있는 구멍을 뚫어준다.

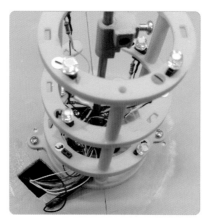
전선은 가능한 LED프레임 안쪽에 넣어 화염효과용 음료병과 간섭이 생기지 않도록 한다.

배트모빌 LED용 커넥터는 3단의 파란 스티커가 있는(▶) 커넥터에 극성을 맞춰 끼운다.

5 폭발효과

화염효과는 화학솜으로 제작. 솜을 넓게 펴서 준비한다.

화염(솜)과 LED 프레임의 공간을 분리하기 위해 1.5리터 음료병을 사용. 반투명 재질의 병을 사용하면 빛이 부드럽고 넓게 퍼진다.

앞서 제작한 LED 프레임의 높이에 맞춰 음료병을 잘라준다.

목부분을 잘라내면 큰 구멍이 생기는데, 비슷한 재질의 일회용 반찬통 뚜껑을 잘라 글루건으로 고정. 이렇게 하면 윗부분도 빛이 균일하게 퍼진다.

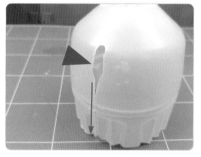

배트모빌을 고정하는 스탠드가 통과할 수 있도록 구멍(▶)을 만든다. 음료병을 분리하기 쉽도록 아랫부분까지(↓) 잘라준다.

넓게 편 솜을 적당한 크기로 잘라 병에 접착한다. 록타이트 이지브러쉬는 붓이 달려 있어 넓은 면을 펴 바르기 좋고, 점도가 높아 굳는 속도가 느려 사용이 편리하다.

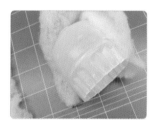

접착제를 부분 부분 사용해 접착해도 솜들이 형태를 유지하므로 굳이 전체면을 접착하지 않아도 된다.

병의 잘라둔 부분을 피해 솜을 접착한다. 배트모빌 동파이프를 통과하여 조립할 수 있다.

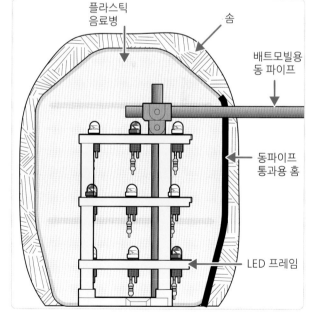

LED 프레임에 플라스틱 음료병을 씌우고 솜을 붙인 구조. 솜과 LED 프레임 사이에 공간이 생겨 빛이 더 넓게 퍼지고 솜으로 인한 LED와 회로의 손상을 방지할 수 있다.

접착을 하다보면 솜이 눌리거나 겹쳐 밀도가 높아지는 부분이 생긴다. 이렇게 되면 빛이 통과하지 못하므로 핀셋으로 당겨 솜의 밀도를 낮춰주는 것이 좋다.

건전지로 점등 테스트. LED와 솜 사이에 공간이 있고, 반투명 재질의 플라스틱 병으로 인해 빛이 넓게 퍼져 자연스럽게 보인다.

6 베이스

◀베이스는 1점 원근법(1 Point Perspective)을 적용해서 제작했다. 베이스의 뒤쪽을 의도적으로 작게 만들어 실제보다 더 멀리 보이는 착시를 일으켜 정적인 모형을 보다 역동적으로 보이게 하는 효과가 있다.

▶실제 터널 내부 사진. 천장, 벽, 도로가 가운데의 한 점으로 모이는 것처럼 보인다.

정면. 차량 뒤쪽으로 천장, 기둥, 도로가 모이고 있다.

측면에서 보면 천장이 기울어져 있는 것을 확인할 수 있다. 높이는 앞쪽 23cm, 뒤쪽 15cm(프레임 기준).

옆면의 기둥은 자석을 설치해서 탈착이 가능하도록 제작.

위에서 보면 베이스가 앞에서 뒤로 갈수록 줄어드는 것을 확실히 볼 수 있다. 가로는 앞쪽 30cm, 뒤쪽 15cm(프레임기준).

베이스, 기둥, 천장은 3D로 설계해서 출력했다. 테스트를 위해 화염효과용 솜을 셋팅.

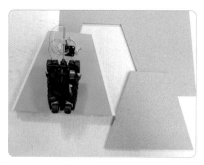

아스팔트 표현을 위해 코르크보드(8mm)를 베이스 크기에 맞춰 잘라준다.

화염효과용 플라스틱 병을 설치하기 위해 코르크 보드를 둥글게 잘라낸다.

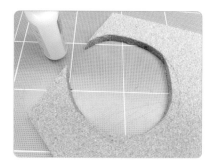

코르크보드는 테두리 부분이 쉽게 부스러지므로 순간접착제를 흘려 넣어 보강해준다.

전체를 무광 검정으로 페인팅.

수세미를 얇게 펴고 그 위에서 에어브러싱을 하면 불규칙한 패턴으로 아스팔트의 색 변화를 만들 수 있다. 짙은 회색, 밝은 회색을 여러 번 겹쳐 칠한다.

TIP 포르투갈 코르크 보드

코르크(Cork)는 식물의 보호조직으로 만들어지며 코르크 참나무의 껍질에서 채취, 가공하여 사용한다. 주로 병마개, 안내판(보드), 구두 재료 등으로 사용하고 있다. 전세계에서 60%는 포르투갈, 30%는 스페인이 생산하고 있다. 모형에 아스팔트용으로 사용할 때는 밀도가 높고 입자가 고운 것이 좋다. 온라인에서 "포르투갈 코르크보드"로 검색해보면 찾을 수 있다. 600mm×450mm에 약 만원 정도.

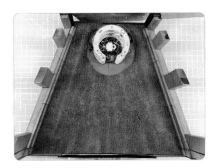

아스팔트 도로는 시간이 지나면 밝은 색으로 변한다. 주행 방향으로 길게 밝은 회색을 프리핸드로 에어브러싱.

또한 다양한 크랙이 발생하는데, 표면이 불규칙하게 깨지도록 코르크보드의 뒤를 눌러주면 재현할 수 있다.

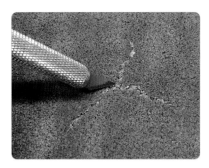

크랙 주변부를 날카로운 도구(칼, 핀셋)로 깨거나 눌러 크기를 키워준다.

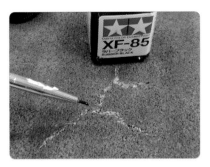

크랙 내부에 100% 검정색을 칠하면 인위적인 느낌이 된다. 에나멜 XF-85 러버블랙을 칠하면 자연스러운 검정색이 된다.

가늘게 깨진 크랙은 코르크 보드를 뒤에서 눌러 넓게 벌린 후 안쪽에 러버블랙을 칠한다. 손을 놓으면 틈이 다시 닫히면서 가늘고 긴 크랙을 만들 수 있다.

넓은 크랙, 가는 크랙을 배치해서 아스팔트의 손상을 표현.

기둥과 천장의 콘크리트 질감은 시멘트 퍼티를 프라판으로 넓게 펴 발라주었다. 먼저 바른 퍼티가 약간 마른 후 퍼티를 덧발라 주면 레이어가 생겨 보다 자연스럽다.

퍼티가 완전히 마른 후 무광 검정색으로 베이스 도장.

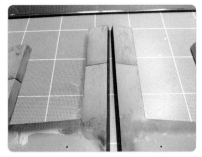

회색+갈색으로 조색한 기본 콘크리트 색을 그라데이션을 주면서 에어브러싱. 섹션별로 콘크리트 색을 약간씩 변화를 주어 페인팅했다.

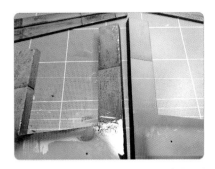

페널라인 액센트로 전체를 칠하고 닦아내는 워싱을 진행. 검정, 갈색, 회색을 번갈아 가며 사용해서 색감의 변화를 주었다.

버프, 흰색, 짙은 회색 등으로 드라이 브러싱하여 마무리.

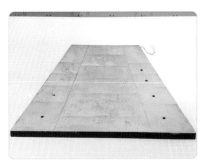

천장은 구분선을 만들어 정면에서 보았을 때 소실점으로 들어가는 느낌. 마스킹 테이프를 이용해서 섹션별 그라데이션 효과로 페인팅.

1 터널 라이트 확산형 고휘도LED 흰색 스트로햇타입 8개, 저항 150Ω 330Ω 470Ω 680Ω 각 2개, AWG28 적, 흑, 2핀 헤더

◀터널 천장의 라이트는 고휘도 LED 흰색을 사용해서 좌우로 4개씩 배열했다. 저항을 사용해 뒤로 갈수록 밝기가 줄어들게 제작. 천장 라이트는 아두이노에 연결하지 않고 6V 전원에 직접 연결하고 있어 전원을 ON으로 하면 동시에 켜진다.

고휘도 확산형 LED 스트로햇을 사용.

순차적으로 어두워지는 LED를 표현하기 위해 여러 저항으로 테스트. 저항은 색띠로도 읽을 수 있지만 섞여버리면 번거롭다. 이름표를 달아주면 편리.

LED를 가이드판에 끼우고 전극을 양쪽으로 벌려둔다. AWG22 단선을 LED 전극의 간격에 맞춰 중간중간 잘라낸다.

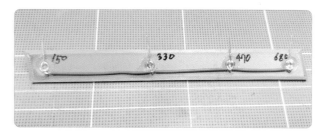

-극에 단선을 납땜하고 여분의 전극은 잘라낸다. 앞 방향부터 부착할 저항값을 표시해둔다.

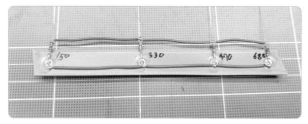

+극에 기록한 저항을 납땜하고 빨간색 단선으로 저항 전체를 하나로 연결한다.

단선의 끝 부분에 AWG28 빨간선, 검정선을 각각 납땜으로 연결한다.

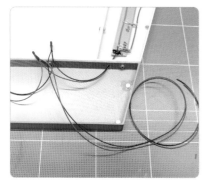

좌우의 라이트를 만들고 천장에 배치. 각각의 빨간선, 검정선을 Y와이어링(부록 11-2참조)으로 하나의 선으로 만든다. 이때 연결하는 전선은 베이스까지 보내야하므로 충분한 길이로 해야 한다.

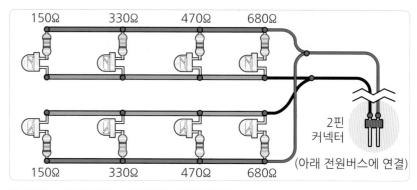

회로 배선도 : 전선의 끝에는 2핀 헤더로 커넥터를 만든다.

2 로고 라이트 확산형 고휘도LED 흰색 5개, 저항 100Ω 5개, AWG28 흑, 황 2핀헤더

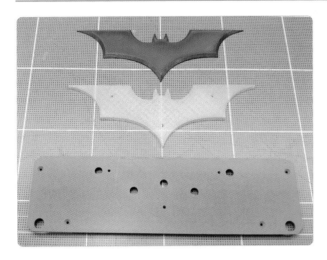

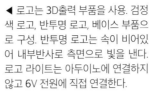

◀ 로고는 3D출력 부품을 사용. 검정색 로고, 반투명 로고, 베이스 부품으로 구성. 반투명 로고는 속이 비어있어 내부반사로 측면으로 빛을 낸다. 로고 라이트는 아두이노에 연결하지 않고 6V 전원에 직접 연결한다.

▼고휘도 스트로햇 LED 흰색의 +극에 100Ω 저항을 연결. 총 5개를 제작하고 +극의 저항과 -극을 각각 병렬로 연결했다. 마무리로 전원 연결용 노란선과 검정선을 연결해준다.

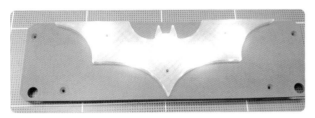

반투명 부품을 붙인 상태.

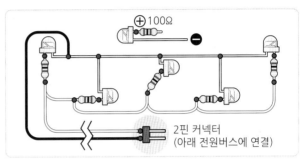

회로 배선도 : 전선의 끝에는 2핀 헤더로 커넥터를 만든다.

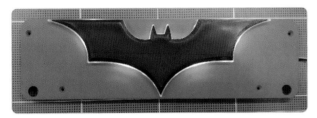

최종 로고를 부착. 측면으로 빛이 나온다.

3 전원과 전원 스위치 AWG28 적, 4구 건전지 홀더, 로커 스위치, 2핀 헤더

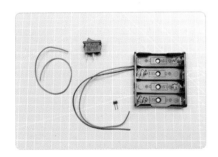

전원용으로 로커스위치 KCD1-101과 1.5V 4구 건전지 홀더를 사용한다. 스위치 연결을 위해 빨간선과 2핀헤더를 준비한다.

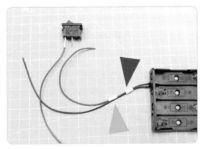

로커스위치에 빨간선 하나를 연결한다. 건전지 홀더의 두 선에 수축튜브(▶)를 끼워 넣는다. 스위치 연결용 수축튜브(▶)는 빨간선에 끼워 둔다.

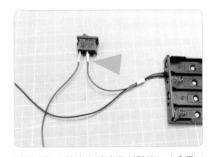

뻴간선을 스위치의 단자에 연결하고 수축튜브(▶)로 마무리.

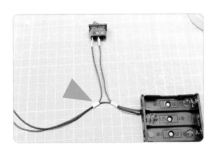

스위치에 연결한 빨간선과 건전지 홀더의 검정선에 수축튜브(▶)를 끼워 두 선을 잡아준다.

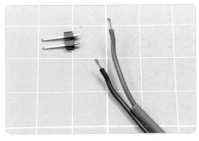

스위치 빨간선과 건전지 홀더 검정선의 길이를 맞춰 자르고 2핀 헤더를 연결한다.

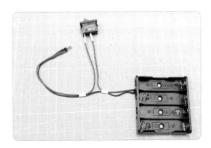

완성된 상태. 빨간선과 검정선을 수축튜브로 묶어서 보다 튼튼하고 선정리가 쉽다. 자신의 베이스 크기에 맞춰 전선의 길이를 조절한다.

4 조립 마무리 및 베이스 회로 조립 AWG22 단선 또는 점퍼와이어

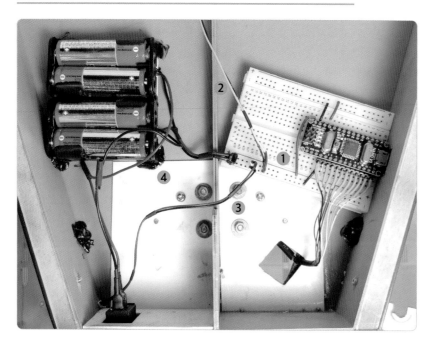

◀베이스에 기본 회로가 조립된 브레드보드를
부착하고 건전지 홀더는 글루건으로 고정한다.

① 아래 +버스와 아두이노 VIN핀(15b)를 연결한다.
② 로고 LED의 커넥터를 아래 전원버스의 극성
   에 맞춰 연결
③ 천장 LED의 커넥터를 아래 전원버스의 극성
   에 맞춰 연결
④ 건전지 홀더의 전원 커넥터를 아래 전원버스
   의 극성에 맞춰 연결

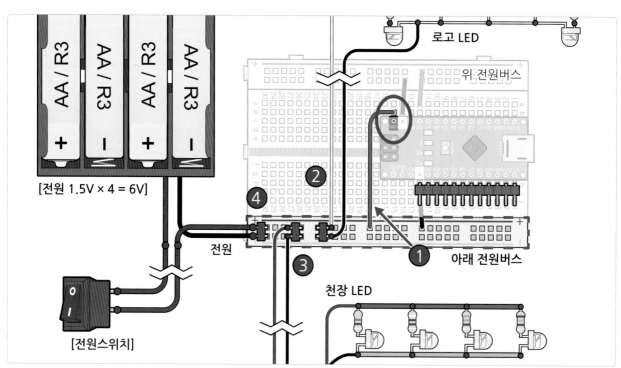

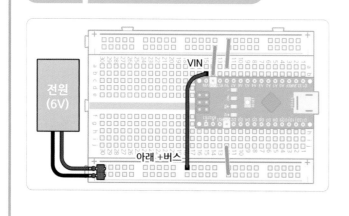

TIP | 건전지 6V로 VIN 사용하기

아두이노에 프로그램을 업로드해 모형을 작동할 때 기본
적인 연결은 USB커넥터로 전원 공급하는 것을 추천한다.
만약 USB 전원 공급이 어려우면 잠깐 작동하는 것을 전제
로, 새 건전지 6V 전원으로 아두이노를 작동할 수 있다.
전원(건전지 홀더)은 아래 전원버스에 연결하고 +극을 아
두이노의 외부전원 입력핀(VIN)과 연결한다.
주의할 것은 이 방법은 새 건전지의 약간 과충전 상태를 이
용한 것이므로 전류소모가 많은 부품(다량의 LED, 서보모
터, MP3 플레이어 등)을 연결해 사용하면 오래 작동하지
못하고 아두이노의 작동이 불안정해진다. 소량의 LED를
작동하는 경우에만 사용해야 한다.

5 전체 회로와 배선

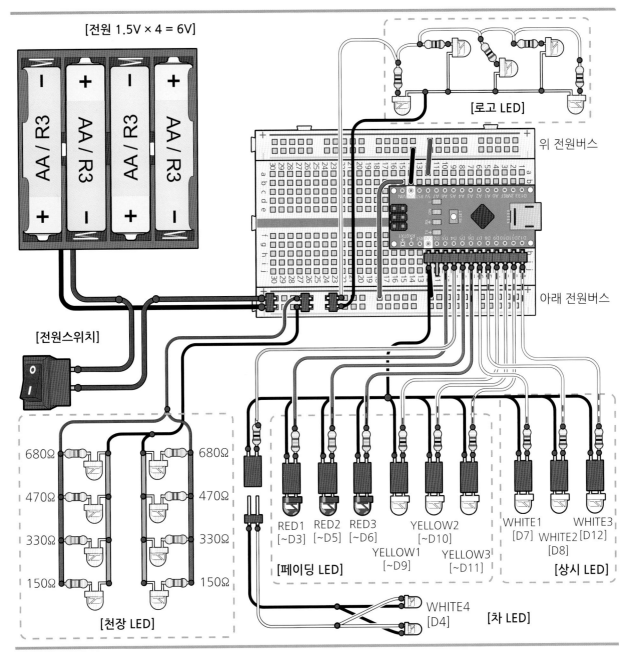

[전원 1.5V × 4 = 6V]

위 전원버스

아래 전원버스

[로고 LED]

[전원스위치]

680Ω 680Ω
470Ω 470Ω
330Ω 330Ω
150Ω 150Ω
[천장 LED]

[페이딩 LED]

RED1 [~D3] RED2 [~D5] RED3 [~D6] YELLOW2 [~D10]
YELLOW1 [~D9] YELLOW3 [~D11]

WHITE1 [D7] WHITE3 [D12]
WHITE2 [D8]
[상시 LED]

WHITE4 [D4]

[차 LED]

사용부분	핀	전선	사용부품	기타
헤드라이트	4	파란선	3mm LED 흰색×2	100Ω
화염빨강1	3	빨간선1	5mm LED 빨간색	150Ω
화염빨강2	5	빨간선2	5mm LED 빨간색	150Ω
화염빨강3	6	빨간선3	5mm LED 빨간색	150Ω
화염노랑1	9	노란선1	5mm LED 웜화이트	100Ω
화염노랑2	10	노란선2	5mm LED 웜화이트	100Ω
화염노랑3	11	노란선3	5mm LED 웜화이트	100Ω
상시하양1	7	하얀선1	5mm LED 흰색	100Ω
상시하양2	8	하얀선2	5mm LED 흰색	100Ω
상시하양3	12	하얀선3	5mm LED 흰색	100Ω
공통 GND	GND	검정선		

아두이노 보드를 사용하면 LED를 순서대로 켜고 끄는 것은 물론이고 자동으로 밝기를 조절할 수 있다. 정해진 시간에 따라 빛을 서서히 밝게 또는 어둡게 하는 효과를 페이딩(Fading)이라고 한다. 밝아지는 것은 페이드 인(Fade In), 어두워지는 것은 페이드 아웃(Fade Out)이라고 한다.

코드다운로드
Kyoji: 네이버블로그
https://blog.naver.com/ballak

◆ 프로그램 A는 코드가 길어 보이지만 동일한 것을 반복하는 것이므로 한번만 이해하면 나머지는 똑같은 코드를 사용하고 있다. 순서에 맞춰 페이딩하는 LED 코드에 대해 알아보자.
◆ 프로그램 B는 랜덤(Random)함수를 이용해 6개의 LED를 무작위로 켜는 방법에 대해 알아본다. 코드가 약간 어려울 수 있지만 순차 작동보다 재미있는 작동을 하므로 한 번 시도해 보자.

1 프로그램 A의 코드와 해설

프로그램이 길어 보이지만 자세히 보면 핀번호만 바뀔 뿐 똑같은 코드의 반복이다. 이번에 다루는 "for"는 아두이노 코드 활용에서 매우 자주, 그리고 중요한 작동을 하므로 차근차근 알아보자.

(프로그램 A)
① 전원을 연결하면 배트모빌의 전조등(광섬유)이 켜진다(프로그램이 꺼질 때까지 계속 켜진 상태).
② LED 프레임의 웜화이트(흰선으로 연결) 3개가 켜진다(프로그램이 꺼질 때까지 계속 켜진 상태).
③ 화염효과 LED 6개가 순차적으로 서서히 밝아지고 서서히 어두워지는 것을 반복한다.

```
1   // BatmobileCode A
2   #define LED_R1 3    // PWM, Red LED1
3   #define LED_R2 5    // PWM, Red LED2
4   #define LED_R3 6    // PWM, Red LED3
5   #define LED_Y1 9    // PWM, Warm White LED1
6   #define LED_Y2 10   // PWM, Warm White LED2
7   #define LED_Y3 11   // PWM, Warm White LED3
8
9   #define LED_W1 7    // On Warm White LED1
10  #define LED_W2 8    // On Warm White LED2
11  #define LED_W3 12   // On Warm White LED3
12  #define LED_W4 4    // Car Head Light, Blue Wire
13
14  int delayTime = 3;// Initial Time = 3, Slow
15
16  void setup(){
17      pinMode(LED_W1, OUTPUT);
18      pinMode(LED_W2, OUTPUT);
19      pinMode(LED_W3, OUTPUT);
20      pinMode(LED_W4, OUTPUT);
21
22      digitalWrite(LED_W1, HIGH); //On Warm White LED1
23      digitalWrite(LED_W2, HIGH); // On Warm White LED2
24      digitalWrite(LED_W3, HIGH); // On Warm White LED3
25      digitalWrite(LED_W4, HIGH); // Car Head Light
26  }
27
28  void loop(){
```

【전처리 부분】
아두이노에 연결한 부품의 핀에 이름을 정해준다.
변수설정을 한다.

【셋업부분】
디지털 입출력 부품의 핀 모드 설정.

```
29        for(int i= 0; i <= 255; i++){ // LED R1 Fade In
30          analogWrite(LED_R1, i);
31          delay(delayTime);
32        }
33        for(int i= 255; i >= 0; i--){ // LED R1 Fade Out
34          analogWrite(LED_R1, i);
35          delay(delayTime);
36      }
37
38   for(int i= 0; i <= 255; i++){ // LED Y1 Fade In
39          analogWrite(LED_Y1, i);
40          delay(delayTime);
41   }
42   for(int i= 255; i >= 0; i--){ // LED Y1 Fade Out
43          analogWrite(LED_Y1, i);
44          delay(delayTime);
45   }
46
47   for(int i= 0; i <= 255; i++){ // LED R2 Fade In
48          analogWrite(LED_R2, i);
49          delay(delayTime);
50   }
51   for(int i= 255; i >= 0; i--){ // LED R2 Fade Out
52          analogWrite(LED_R2, i);
53          delay(delayTime);
54   }
55
56   for(int i= 0; i <= 255; i++){ // LED Y2 Fade In
57          analogWrite(LED_Y2, i);
58          delay(delayTime);
59   }
60   for(int i= 255; i >= 0; i--){ // LED Y2 Fade Out
61          analogWrite(LED_Y2, i);
62          delay(delayTime);
63   }
64
65   for(int i= 0; i <= 255; i++){ // LED R3 Fade In
66          analogWrite(LED_R3, i);
67          delay(delayTime);
68   }
69   for(int i= 255; i >= 0; i--){ // LED R3 Fade Out
70          analogWrite(LED_R3, i);
71          delay(delayTime);
72   }
```

【루프 부분】
화염효과용 LED를 순차적으로 서서히 밝
게 켜고, 서서히 어두워지며 꺼지게 한다.

CLIP

작동영상
Youtube.com/Kyojipark

2-2 BATMOBILE

```
73
74   for(int i= 0; i <= 255; i++){ // LED Y3 Fade In
75          analogWrite(LED_Y3, i);
76          delay(delayTime);
77   }
78   for(int i= 255; i >= 0; i--){ // LED Y3 Fade Out
79          analogWrite(LED_Y3, i);
80          delay(delayTime);
81   }
82 }
```

TIP   전처리(Preprocessor)

아두이노 프로그램에는 작동영역이라고 부르는 셋업(setup)과 루프(loop)가 있다. 프로그램을 시작하면 셋업은 한번만 실행하면 되는 코드를 넣고, 루프는 프로그램의 중심으로 계속해서 반복 작동을 하는 코드를 넣는다. 그리고 전체영역에서 프로그램의 작동을 도와주는 코드를 셋업 위에 작성을 하는데, 이곳을 전처리 영역이라고 한다.

스케치에서 작성한 프로그램을 아두이노 보드에 업로드(저장)하기 전(Pre)에 처리(Processing) 하므로 전처리라는 명칭을 사용한다.

이 책에서 사용하는 전처리 영역에 작성하는 코드의 예.
● 주변장치를 편리하게 사용할 때 : #include (챕터 06, 07, 08, 09)
● 루프 코드 제작에 도움이 되는 명령 : #define (챕터 05, 06, 07, 08, 09)
● 복합적인 프로그램을 사용할 때 : int (챕터 05, 06, 07, 08, 09), Servo (챕터 06, 07, 08, 09)

이번 챕터에서는 #define과 int를 사용한다.

```
【 2 】 #define LED_R1 3      // PWM, Red LED1
```

#define ˇLED_R1ˇ3 ← 한 칸씩 띄기

해쉬 이름 값(핀번호)

해쉬(#) 디파인이라고 읽는다. 코드, 이름, 값은 한 칸씩 띄어쓰기를 한다. 다른 함수, 변수 설정과 달리 마지막에 ;(세미콜론)을 넣지 않는다.

// 주석에서는 이 코드에 대한 설명을 넣었다. 3번 핀은 PWM 신호를 출력하고 첫번째 빨간색 LED.

LED_R1라는 이름을 숫자 3(핀번호)로 바꾸라는 의미.
아두이노는 핀의 숫자로 명령을 실행한다. 블랙이글의 코드에서는 4개(조종석 2개, 항법등, 엔진)의 LED를 다루므로 숫자로 해도 쉽게 구분이 가능하다. 하지만 이번 공작에서는 화염효과를 위해 10개의 LED를 사용하고, 작동이 다르다. 이렇게 되면 각각의 LED를 어느 핀번호에 연결했는지 혼동하기 쉽다.(혼동 정도가 아니라 기억을 못할 수도..) 이때 연결한 핀의 번호에 역할에 맞는 이름을 지어주면 쉽게 구분할 수 있을 것이다.
이름은 자신이 원하는대로 만들 수 있다. (이름짓기 규칙은 121P "이름짓기 규칙"을 참조) 여기에서는 부품의 이름(LED)과 색(R), 그리고 순서(1)로 이름으로 지었다. 이름을 지을 때는 띄어쓰기를 할 수 없으므로 LED와 R1 사이에 _(언더바)를 넣어 주었다(LEDR1 이라고 쓰는 것보다 한눈에 알 수 있다) .
전처리 부분에서 한번 디파인으로 설정하면(이것을 선언이라고 한다) 셋업과 루프에서는 이름을 쓰는 것으로 해당하는 핀 번호로 연결된다.

```
【 2 】 #define LED_R1 3      // PWM, Red LED1
【 3 】 #define LED_R2 5      // PWM, Red LED2
【 4 】 #define LED_R3 6      // PWM, Red LED3
【 5 】 #define LED_Y1 9      // PWM, Warm White LED1
【 6 】 #define LED_Y2 10     // PWM, Warm White LED2
【 7 】 #define LED_Y3 11     // PWM, Warm White LED3
```

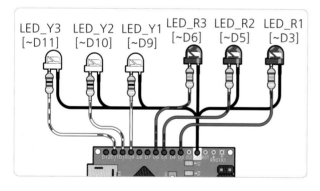

이제 【2】~【7】의 코드를 보면 무슨 의미인지 알 수 있다.
화염효과에 사용하는 LED 여섯개는 서서히 켜고 꺼지므로 모두 PWM핀에 연결했다.

```
【 9 】 #define LED_W1 7      // ON, White LED, White Wire1
【 10 】 #define LED_W2 8      // ON, White LED, White Wire2
【 11 】 #define LED_W3 12     // ON, White LED, White Wire3
【 12 】 #define LED_W4 4      //Car Head Light,  Blue Wire
```

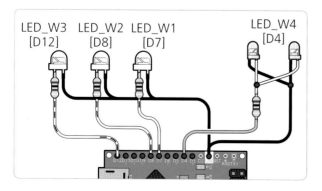

항상 켜두는 LED(LED_W)는 디지털 핀인 D7, D8, D12, D4로 지정한다.
LED_W1, 2, 3은 화염효과 안에서 항상 켜지는 LED.
LED_W4는 배트모빌 라이트 LED.
【2】~【12】는 이름 짓기 과정의 반복이다.

화염효과에서 페이딩하는 LED와 항상 켜두는 LED는 웜화이트를 사용했다. 모두 화이트로 쓰면 혼동할 수 있어 전선의 색으로 구분했다.
◆ 페이딩용 LED에는 노란선을 붙이고 이름을 LED_Y
◆ 상시로 켜지는 LED에는 흰선을 연결하고 LED_W
이렇게 역할에 따라 전선의 색을 다르게 하면 나중에 코드와 실제 회로를 볼 때 쉽게 구분할 수 있다.

```
【 14 】 int delayTime = 3;// Initial Time = 3,  Slow
```

int는 인트 또는 아이엔티라고 읽는다. 정수(integer)라는 의미.
마지막에 ;(세미콜론)을 넣어야 한다.
전처리 영역에서 int 선언을 하면 프로그램 전체에서 delayTime이라는 상자를 사용할 수 있으므로 "전역 변수선언"이라고 한다.

int 선언으로 delayTime(이름은 원하는대로 만들어도 된다)이라는 변수 이름을 만들고 값(여기에서는 3)을 넣어둔다.
프로그램 A에서는 페이딩 관련 코드가 12개 있고 각각 페이딩 속도를 결정하는 delay 코드가 있다. 페이딩 속도를 바꾸려면 12개의 delay 값을 일일이 수정해야 하므로 번거로운 작업이 될 수 있다. 이때 delay의 값을 변수선언을 한 delayTime으로 써두고【14】에서 한번만 설정하면(초기값은 3) 자동으로 설정한 값을 사용할 수 있어서 속도 조절이 편리하다.

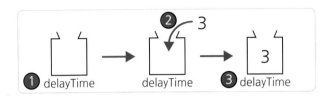

①delayTime이라는 상자를 만든다.
②이 상자에 값(3)을 넣는다(값은 원하는대로 바꿀 수 있다).
③delayTime이라는 상자를 불러오면(호출) 그 안에 들어있는 3을 사용할 수 있다.

int 변수를 사용할 경우 변수의 값은 1,2,3,4와 같은 정수(integer)만을 사용한다. 이외에도 변수 설정은 char(문자변수), float(실수) 등과 같이 여러 종류의 숫자나 문자를 다룰 수 있다. 하지만 모형 전자공작에서 변수 설정은 int만 알아도 활용에 큰 문제가 없다.

```
【 17 】 pinMode(LED_W1, OUTPUT);
【 18 】 pinMode(LED_W2, OUTPUT);
【 19 】 pinMode(LED_W3, OUTPUT);
【 20 】 pinMode(LED_W4, OUTPUT);
```

LED_W1~4는 디지털(켜기 또는 끄기)로 사용하므로 출력(OUTPUT)으로 설정한다. pinMode를 설정하지 않으면 프로그램이 제대로 작동하지 않을 수 있으므로 반드시 설정하자.

※아날로그 즉 PWM 출력을 사용하는 경우(여기에서는 화염효과)에는 pinMode를 설정하지 않아도 된다.

```
【 22 】 digitalWrite(LED_W1, HIGH); // On Warm White LED1
【 23 】 digitalWrite(LED_W2, HIGH); // On Warm White LED2
【 24 】 digitalWrite(LED_W3, HIGH); // On Warm White LED3
【 25 】 digitalWrite(LED_W4, HIGH); // Car Head Light
```

항상 켜지는 LED_W1~W3(화염효과 안에서 웜화이트 세 개)와 W4(배트모빌 라이트)를 디지털로 켠다. 전원을 끄기 전까지 계속 켜진 상태를 유지. 만약 끄고 싶은 LED가 있다면 HIGH 대신 LOW를 쓰면 된다.

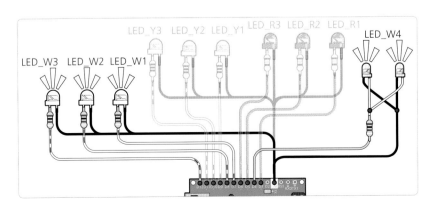

```
【29】  for(int i = 0; i <= 255; i++){ // LED R1 Fade In
【30】    analogWrite(LED_R1, i);
【31】    delay(delayTime);
【32】  }
```

【29】~【32】의 블록을 묶어서 for문이라고 한다. for문에는 괄호( )로 묶여있는 조건, 중괄호 { }로 묶여있는 실행블록이 있다. 정해진 조건에 따라 실행블록을 반복하고 조건이 바뀌면 빠져나온다.

처음 for문을 보면 어려워 보인다. 하지만 아두이노 코딩에서 활용도가 매우 높은 코드로, 기본 구조를 익혀두면 코드제작, 이해에 큰 도움이 된다. 73P "for문의 작동구조" 참조(한번에 이해가 안되더라도 너무 실망하지 마시길. 자주 만나다 보면 차차 친하게 지낼 수 있게 된다).

```
【29】  for(int i = 0; i <= 255; i++){
```

이 조건은 초기값인 0부터 시작해서 255가 될 때까지 1씩 더하라는 의미. 총 256번(0에서 255까지) 반복한다.

전처리 부분【14】에서 쓴 int는 프로그램 전체에 영향을 미치지만, 여기의 int에서 사용한 "i라는 이름의 상자"는 for문 안에 있으므로【29】~【32】에서만 사용하고 for문을 빠져나가면 사용하지 않는다. 일종의 임시 변수라고 생각하면 된다.

```
【30】  analogWrite(LED_R1, i);
```

for 조건의 i값을 받아 아날로그 라이트로 LED_R1을 켠다.
i의 값은 0부터 시작해서 255까지 1씩 증가하므로 LED가 서서히 밝아진다.

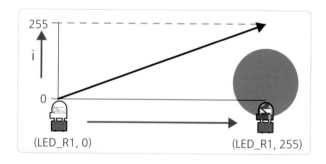

(LED_R1, 0)   (LED_R1, 255)

PWM핀은 0~255의 값을 출력한다. 이것을 전압으로 바꾸면 0V~5V를 256단계로 나누어 출력한다는 의미. 출력하는 전압으로 환산하면 다음과 같다.
◆0 = 0V의 전압이므로 LED가 꺼진 상태가 된다.
◆50 = 1V, 100 = 2V, 150 = 3V, 200 = 4V
◆255 = 5V로 LED가 최대 밝기인 상태.
LED는 들어오는 전압에 따라 밝기가 변하므로 꺼짐부터 서서히 밝아져 최대 밝기로 켜지는 것처럼 보이게 된다.

```
【31】  delay(delayTime);
```

for문이 한 번 계산하고 딜레이만큼 시간을 지연한다. 딜레이의 값 부분에는【14】에서 변수설정한 delayTime을 사용했다. 현재 불러온 delayTime에는 3이 들어가 있으므로 delay(3)과 같은 의미.
즉 i값 0 - delay(3) - i값 1 - delay(3) - i값 2 - delay(3) ---- 256번을 반복
그래서 이 for문을 실행(0에서 255까지)하는 시간은 256×3=768ms=0.768초가 걸린다.

※【14】의 delayTime변수의 값(현재는 3)을 바꾸면 시간을 조절할 수 있다. 낮추면 빨리 켜지고 높이면 느리게 켜진다.

```
【32】  }
```

for문의 블록을 마무리하는 중괄호 닫기 } 를 잊지 말고 써야 한다.

```
【 33 】 for(int i = 255; i >= 0; i--){ // LED R1 Fade Out
【 34 】     analogWrite(LED_R1, i);
【 35 】     delay(delayTime);
【 36 】 }
```

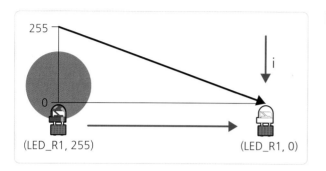

(LED_R1, 255)　　　　　　(LED_R1, 0)

【29】~【32】와 동일한 구조의 for문으로 주의해서 볼 것은 조건이다. 이 조건은 초기값인 255부터 시작해서 0이 될 때까지 1씩 빼라는 의미. 총 256번 반복한다.

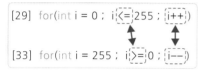

[29] for(int i = 0 ; i <= 255 ; i++)

[33] for(int i = 255 ; i >= 0 ; i--)

【29】의 조건은 【33】의 조건과 대칭이므로 LED_R1이 서서히 어두워진다.
초기값을 255로 쓴 것은 【29】의 마지막 최대값이 255이므로 여기서부터 시작한다. 조건은 0이 될 때까지 줄여나가므로 등호가 반대로 되어있다.
계산은 i값을 1씩 빼기 위해 i--로 쓴다.

【29】~【36】에는 2개의 for문으로 LED_R1의 밝기를 0에서 시작해 서서히 밝아져(fade In) 최대 255까지 도달한 후 서서히 0까지 어두워진다(Fade Out).
증가하는 시간 0.768초 + 감소하는 시간 0.768초 = 약 1.5초(1.536)가 걸린다.

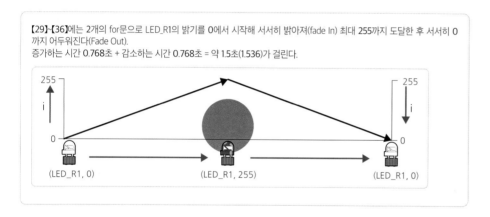

(LED_R1, 0)　　　　　　(LED_R1, 255)　　　　　　(LED_R1, 0)

【 37 】 빈 줄

【32】~【39】는 LED_R1의 증가, 감소와 관련된 코드이고 【38】~【45】는 LED_Y1과 관련한 코드이므로 이것을 구분하기 위해 빈 줄을 넣었다.

TIP for문의 작동구조

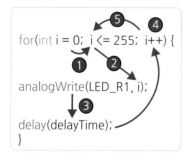

```
for(int i = 0; i <= 255; i++) {

    analogWrite(LED_R1, i);

    delay(delayTime);
}
```

① 초기값을 0으로 설정
② i의 값(0)을 실행블록 내의 함수에 보낸다(analogWrite(LED_R1, 0);
③ 지정한 시간만큼 지연(delay)
④ i값에 1을 더한다(++) 0+1 = 1
⑤ 이 값을 조건과 비교. 1 <=255 조건이 참이므로 계속 for문을 실행.
----
② i의 값(이제는 1로 바뀜)을 함수에 보낸다(analogWrite(LED_R1, 1);
③ 지정한 시간만큼 지연(delay)
④ i값에 1을 더한다(++) 1+1 = 2
⑤ 이 값을 조건과 비교. 2 <=255 조건이 참이므로 계속 for문을 실행.

….(i의 값이 계속 증가하다가 255에 이르게 된다.
④ i값에 1을 더한다(++) 255+1 = 256
⑤ 이 값을 조건과 비교. 256 <=255 조건이 거짓으로 되므로(256은 255보다 크다!) for문을 빠져 나와 다음 코드로 넘어간다.

```
【 38 】 for(int i = 0; i <= 255; i++){ // LED Y1 Fade In
【 39 】    analogWrite(LED_Y1, i);
【 40 】    delay(delayTime);
【 41 】  }
【 42 】 for(int i = 255; i >= 0; i--){ // LED Y1 Fade Out
【 43 】    analogWrite(LED_Y1, i);
【 44 】    delay(delayTime);
【 45 】  }
```

【38】~【45】는 이전의 for문과 동일한 구조이며 LED_Y1를 0 ~ 255 ~ 0로 밝기를 조절한다.

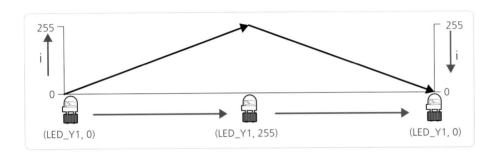

```
【 29 】 ~ 【 81 】
```

【29】~【81】까지는 LED_R1 LED_Y1 LED_R2 LED_Y2 LED_R3 LED_Y3의 순서로 서서히 밝아지고 어두워지는 코드로서 이 코드들은 loop 영역 안에 있으므로 계속 반복한다. 6개의 LED가 순차적으로 페이딩하는 시간은 1.536초×6개 = 9.216초 간격이 된다.

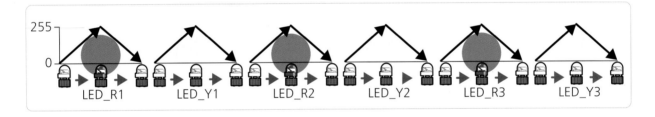

TIP 시간 바꾸기

【29】~【81】의 delay는 변수 delayTime으로 시간을 조절하고 있다. 하나하나 바꾸지 않고

```
【 14 】 int delayTime = 3;
// Initial Time = 3,  Slow
```

【14】의 delayTime의 값을 바꾸면 쉽게 속도를 조절할 수 있다.
숫자를 0, 1, 2로 넣으면 전체적으로 페이딩 속도가 빨라진다.
숫자를 4, 5, 6…으로 넣으면 페이딩 속도가 느려진다.
전시회와 같이 다른 사람에게 작품을 보여준다면 느린 것보다는 빠른 속도로 변화하는게 보다 관객의 눈길을 끌 수 있을 것이다.

TIP 켜지는 순서 바꾸기

지금 코드는 LED 프레임의 위쪽(1단)에서 아래쪽으로 페이딩하고 있다. 순서를 바꾸고 싶다면【29】~【81】안에 있는 analogWrite 속의 이름을 바꿔준다.
주의할 것은 페이드인 코드와 페이드아웃 코드는 짝으로 이뤄지므로 동일한 이름을 써주어야 한다.

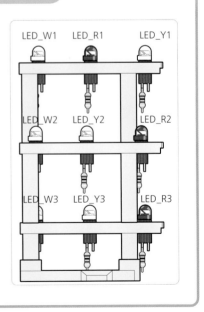

2 프로그램 B의 코드와 해설

프로그램 A는 코드에서 정해진 순서대로 반복하고 있다. 이대로도 좋지만 6개의 LED가 무작위로 켜지는 것도 재미있는 효과가 된다. 아두이노의 랜덤 함수를 이용한다.

(프로그램 B)
① 전원을 연결하면 배트모빌의 전조등(광섬유)이 켜진다(프로그램이 꺼질 때까지 계속 켜진 상태)
② LED 프레임의 웜화이트(흰선으로 연결) 3개가 켜진다(프로그램이 꺼질 때까지 계속 켜진 상태)
③ 화염효과 LED 6개가 무작위로 서서히 밝아지고 서서히 어두워지는 것을 반복한다.

```
1  //Batmobile Code B V1.0 Written By C.J.Park230709
2  int led_pin(6) = {3, 5, 6, 9, 10, 11};
3
4  #define LED_W1 7    //On Warm White LED1
5  #define LED_W2 8    // On Warm White LED2
6  #define LED_W3 12   // On Warm White LED3
7  #define LED_W4 4    // Car Head Light, Blue Wire
8
9  int delayTime = 3;// Initial Time = 3,  Slow
10
11 void setup(){
12     pinMode(LED_W1, OUTPUT);
13     pinMode(LED_W2, OUTPUT);
14     pinMode(LED_W3, OUTPUT);
15     pinMode(LED_W4, OUTPUT);
16
17     digitalWrite(LED_W1, HIGH); // On Warm White LED1
18     digitalWrite(LED_W2, HIGH); // On Warm White LED2
19     digitalWrite(LED_W3, HIGH); // On Warm White LED3
20     digitalWrite(LED_W4, HIGH); // Car Head Light
21
22     randomSeed(analogRead(A0));
23 }
24
25 void loop(){
26     int chosen_led= random(6);
27
28     for(int i = 0; i <= 255; i++){ // LED Fade In
29       analogWrite(led_pin(chosen_led), i);
30       delay(delayTime);
31     }
32     for(int i = 255; i >= 0; i--){  // LED Fade Out
33       analogWrite(led_pin(chosen_led), i);
34       delay(delayTime);
35     }
36 }
```

【전처리영역】
화염효과용 LED를 배열로 사용하기 위한 선언.
아두이노의 핀에 이름을 정해준다.
변수를 설정한다.

【셋업영역】
디지털 입출력 부품의 핀 모드 설정.
랜덤시드를 설정

【루프영역】
화염효과용 LED 6개를 랜덤으로 페이딩한다.

```
【 2 】 int led_pin(6) = {3, 5, 6, 9, 10, 11};
```

6개의 LED를 순서대로 불러내는 "배열"을 사용. 변수 설정을 int로 하고 led_pin 상자를 만든다. (6)은 6개의 수를 사용한다는 의미. 중괄호 { } 내에 불러올 핀의 번호를 순서대로 써넣는다. 이 핀 번호는 화염효과로 사용하는 LED와 연결한 PWM핀이다.

```
【 22 】 randomSeed(analogRead(A0));
```

랜덤은 정해진 숫자들을 무작위로 선택할 때 사용한다. 그런데 랜덤은 규칙적으로 반복된다. 다루어야 할 숫자가 적을수록 패턴이 눈에 띌 수 있는 단점이 있다. 이때 랜덤시드(randomSeed)를 사용하면 진정한 무작위 선택이 가능하다. 랜덤시드에서 선택한 A0핀은 계속해서 미세한 전압변화가 일어나고 있고 이를 이용하면 완전히 무작위의 작동이 가능하다.

```
【 26 】 int chosen_led= random(6);
```

chosen_led라는 변수 상자를 만들고 그 값은【2】에서 설정한 6개의 숫자 중 하나를 랜덤으로 선택한다.
random(0)일 경우 첫번째 핀번호인 3을 값으로 넣는다. chosen_led= 3
random(1)일 경우 두번째 핀번호인 5를 값으로 넣는다. chosen_led = 5
random(2)일 경우 첫번째 핀번호인 6을 값으로 넣는다. chosen_led = 6
random(3)일 경우 두번째 핀번호인 9를 값으로 넣는다. chosen_led = 9
random(4)일 경우 첫번째 핀번호인 10을 값으로 넣는다. chosen_led = 10
random(5)일 경우 두번째 핀번호인 11를 값으로 넣는다. chosen_led = 11
랜덤으로 설정하므로 핀번호는 무작위로 선택한다.

```
【 28 】    for(int i = 0; i <= 255; i++){   // LED Fade In
【 29 】      analogWrite(led_pin(chosen_led), i);
【 30 】      delay(delayTime);
【 31 】    }
```

무작위로 선택한 핀의 LED를 0~255까지 서서히 밝게 한다(페이드인).

```
【 32 】    for(int i = 255; i >= 0; i--){   // LED Fade Out
【 33 】      analogWrite(led_pin(chosen_led), i);
【 34 】      delay(delayTime);
【 35 】    }
```

무작위로 선택한 핀의 LED를 255~0까지 서서히 어둡게 한다(페이드아웃).

【25】의 루프를 시작하면 6개의 핀 중 하나가 랜덤(무작위)으로 선택된다. 그 핀을 아날로그 라이트로 서서히 밝게 켜고, 서서히 끈다. 다시 루프가 순환되며 랜덤핀이 선택되고 반복.
화염의 불빛이 랜덤으로 반짝이므로 의외의 재미가 있다.

06-1 작품소개 : 센서에 반응해 움직이는 모형 만들기

제품명 : PokemonModel Kit
BIG EEVEE

제조사 : BANDAI
제작/글 : D&A 공작실 박성윤
프로그램 : D&A 공작실 박철종

CLIP

2-3 EEVEE

포켓몬스터 TV 시리즈와 영화 그리고 게임까지도 주연으로 등장하는 상당히 인기가 높은 포켓몬스터. 모형은 반다이의 포켓몬 프라모델 시리즈 중 하나인 빅 이브이로 2021년 발매했다. 일반적인 포켓몬 프라모델이 7-10cm 정도이지만 빅 이브이는 귀까지의 높이가 약 20cm 정도. 모형이 큰 만큼 내부공간도 여유가 있어 전자공작을 하기 비교적 수월하다. 사막여우를 모티브로 만들어진 이브이의 작동 포인트는 긴 귀와 풍성한 꼬리. 여기에 사람과의 교감(?)을 위해 손을 들어올리는 액션도 추가했다. 베이스와 로고는 2018년 발매한 닌텐도 스위치의 게임인 <렛츠고 이브이>의 패키지 이미지를 참고해서 제작했다.

아두이노 전자공작에서 작동을 위해 주로 사용하는 서보모터. 그 중에서 가장 많이 사용하는 SG90 서보모터를 이용한다. 귀, 다리, 꼬리를 작동하므로 세 개의 서보모터가 필요하다. 내부공간이 커서 여유있게 작업할 수 있다.

서보모터만으로 작동하기 어려운 부분은 링크 구조를 만들어 작동한다.

사운드 센서에 소리가 들어오면 서보모터가 작동 시작.

1 작동코드 계획

이번 공작에서는 서보모터를 이용해서 모형을 작동하는 방법을 알아본다. LED와 달리 별도의 전원을 연결해야 하고 각도를 맞추는 과정이 추가된다. 입력은 버튼 스위치보다 재미있는 사운드센서를 사용. 박수를 치거나 소리를 내면 이브이가 반응하는 공작을 진행한다.

[코드 진행 순서]
① 전원을 켠다.
② 사운드 센서에 소리가 들린다(digitalRead)
③ 꼬리를 좌우로 흔든다(servo.Write)
④ 오른발을 위로 올린다(servo.Write)
⑤ 센서 터치(digitalRead)
⑥ 귀를 움직이고 팔을 내린다(servo.Write)

2 주요부품

기본부품
□ 아두이노나노 1개
□ USB 커넥터
□ 브레드보드 하프 1개

입력부품
□ 사운드 센서 1개
□ 터치 센서 1개

출력부품
□ 9g 서보모터 3개

전자부품
□ 납땜용 도구
□ 연선AWG 28 전선 적, 흑, 보라
□ 연선AWG 30 전선 백
□ 단선AWG 22
□ AA건전지 4구 홀더 1개
□ 2.54 피치 핀헤더
□ 점퍼와이어 M-M, M-F 10cm

[TTP223 터치센서]

정전기 감지 방식으로 터치패널에 손을 대면 회로에 전기가 흐르게 한다(인체 감전은 아니므로 안심^^) 터치센서로 검색하면 여러 가지 종류가 있지만 사진과 같은 빨간색 기판의 TTP223이 크기가 작고 다양한 응용이 가능하다. 이 제품의 가장 큰 특징은 외부 센서에 전선을 연결하면 터치의 위치를 마음대로 바꿀 수 있다. 개당 200원 정도.

기판 뒷면 TOUCH라고 써 있는 곳이 정전기를 감지한다.

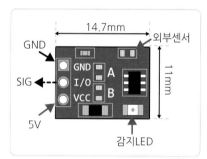

5V와 GND는 5V전원 버스에, I/O(신호선 SIG)는 아두이노의 디지털핀에 연결한다.

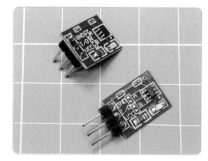

핀헤더는 사용자가 직접 해야 한다. 조립하는 위치에 따라 스트레이트 또는 앵글타입의 핀헤더와 연결해서 사용한다.

[LM393 사운드 센서]

소리에 반응하는 센서. 이번 공작에 사용한 파란색 기판의 부품은 소리가 있다(HIGH), 없다(LOW)를 판단하는 디지털 타입으로 세 개의 연결핀이 있다. 개당 700원 정도.

마이크가 튀어나온 타입은 방향을 바꿀 수 있어 편리하다(제품에 따라 기판에 달라붙은 것도 있으므로 형태를 잘 확인).

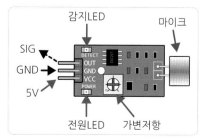

5V와 GND는 5V전원 버스에, SIG(신호선)은 아두이노의 디지털핀에 연결한다.

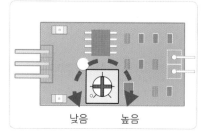

가변저항을 돌려 감도를 조절한다. 낮으면 더욱 큰소리에 반응하고 높으면 작은 소리에도 반응한다.

[DS-450 LOCK 푸시락 스위치]

버튼 스위치의 한 종류. 한 번 누르면 전원이 ON, 다시 누르면 OFF가 되는 선택형 스위치. 이번 공작에서는 서모모터의 전원공급용으로 사용한다. 개당 400원 정도(스위치에 대한 상세 설명은 [10-5 스위치] 참조)

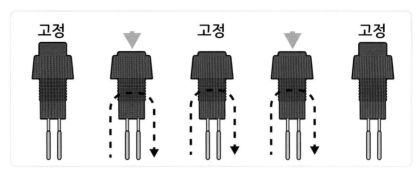

제품을 구입하면 스위치 고정용으로 와셔와 볼트가 포함되어 있다.

누르지 않으면 버튼이 위로 튀어나와 있으며 OFF 상태. 버튼을 누르면 ON 상태로 고정된다. 다시 버튼을 누르면 버튼이 올라오면서 OFF 상태가 된다.

[SG90 서보모터]

특정 주파수를 입력하면 0˚~180˚까지 원하는 각도로 작동한다. SG90은 서보모터의 무게가 9g인 것에서 유래. 아두이노 전자공작에서 자주 사용되며 가격도 비교적 저렴한 편이다. 전원은 4.5V~6V를 사용하며 전압이 높을수록 힘이 커진다. 작동을 위해 전원선(+,-) 그리고 신호선 세 개를 연결해야 한다. 아두이노 판매점에서 쉽게 구입 가능하다. 1,500원 정도(서보모터에 대한 상세설명은 [10-2 서보모터] 참조)

투명 파란색의 몸체가 특징. 서보모터를 고정할 수 있는 고정탭(▶)이 튀어나와 있다.

SG90으로 힘이 부족할 경우 비슷한 크기의 MG90을 사용해도 된다.

서보모터의 전선색은 제품에 따라 다른 경우가 있지만 기능은 동일하다. 갈색(검정색)=-, 빨간색=+, 주황색(흰색)=신호선

[서보모터 테스터]

서보모터는 특정한 주파수를 입력해야 작동하므로 아두이노에 서보모터를 연결하기 전까지는 모형이 제대로 작동하는지, 힘은 적당한지 알 수가 없다. 이때 서보 테스터를 사용하면 작동을 확인할 수 있으므로 편리하다. 서보모터를 사용한다면 반드시 필요. 2,000원 정도(서보모터 테스터에 대한 상세 설명은 [12 서보모터 테스터 만들기] 참조).

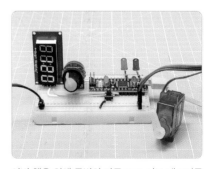

서보테스터의 양쪽에는 핀이 있다.
IN : 전원을 연결한다. S는 연결하지 않아도 된다.
OUT : 서보모터 모터를 연결한다. 표시된 방향으로 맞춘다. 동시에 세 개의 서보를 연결할 수 있다.

테스트를 할 때는 오른쪽에는 4.5V 또는 6V전원을 연결하고 왼쪽에는 서보모터의 커넥터를 연결한다.

이번 책을 위해 특별히 만든 DnA 서보 테스터를 3-3에 소개하고 있다. 한 번 만들면 두고두고 편하게 사용할 수 있다(필자도 애용하고 있다. ^^)

1 꼬리 SG90 서보모터

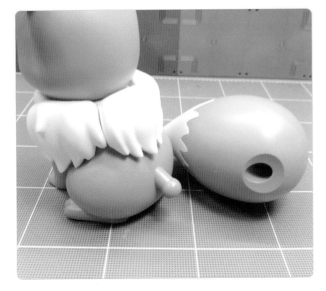

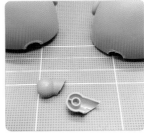

꼬리를 연결하는 부분을 잘라낸다.

서보모터의 파란 부분(▶)의 크기에 맞춰 리머로 구멍을 넓혀 준다.

키트의 꼬리는 볼 조인트로 연결, 좌우 는 물론 앞뒤로도 조금 움직일 수 있다.

서보모터의 기어 고정용으로 돌기(▶)가 튀어나 와 있다. 여기에 맞춰 추가로 홈을 잘라낸다.

몸체 내부에 서보모터를 부착할 위치를 확인. 몸 통은 곡선이므로 빈 공간이 생긴다. 공간을 보강 하기 위해 3mm 사각, 삼각 프라빔을 준비.

서보를 고정할 수 있도록 서보와 빈 공간의 사이 에 프라빔을 접착한다. 반대편 몸통도 조립해야 하므로 적당한 높이로 잘라준다.

프라빔과 몸체에는 틈이 있다. 록타이트 슈퍼글 루 젤은 일반 순간접착제와 달리 점도가 높아 틈 을 매울 때 보다 확실하다.

서보를 프라빔에 맞추고 고정탭의 구멍 위치에 2mm 핀바이스로 구멍을 뚫어준다.

서보모터에 포함된 큰 나사를 사용해 고정.

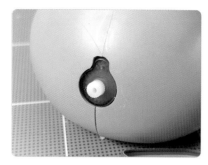

서보를 고정하고 몸체를 조립한 상태. 서보 회전축이 튀어나와 있다.

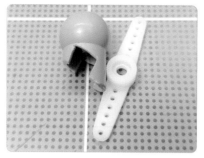

이번 공작에서는 더블 혼을 사용한다. 앞서 잘라 둔 꼬리 부품에 더블 혼의 사이즈에 맞춰 홈을 깎아 만든다.

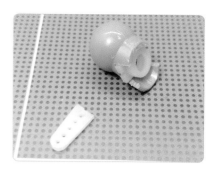

서보혼을 부품에 끼우고 양쪽에 튀어나온 혼을 잘라낸다.

서보혼과 꼬리 부품의 빈 공간은 글루건을 사용해 메워 넣어 고정한다.

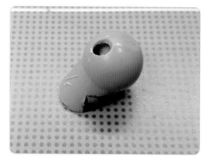

서보혼을 고정한 꼬리 부품 반대편에는 혼 고정용 나사를 넣기 위해 나사가 통과할 수 있는 구멍을 뚫어준다.

①서보 테스터에 전원 연결.
②셀렉트 버튼을 눌러 중심각도(Neutral)를 선택
③중심각도의 LED 표시 확인.
④서보모터를 연결하면 중심 각도(90˚) 상태로 고정된다.

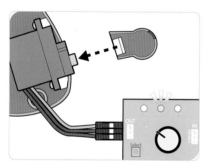

중심각도를 유지한 상태에서 혼을 고정한 꼬리 부품을 끼운다.

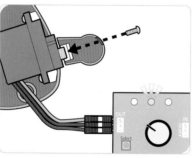

꼬리 부품에 뚫어놓은 구멍으로 나사를 넣고 드라이버로 서보혼과 회전축을 고정한다.

꼬리를 중심을 맞춰 수직으로 끼운다. 서보테스터를 수동조작(Man) 모드로 바꾸고 노브를 움직여 꼬리를 작동해본다.

좌우로 움직여 작동에 무리가 없는지 확인.

서보에 전원을 넣은 상태에서 무리하게 움직이면 기어나 회로가 고장날 수 있으므로 주의한다.

중심각도를 90˚라고 했지만 서보모터나 서보테스터의 종류, 제조사 등에 따라 정확한 각도를 확정하기 어렵다. 테스트 단계에서는 연결한 부품이 제대로 움직이는지를 확인하는 용도로 생각해야 한다.
중심각도, 좌우 최대각도 등의 정확한 각도는 아두이노를 연결해서 조금씩 각도를 변화해가며 찾아야 한다.

2 귀 SG90 서보모터

키트의 양쪽 귀는 3D로 출력한 부품을 이용해 서보모터로 작동할 수 있도록 제작.

귀 작동을 위해 준비한 부품. 출력 부품 외에도 M2 볼트 3mm 4개, M3 볼트 10mm 2개, M3 너트 2개씩 필요하다.

출력 가능한 3D 부품(STL파일)은 필자의 블로그에서 다운로드 받아 사용할 수 있다.
Kyoji: 네이버블로그
https://blog.naver.com/ballak

머리의 내부공간이 넓어 서보모터를 설치하기 좋다. 다만 굴곡이 있어 서보모터를 정위치로 고정하기 까다롭다.

우선 서보모터의 크기에 맞춰 프라판으로 상자를 만든다. 고정탭 한쪽(▶)은 머리 부품에 걸리므로 잘라냈다.

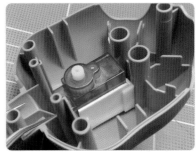

제작한 상자를 머리 부품에 넣고 위치를 잡아준다.

상자와 머리를 고정하기 위해 L형태 또는 사각 형태의 프라빔을 사용한다.

프라빔을 접착하고 부품과 부품 사이의 틈에는 슈퍼글루 접착제로 고정한다. 서보모터는 유지, 보수를 위해 분리할 수 있다.

키트의 귀 부품에 3D로 출력한 귀 가동 암(Ear Arm R, L)을 M2 볼트로 고정한다.

서보모터로 귀를 가동할 때 부드럽게 움직이도록 리머나 칼로 구멍 내부(▶)를 깎아낸다.

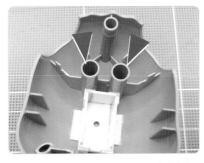

귀를 조립하는 기둥 부품(▶)도 칼로 깎아낸다.

귀를 조립하고 가볍게 움직이는지 확인. 더욱 부드럽게 하고 싶다면 실리콘 그리스를 사용해도 좋다.

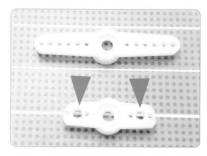

귀 작동 부품을 조립하기 위해 더블 혼을 그림과 같이 만든다. 볼트를 조립할 구멍(▶)은 2mm로 뚫어준다.

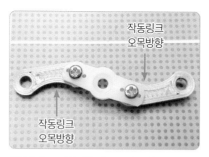

서보혼에 M2 볼트를 끼우고 작동링크(EarLink)에 조인다. 부드럽게 움직이도록 완전히 조이지 않는다. 오목한 방향을 기준으로 반대 방향으로 조립한다.

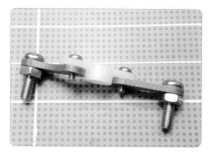

작동링크의 끝 부분에 M3 볼트를 넣고 아래에서 M3 너트를 사용해 단단히 고정한다.

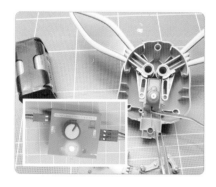

◀서보테스터를 중심각도로 설정하고 머리 서보모터의 커넥터와 연결해서 중심각도를 맞춘다. 귀는 벌어져 있는 상태로 귀 가동 암은 서보모터 가까이에 있다.

▶위에서 조립한 서보혼을 수직이 되도록 조립하고 서보혼 고정 나사로 서보회전축에 고정한다. 이때 작동 링크의 M3 볼트는 각각 귀 가동 암의 둥근 구멍(▲)에 끼워 넣는다.

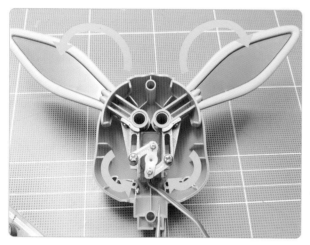

서보테스터를 수동조작으로 바꾸고 노브를 돌려 작동 테스트를 한다. 중심각도(90˚)에서는 서보혼은 수직이고 귀는 벌어진다.

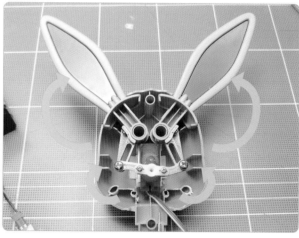

노브를 돌려 서보혼이 수평이 되면 작동 링크가 펴지면서 귀 작동 암을 벌려주며 귀는 위로 올라간다.

목의 기둥 밑면을 잘라내고 서보 전선을 통과. 얼굴 부품의 내부 구조물(▶)은 서보와 간섭이 생기지 않도록 잘라낸다.

머리를 조립하고 선을 빼낸 상태.

목 갈기 부품의 바닥에는 서보케이블이 통과할 수 있도록 구멍을 뚫는다. L모양으로 뚫어주면 머리를 어느정도 수동으로 움직일 수 있다.

3 앞다리 작동 SG90 서보모터, AWG 30 백

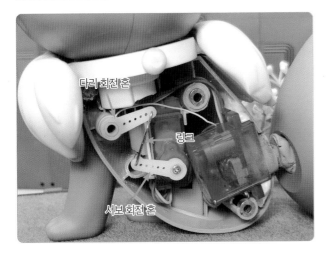

▶꼬리는 서보를 직접 연결해서 작동하지만, 다리는 직접 연결할 공간이 없다.

서보의 회전축에 연결된 서보혼(주동축)과 다리 회전축(종동축)에 연결된 서보혼을 철사로 만든 링크로 연결한다.

▶서보모터를 설치할 공간을 만들기 위해 부품의 일부를 잘라낸다.

머리 공작과 마찬가지로 프라판으로 서보 상자를 제작.

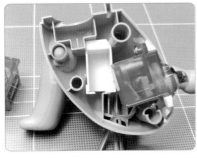

프라판, 프라빔을 사용해 상자를 몸통에 고정하고 틈은 슈퍼글루젤로 고정.

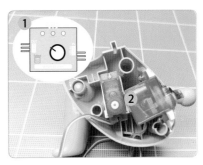

① 서보테스터를 중심 각도로 맞추고 다리 서보를 연결한다 ② 서보모터가 중심각도로 맞춰진다 ③ 싱글혼을 수평으로 끼워 넣는다.

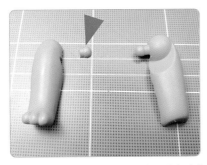

반으로 나뉜 축은 한쪽으로 통합하는 것이 편리하다. 앞쪽 부품의 축을 잘라낸다(▶).

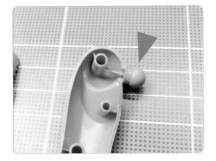

잘라낸 축을 반대편에 접착. 머리의 볼 부분(▶)은 깎아서 원기둥 형태로 만든다.

깎아낸 원통은 직경이 일정하지 않다. 외경 7mm(내경 6.2mm WAVE제)의 프라 파이프를 끼우면 일반적으로 사용하는 도구의 지름(6, 7, 8mm 등)에 맞추기 편하다.

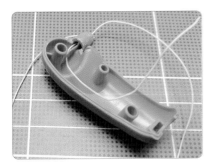

축 가운데에 1mm 구멍을 뚫고 터치 센서용으로 사용할 AWG30 흰선을 통과시켜 둔다.

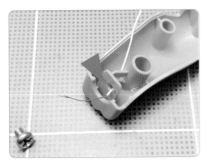

발바닥 부분에 2.5mm 구멍을 뚫고 탈피한 전선을 통과한다. M3 볼트 3mm로 구멍에 돌려 넣으며 전선과 함께 고정한다.

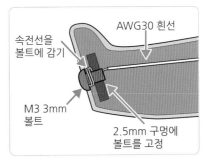

속전선을 볼트에 감아 연결하면 전기를 모을 면적이 넓어져 터치 스위치 기능이 더 효율적이게 된다.

85

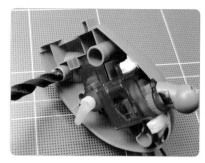

앞다리를 조립할 구멍은 7mm 드릴 날로 넓혀준다. 7mm 파이프를 끼워 부드럽게 움직여야 하므로 드릴 날을 기울여가며 조금 더 넓혀준다.

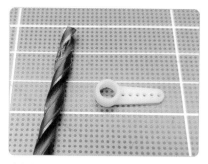

앞다리 회전용 혼으로 사용할 싱글혼의 나사 구멍을 5mm 드릴로 구멍을 넓혀준다.

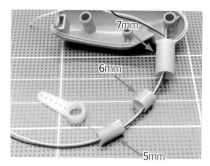

다리 축의 7mm 파이프는 내경이 6.2mm. 서보혼의 축은 5mm로 할 예정. 지름이 차이가 나므로 6mm(내경 5.2mm) 파이프를 추가해줬다.

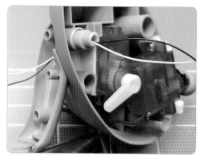

7mm, 5mm 파이프는 모형에 조립 한 후, 먼저 조립한 서보혼의 높이에 맞춰 잘라준다.

서보혼을 제외한 파이프와 부품 축을 접착한다.

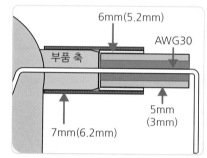

조립 참고(괄호 안은 내경을 의미).

축을 조립한 다리를 몸체에 끼우고 서보혼을 조립. 5mm로 뚫어주었으므로 다리의 5mm 파이프에는 힘을 주어서 조립한다.

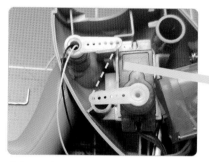

다리를 중간쯤 올린 상태에서 서보혼을 수평으로 맞춰 조정해준다. 서보혼의 양쪽 끝 길이에 맞춰 링크를 제작한다.

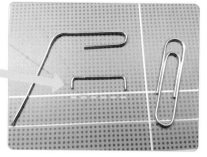

서보혼을 연결할 링크는 종이 클립(0.9mm)을 펴서 제작. 두 서보혼의 끝을 연결할 수 있는 길이에 맞추고 ㄷ모양으로 구부려 준다.

■ 서보테스터를 수동조작으로 선택하고 노브를 돌려 다리의 움직임을 확인한다. 서보의 회전축에 연결된 서보혼을 주동축이라 하고 다리 회전에 연결된 서보혼은 종동축이라고 한다(정확한 각도는 아두이노를 연결한 후 설정한다).

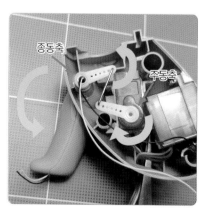

주동축이 위로 올라가면 링크로 종동축을 밀어 다리가 내려간다.

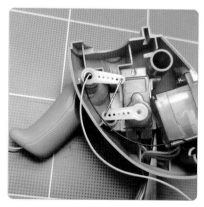

중간 각도일 때 두 서보혼은 수평이 된다.

주동축이 내려가면 링크로 종동축을 끌어 내리고 다리가 올라간다.

4 몸체 조립과 배선

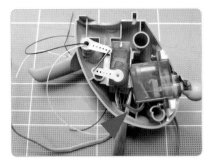

오른발을 조립하는 구멍으로 서보 커넥터와 터치 센서 전선을 빼낸다.

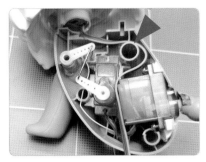

귀 작동 서보의 전선은 앞다리 서보혼의 작동 범위를 피해 몸통 아래로 내린다.

몸통을 통과한 커넥터는 구분을 위해 스티커로 표시해두었다.

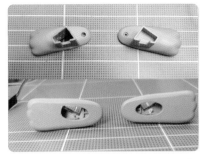

뒷발 부품은 커넥터를 통과할 수 있도록 구멍을 뚫어준다.

서보 커넥터 세 개, 터치 센서 전선을 뒷발에 하나씩 통과시킨다.

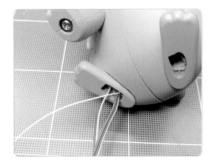

뒷발을 끼워 완성.

5 베이스 AWG28 빨간선

베이스는 생활용품점에서 판매하는 나무 액자를 사용. 앞뒤가 뚫려있으므로 한쪽 면은 2mm 두께의 프라판을 붙여준다.

이브이를 설치하는 면에 연필로 중심선을 표시한다.

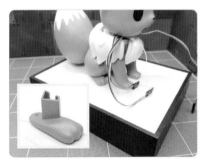

중심을 맞춰 이브이를 배치하고 오른쪽 발바닥의 위치를 연필로 표시한다.

오른쪽 발바닥을 분리해서 연필로 표시한 위치에 맞춘 후, 2.5mm 핀 바이스를 사용해서 앞, 뒤 (▶) 부분을 베이스까지 관통해 뚫어준다.

발바닥 가운데 위치에는 서보 커넥터 통과용 구멍도 만든다. 발 앞쪽 구멍(▶)에는 글루건으로 너트를 고정해 볼트를 확실하게 조일 수 있도록 준비해두었다.

발바닥을 발 부품에 접착하고 베이스 안쪽에서 M3 볼트로 조여주면 정확하게 고정할 수 있게 된다. 물론 필요하면 분리도 가능.

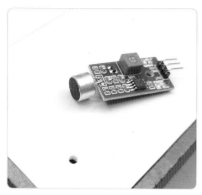

사운드 센서를 설치할 위치를 선정해서 3mm의 구멍을 뚫어준다.

마이크의 지름에 맞춰 리머를 이용해 구멍을 넓힌다. 마이크는 90˚ 구부려준다.

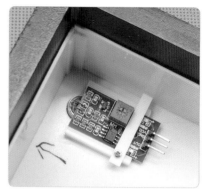

사운드 센서는 유지보수를 고려해서 탈부착이 가능하도록 제작. 프라빔으로 가이드를 만들고 나사로 고정한다.

간단하게 바닥면을 꾸미기 위해 잔디 시트(종이, 4,000원)와 실내 조경용 안개꽃 조화(2,000원)를 사용.

조화는 적당한 길이로 잘라서 준비한다.

잔디 시트는 베이스에 맞춰 자른 후 양면 테이프로 고정한다.

잔디 시트 위에 마이크, 서보 커넥터 구멍을 뚫는다.

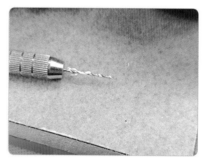

핀바이스로 조화 설치용 구멍을 뚫어둔다.

구멍에 조화를 심는다. 고정을 하려면 베이스 안쪽에서 글루건이나 접착제를 사용하면 된다.

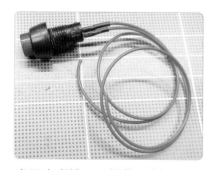

서보모터 전원용으로 사용할 푸시락 스위치에 AWG28 빨간선 두 개를 납땜 연결하고 수축튜브로 마무리한다.

베이스의 뒤쪽에 푸시락 스위치의 크기에 맞춰 구멍을 만든다.

베이스 안쪽에서 와셔와 너트로 고정.

6 기타 공작

◄베이스에 포케몬 로고와 이름을 3D 출력으로 제작.

◄FDM 프린터로 출력한 부품의 위아래 면에는 미세한 틈이 있다. 희석한 퍼티를 붓으로 칠하고 완전히 굳을 때까지 하루 정도 기다린다.

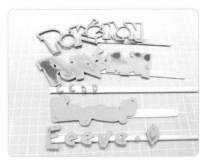

FDM 출력물의 샌딩은 300번 사포로 시작해서 600번, 마지막에는 800번 사포로 마무리한다. 미세한 틈이 다시 발견되면 퍼티-샌딩을 반복한다.

샌딩이 끝난 후 각 부품별로 페인딩. 작은 부품이 모두 분리되어 있으므로 나무젓가락이나 아이스크림 막대에 양면테이프로 고정.

부품을 접착해서 마무리. 입체감 있는 로고로 마무리되었다. 부품을 분리해서 출력하면 샌딩이나 페인팅이 편리하다.

내부구조를 보여주기 위해 머리와 몸통은 5mm 네오디뮴 자석을 사용해 쉽게 분해 조립이 가능하도록 제작.

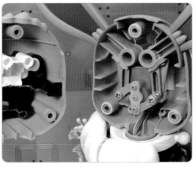

자석의 극성이 바뀌지 않도록 주의. 한쪽은 기존 부품의 구멍에 끼우고 접착. 반대편은 내경 5mm의 프라 파이프를 이용해 고정했다.

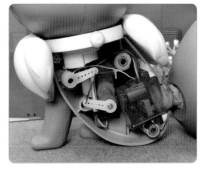

몸통도 같은 방식으로 분해, 조립이 가능하도록 제작했다. 내부의 서보모터가 어떻게 움직이는지 쉽게 볼 수 있다.

1 전원 1W LED 웜화이트, AWG30 검정선, 흰선

이번 공작에서는 외부 전원으로 6V를 사용해서 서보모터에 전원을 공급한다.

①건전지 상자의 빨간선과 스위치의 빨간선 하나를 연결한다 ②건전지 상자의 검정선과 스위치의 남은 빨간선을 2핀 커넥터에 납땜으로 연결한다 ③스위치를 누르면 전기가 통하는 회로 (전체회로를 완성하기 전까지 스위치는 OFF로 해둔다).

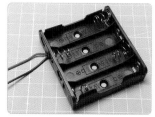

1.5V 4구 건전지 상자. AA 건전지 4개를 직렬로 연결해서 6V의 전압을 출력한다.

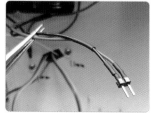

2핀 핀 헤더에 검정선 빨간선을 연결해서 전원 커넥터로 만든다. 특히 전원선은 절연을 위해 수축튜브로 마무리한다.

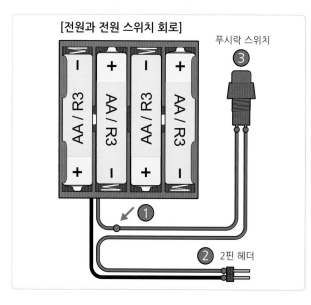

[전원과 전원 스위치 회로]

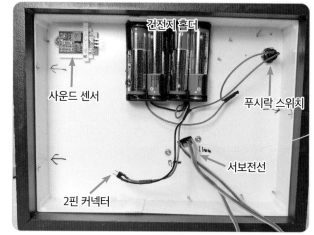

아두이노 기본 회로【03-1 기본 회로 만들기】에 전선을 추가한다(전선의 색은 자유롭게 해도 작동에는 문제가 없다).

① 빨간선 : 위+버스 -- 21a
② 검정선: 위-버스 -- 22b
③ 흰선 : 11h(D2)-20e
  AWG22 단선 또는 점퍼 와이어를 사용한다.

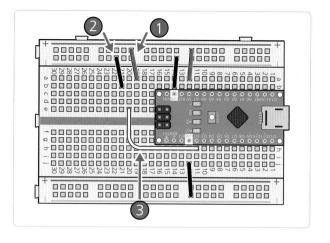

◀전선을 조립한 브레드보드를 베이스에 부착한다.

▶아래 전원버스에 전원커넥터를 전극에 맞춰 연결한다. 지금은 위치만 확인하고 회로를 완성하기 전까지는 커넥터를 빼놓아야 실수로 합선이 되는 것을 방지할 수 있다.

2 터치센서 연결 핀헤더

TTP223 터치센서의 뒷면이 터치하는 곳. 핀 헤더가 없으므로 사용자가 직접 납땜을 해야한다.

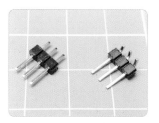

일자형 핀헤더(스트레이트 타입)의 끝을 롱노우즈 플라이어(일명 라디오 빼찌)로 잡고 'ㄱ' 형태로 구부려 준다.

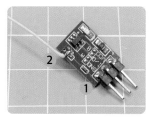

① 핀헤더를 앞에서 끼우고 뒷면을 납땜한다 ② 외부센서에 AWG30 전선을 납땜한다(이브이 오른발 전선과 연결).

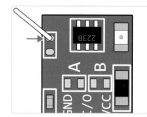

외부센서(터치센서 연장선) 부착 위치 참고.

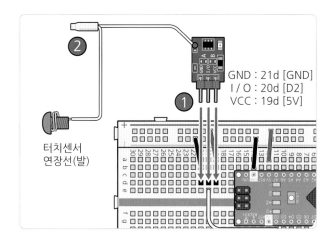

GND : 21d [GND]
I/O : 20d [D2]
VCC : 19d [5V]

터치센서
연장선(발)

① 터치센서를 브레드보드에 조립한다. I/O(신호선)은 D2핀에 연결.
② 외부센서 전선을 이브이 몸체에서 나온 흰선(연장선)과 손으로 묶기 ([11-2 전선 다루기] 참조) 해준다(몸체를 베이스에서 분리할 때 두 전선을 쉽게 풀기 위해 납땜을 하지 않는다).

◀핀헤더를 구부리고 납땜했으므로 왼쪽 그림과 같이 터치센서가 세워진 상태로 조립된다.

3 사운드센서 연결 AWG28 적, 흑, 보라, 핀 헤더, M-F 점퍼 와이어 10cm

3핀 소켓   변형 3핀

빨간선
검정선
보라선

사운드센서와 보드를 연결하기 위해 3핀 소켓과 변형 3핀을 빨간선, 검정선, 보라선으로 연결한다.

커넥터를 완성한 상태. 전선의 가운데를 수축튜브로 감싸주면 전선을 깔끔하게 정리할 수 있다.

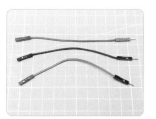

커넥터를 직접 만들지 않고 점퍼 와이어 M-F 10cm을 사용할 수 있다.

사운드센서와 브레드보드를 연결한 상태.

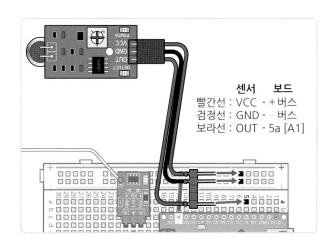

센서   보드
빨간선 : VCC - +버스
검정선 : GND - -버스
보라선 : OUT - 5a [A1]

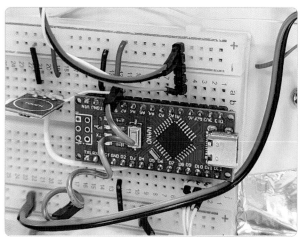

3핀 커넥터를 보드에 조립한 상태. 변형 3핀을 사용하면 전원과 핀을 하나의 커넥터로 연결할 수 있다.

4 서보모터 전선 연결 AWG28 적, 흑, 황, 핀 헤더, M-M 점퍼 와이어 10cm

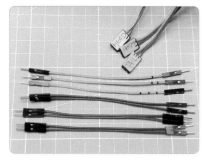

서보 세 개에는 전원선과 신호선을 보드와 연결해주어야 한다. 점퍼 와이어 M-M 10cm으로 노란선, 빨간선 갈색선을 세 개씩 준비한다. 노란 신호선에는 구분을 위해 유성펜으로 1, 2, 3을 점으로 표시해 둔다.

노란 신호선 1번은 D9, 2번은 D10, 3번은 D11에 연결하고 전원용 점퍼는 아래 전원 버스에 빨간선은 +, 갈색선은 -에 각각 연결한다.

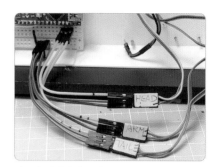

서보의 커넥터에는 이름을 붙여놓고 있다. 머리(HEAD)는 1, 앞발(ARM)은 2, 꼬리(Tail)는 3으로 표시. 점퍼 와이어의 신호선과 전원선을 번호에 맞춰 연결한다.

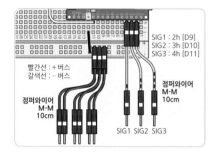

빨간선 : + 버스
갈색선 : - 버스

점퍼와이어
M-M
10cm

SIG1 : 2h [D9]
SIG2 : 3h [D10]
SIG3 : 4h [D11]

점퍼와이어
M-M
10cm

SIG1 SIG2 SIG3

◀ 아두이노의 PWM핀인 9, 10, 11에 연결한다.

▶ 전선을 연결한 후 바깥으로 튀어나오지 않도록 테이프를 붙여 정리해둔다.

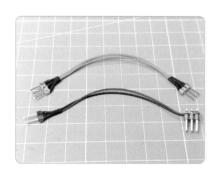

점퍼 와이어 대신 직접 연결 전선을 만들어 사용할 수 있다. 노란색 3핀 헤더 두 개에 번호를 넣고 노란선을 납땜, 신호선으로 사용한다.

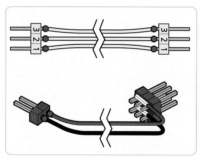

빨간색 3핀 헤더는 세 개의 단자를 모두 연결하고 빨간선 하나를, 검정색 3핀 헤더도 모두 연결하고 검정선 하나를 연결한다. 전선의 반대편은 빨간색 2핀 헤더에 연결해준다.

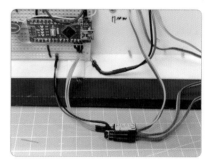

전선 작업이 번거로울 수 있지만 점퍼 와이어를 사용하는 것보다 전선을 깔끔하게 정리할 수 있다.

TIP 다수의 서보모터 사용

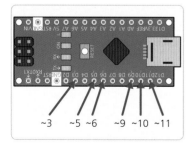

~3 ~5 ~6 ~9 ~10 ~11

9, 10, 11은 붙어있고, 3, 5, 6은 떨어져 있으므로 연결 부분을 잘 확인해야 한다.

서보모터는 아두이노의 PWM핀에 연결해야 사용할 수 있다. 아두이노 나노에는 6개의 PWM핀이 있다. 만약 이보다 많은 수의 서보모터를 사용 하고 싶다면
① 아두이노 메가를 사용한다. 15개의 PWM핀이 있다. 부피가 크지만 많은 수의 서모 보터를 사용할 수 있다.
② PWM 서보실드(Servo Shield)라는 부품을 사용한다. 아두이노에는 4개의 핀으로 연결하며(I2C 방식) 총 16개의 서보를 동시에 사용할 수 있다. 전용 라이브러리를 설치해야 한다. 서보모터를 많이 사용하는 4족 보행로봇을 만들 때 사용한다.

PCA9685 PWM 서보실드. 가격은 국내외 구매 편차가 심하다. 국내에서는 6,000원~

5 전체회로

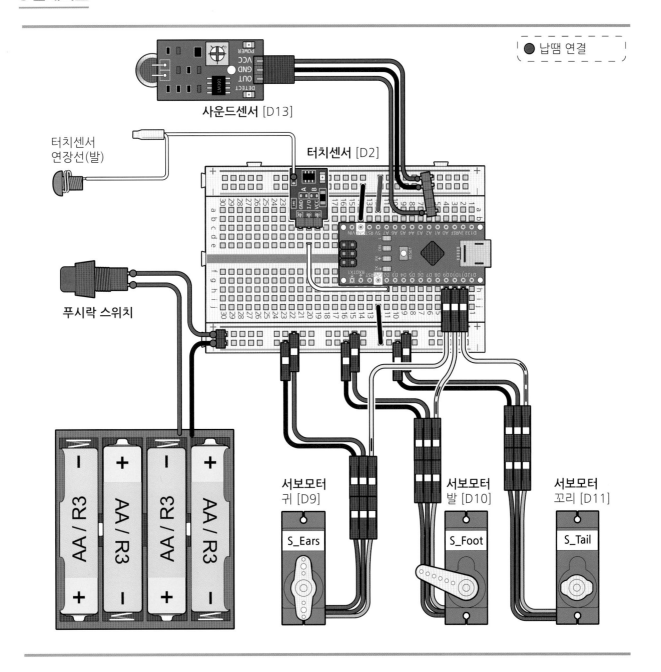

사운드센서 [D13]

터치센서
연장선(발)

터치센서 [D2]

푸시락 스위치

AA / R3
AA / R3
AA / R3
AA / R3

서보모터
귀 [D9]

S_Ears

서보모터
발 [D10]

S_Foot

서보모터
꼬리 [D11]

S_Tail

※ 서보전원선은 연결위치를 보여주기 위해 조립과정과 다른 곳에 연결되어 있다. 작동은 동일하다.

사용부분	핀	전선	사용부품	기타
오른발(센서)	D2	흰선	TTP223 터치센서	
마이크(센서)	D13	보라선	LM393 사운드센서	
귀(모터)	~9	노란선	SG90 서보모터	
오른발(모터)	~10	노란선	SG90 서보모터	
꼬리(모터)	~11	노란선	SG90 서보모터	
모터 전원 스위치		빨간선	푸시락 스위치	

이번 공작의 프로그램은 인터랙티브. 우리가 신호(소리, 터치)를 넣어주면 모형이 움직인다. 서보모터를 사용하는 코드도 잘 살펴보자. 프로그램 A와 B는 동일한 작동을 한다. 대신 프로그램 B는 응용for문을 사용해서 코드를 간략하게 쓰면서도 쉽게 바꾸는 방법을 설명하고 있다.

> for문은 블록에 속한 동작을 반복 실행할 때 사용한다. 이 책에서는 for문을 다시 for문으로 반복하는 이중 for문을 사용하는데 이것을 "응용 for문"이라고 이름 붙였다.

[프로그램 A, B 코드 진행]

① 전원을 켜면 사운드센서가 대기 상태가 된다.
② 사운드센서에 소리가 감지되면 꼬리를 세 번 흔들고 앞발을 든다.
③ 발바닥에 설치한 터치센서가 감지되기를 기다린다.
④ 터치가 감지되면 귀를 세 번 움직인 후 앞발을 내리고 사운드 대기상태로 돌아간다.

1 프로그램-A의 코드와 해설

```
1    // Written By C.J.ParkEVEE v 1.0 230111
2    #include <Servo.h>
3    #define TOUCH 2
4    #define MIC A1
5
6    Servo ServoEars;        //Down: 90; Up: 140
7    Servo ServoLeg;         //Down: 40; Up: 120;
8    Servo ServoTail;        //Left: 60; Right: 120
9
10   void setup(){
11       pinMode(MIC, INPUT);
12       pinMode(TOUCH, INPUT);
13       ServoEars.attach(9);
14       ServoLeg.attach(10);
15       ServoTail.attach(11);
16
17       ServoEars.write(90);
18       ServoLeg.write(40);
19       ServoTail.write(120);
20   }
21
22   void loop(){
23       if(digitalRead(MIC)== HIGH){
24         delay(500);
25
26         //Tail
27         for(int i = 120; i >= 60; i--){
28           ServoTail.write(i);
29           delay(2);
30         }
31         for(int i = 60; i <= 120; i++){
32           ServoTail.write(i);
33           delay(2);
34         }
35
36         for(int i = 120; i >= 60; i--){
37           ServoTail.write(i);
38           delay(2);
39         }
40         for(int i = 60; i <= 120; i++){
41           ServoTail.write(i);
42           delay(2);
43         }
```

【전처리영역】
서보모터 라이브러리를 추가하고 서보모터 이름을 설정.

【셋업영역】
핀모드 설정과 서보모터의 핀과 초기 각도를 설정.

【루프영역】
사운드센서 감지

꼬리 작동을 위해 두 가지 각도를 반복 사용

> 꼬리 움직이기 코드 세트 1

> 꼬리 움직이기 코드 세트 2

Contact
Naver Blog : Kyoji

CLIP
2-3 EEVEE

코드다운로드
Kyoji: 네이버블로그
https://blog.naver.com/ballak

작동영상
Youtube.com/Kyojipark

```
44
45        for(int i = 120; i >= 60; i--){
46            ServoTail.write(i);
47            delay(2);
48        }
49        for(int i = 60; i <= 120; i++){
50            ServoTail.write(i);
51            delay(2);
52        }
53
```

꼬리 움직이기
코드 세트 3

```
54    //Foreleg Up
55        for(int i = 40; i <= 120; i++){
56            ServoLeg.write(i);
57            delay(15);
58        }
59
```

앞다리 들기

```
60    //Waiting For Touch
61        while(digitalRead(TOUCH)== LOW){
62        }
63
```

터치센서 감지

```
64        //Ear moving
65        for(int i = 90; i <= 140; i++){
66            ServoEars.write(i);
67            delay(3);
68        }
69        for(int i = 140; i >= 90; i--){
70            ServoEars.write(i);
71            delay(3);
72        }
73
```

귀 작동을 위해 두 가지 각도를 반복 사용

귀 움직이기
코드 세트 1

```
74        for(int i = 90; i <= 140; i++){
75            ServoEars.write(i);
76            delay(3);
77        }
78        for(int i = 140; i >= 90; i--){
79            ServoEars.write(i);
80            delay(3);
81        }
82
```

귀 움직이기
코드 세트 2

```
83        for(int i = 90; i <= 140; i++){
84            ServoEars.write(i);
85            delay(3);
86        }
87        for(int i = 140; i >= 90; i--){
88            ServoEars.write(i);
89            delay(3);
90        }
91
```

귀 움직이기
코드 세트 3

```
92        //Foreleg Down
93        delay(600);
94        for(int i = 120; i > 40; i--){
95            ServoLeg.write(i);
96            delay(10);
97        }
98    }
99  }
```

앞다리 내리기

【 2 】 `#include <Servo.h>`

해쉬   소문자   한칸 띄기   라이브러리 이름

서보모터를 사용하기 위해 전용 명령어 모음인 라이브러리를 #include(인클루드)로 추가한다. 라이브러리 이름은 대소문자를 정확히 해서 꺾쇠 < >안에 쓴다.

라이브러리

서보모터는 아두이노의 기본 함수만으로 명령을 하기에는 코드가 너무 복잡해진다. 이때 다른 사람이 만들어 놓은 프로그램을 사용하면 편리하다. 이와 같이 어떤 장치를 편리하게 사용하도록 만든 프로그램을 라이브러리(Library)라고 한다. 해당하는 라이브러리는 전용 명령어를 사용해야 한다.
일반적으로 라이브러리는 사용자가 직접 다운로드받아 설치해야 사용할 수 있다.

TIP 라이브러리 확인하기

아두이노에 자주 사용하는 장치용 라이브러리 중 일부는 IDE를 설치할 때 함께 저장되므로 따로 설치할 필요가 없다. 어떤 라이브러리가 설치되어있는지 확인하려면 예제(Example)를 찾아보면 된다.

파일(File)-예제(Example)를 열어보면 스케치에서 사용할 수 있는 다양한 예제들이 있다.
두번째 구역 Examples for Arduino Nano를 살펴보면 Servo 예제가 보인다. 이것은 서보 라이브러리가 이미 설치되어 있다는 의미. Knob(노브)는 가변저항을 돌려 서보의 각도를 조절하는 코드, Sweep(스윕)은 정해진 각도를 자동으로 왕복하는 코드.
만약 예제가 없다면 관련된 라이브러리를 따로 설치해야 한다.
(라이브러리 설치 방법은 [07 R2D2 & C3PO] 참조)

【 3 】 `#define TOUCH 2`
【 4 】 `#define MIC A1`

【3】 2번 핀에 연결한 터치 센서는 TOUCH라는 이름으로 지정한다.
【4】 A1핀에 연결한 사운드센서는 MIC라는 이름으로 지정한다.
A로 시작하는 핀은 아날로그 입력으로 사용하지만 필요하다면 디지털 입출력으로 사용할 수 있다. 이번에는 A1을 디지털 입력으로 사용하므로 [11]핀모드에서 INPUT으로 설정한다.

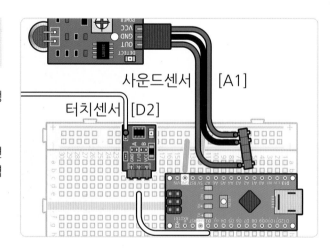

사운드센서 [A1]
터치센서 [D2]

【 6 】 `Servo ServoEars;`   //Down: 90; Up: 140

Servo 서보이름;
서보선언   세미콜론

Servo는 서보 전용 명령어로서 "서보선언"이라고 하며, 서보모터의 이름을 만든다. 여기에서는 장치 이름(servo)과 장치 부분(Ears)으로 이름을 만들었다. 이름은 사용자가 원하는 대로 만들 수 있다(예 : SMEars 또는 Servo01 또는 EarServo 등등).

//주석에는 작동 범위와 관련한 각도를 표시. 각도는 설치 방법, 방향에 따라 다르므로 직접 테스트하여 각도를 작성한다.

```
【 11 】 pinMode(MIC, INPUT);
【 12 】 pinMode(TOUCH, INPUT);
```

이번 공작에서 사용하는 사운드 센서(MIC)와 터치 센서(TOUCH) 는 디지털(HIGH 또는 LOW) 입
력으로 사용하므로 핀모드를 입력(INPUT)으로 설정한다.

```
【 13 】 ServoEars.attach(9);
```

.attach(값) 명령은 서보 전용 명령어로, 【6】에서 지정한 이름의 서보모터가 어느 핀
(값)에 연결되었는지 설정한다.
이 명령은 ServoEars 서보가 9번 핀에 연결되어 있다는 의미.

```
【 17 】 ServoEars.write(90);
```

.write(값) 명령은 서보 전용 명령어로, 값에 따라 서보모터의 각도를 설정한다.
아두이노에 전원을 연결했을 때 가장 처음 위치하는 값을 입력. 이것을 초기값이라고
한다.

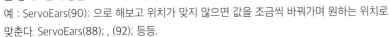

TIP 서보모터 초기값 찾기

서보모터의 종류나 서보혼을 끼울 때의 각도 등에 따라 초기값은 조금씩 달라진다. 이번 공
작에서는 서보테스터의 중심각도(Neutral) 상태에서 가운데가 되도록 서보혼을 끼웠다.
하지만 서보에 따라 다를 수 있으므로 모형에 아두이노를 연결한 상태에서 중심이 되는 값
을 넣어보면서 중심이 되도록 조절해야 한다.
예 : ServoEars(90); 으로 해보고 위치가 맞지 않으면 값을 조금씩 바꿔가며 원하는 위치로
맞춘다. ServoEars(88); , (92); 등등.
초기값을 바꾼 후에는 나머지 코드의 ServoEars와 관련된 작동값도 그에 맞춰 변경해준다.
ServoEars는 물론이고 ServoLeg, ServoTail도 초기값을 맞추는 과정이 필요하다.

```
【 23 】 if(digitalRead(MIC)== HIGH){
```

if 조건문(줄여서 if문)이라고 한다. 사운드센서(MIC)의 상태는 HIGH 또는 LOW의 값을 가진다.
이 값으로 실행 블록의 실행 여부를 판단한다.
① MIC에 소리가 입력되지 않으면 (LOW) 값이 출력되므로 조건은 LOW == HIGH, 이것은 거짓
(false)이므로 if문의 블록(【22】~【99】)을 실행하지 않는다. 즉 아무 일도 일어나지 않는다(이번 프
로그램에서는 소리가 입력되지 않으면 아무런 일도 일어나지 않는다).
② MIC에 소리가 입력되면 (HIGH) 값이 출력되므로 HIGH == HIGH. 이것은 참(true)이 되어 if문
의 블록을 실행한다.

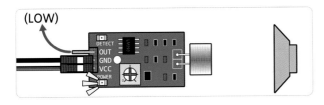

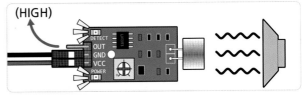

【 24 】 `delay(500);`

소리를 감지하고 0.5초 대기. 괄호( ) 안의 값을 바꾸면 반응속도를 더 빨리 또는 더 느리게 할 수 있다.
만약 소리감지 후 바로 작동하고 싶다면 딜레이 앞에 //를 넣어 주석으로 처리하면 된다.
`// delay(500);`
사용하고 싶을 때는 //를 지워주면 된다.

【 26 】 `//Tail`

꼬리를 오른쪽(120, 초기상태), 왼쪽(60)으로 세 번 움직이는 코드.
①【27】~【34】 120˚→60˚, 60˚→120˚으로 작동하는 코드 세트
②【36】~【43】 동일한 작동을 하는 코드 세트
③【45】~【52】 동일한 작동을 하는 코드 세트
총 세 번 반복한다.
코드 세트를 복사, 붙여넣기 하면 반복 동작을 늘릴 수 있다. 또는 코드 세트를 빼면 반복 운동을 줄일 수도 있다.

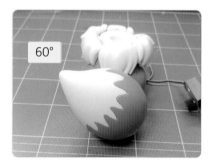
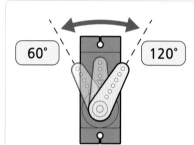
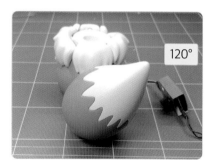

초기상태 = 120˚

【 27 】 `for(int i = 120; i >= 60; i--){`

꼬리를 왼쪽(60)으로 움직이기.
초기값 i=120은 【19】에서 꼬리의 초기 각도로 설정.
조건은 꼬리의 최소값(가장 왼쪽)인 60이 될 때까지, 계산은 1씩 빼간다.

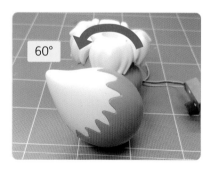
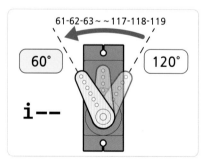

◀120˚에서 60˚까지 1˚씩 움직인다.

【 28 】 `ServoTail.write(i);`

서보 각도 설정용 함수. for문에서 변화되는 i값을 넣어 서보모터의 각도를 바꾼다.

```
【 29 】 delay(2);
```

각도를 한 단계 실행할 때마다 대기하는 시간. 괄호( ) 안의 값을 조절하면 꼬리가 움직이는 속도를 조절할 수 있다. 숫자를 낮추면 빨라지고, 숫자를 높이면 느리게 움직인다. delay의 값을 일괄적으로 바꾸고 싶다면 변수로 설정하고 전처리 부분에서 바꿀 수도 있다([05 배트모빌] 74P "TIP 시간바꾸기"를 참조).

```
【 31 】 for(int i = 60; i <= 120; i++){
```

꼬리를 오른쪽(120)으로 움직이기.
초기값 60에 i의 값을 1씩 더해서 120 까지 작동.
【27】의 for문과 반대 구조.

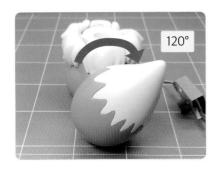

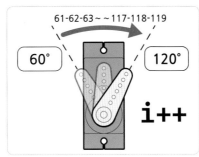

◀60˚에서 120˚까지 1˚씩 움직인다.

```
【 55 】 for(int i = 40; i <= 120; i++){
【 56 】 ServoLeg.write(i);
```

오른발 올리기(120).
서보(ServoLeg)의 각도를 내린 상태(40)에서 올린 상태(120)까지 1씩 증가한다.
for문의 변화된 i값으로 오른발(ServoLeg)의 각도를 바꾼다.

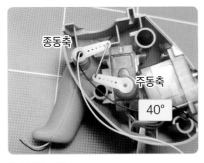

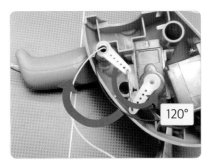

초기상태 = 40˚

[작동기구]
서보에 연결된 주동축 서보혼이 아래방향으로 내려가면(각도는 커진다) 링크와 연결된 종동축 서보혼이 내려가고 종동축에 연결된 다리는 위로 올라가게 된다.

```
【 57 】 delay(15);
```

딜레이 괄호( ) 안의 값을 바꾸면 오른발(servoLeg)을 올리는 속도를 조절할 수 있다. 숫자가 낮아지면 빠르게, 높아지면 느리게 작동한다.

```
【 61 】 while(digitalRead(TOUCH)== LOW){
【 62 】}
```

while 조건문은 해당하는 조건이 참(true)이면 블록에 갇혀있게 된다.

① 오른발에 있는 터치센서는 아무런 접촉이 없으므로 LOW 상태.
② LOW == LOW이므로 이 조건은 참(true).
③ 실행블록에는 명령이 없으므로 아무 것도 안하는 상태로 대기 상태가 된다.
④ 센서에 터치를 하면 HIGH를 출력
⑤ HIGH == LOW이므로 이 조건은 거짓.
⑥ 조건이 거짓이면 실행블록을 빠져나와 다음 명령(【65】)으로 넘어간다.

즉, 발바닥의 센서에 터치를 하지 않으면 아무런 작동을 하지 않는다.

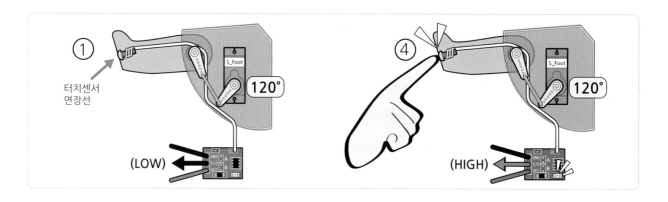

```
【 65 】 //Ear moving
```

귀를 올리고(140) 내리는(90, 초기상태) 것을 세 번 반복하는 코드.
①【65】~【72】 90˚→140˚, 140˚→90˚으로 작동하는 코드 세트
②【74】~【81】 동일한 작동을 하는 코드 세트
③【83】~【90】 동일한 작동을 하는 코드 세트
총 세 번 반복한다.
코드 세트를 복사, 붙여넣기 하면 반복 동작을 늘릴 수 있다. 또는 코드 세트를 빼면 반복 운동을
줄일 수도 있다.

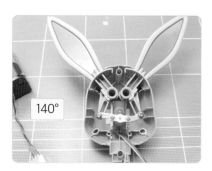

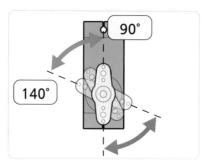

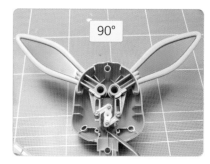

초기상태 = 90˚

```
【65】 for(int i = 90; i <= 140; i++){
```

귀 올리기(140). 초기값 I의 90은【17】에서 귀(ServoEars)의 초기 각도로 설정. 조건은 귀의 최대
값인 140이 될 때까지, 계산은 1씩 더해간다.

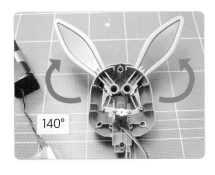
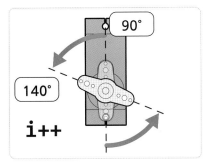

```
【69】 for(int i = 140; i >= 90; i--){
```

귀 내리기(90). 140까지 이동한 i의 값을 1씩 빼서 90까지 작동.【65】의 for문과 반대 구조.

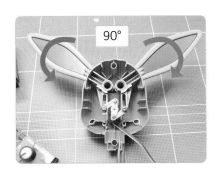
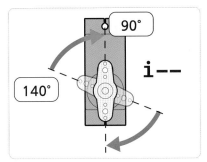

```
【94】 for(int i = 120; i > 40; i--){
```

오른발 내리기(40). 서보(servoLeg)의 각도를 올린 상태(120)에서 내린 상태(40)까지 1씩 감소
한다.

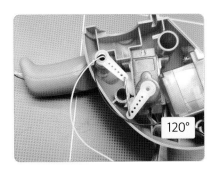
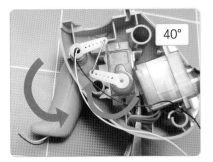

[작동기구]
주동축 서보혼이 올라가면 종동축 서보혼을 밀어올리고
서보혼과 연결된 다리가 내려간다.

2 프로그램 B의 코드와 해설

프로그램 B는 프로그램 A와 동일한 작동을 하는데, 반복 작동을 보다 쉽고 간결하게 만드는 방법을 사용한다. 두 프로그램의 구조를 보면 아래와 같다.

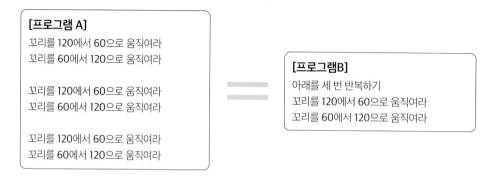

[프로그램 A]
꼬리를 120에서 60으로 움직여라
꼬리를 60에서 120으로 움직여라

꼬리를 120에서 60으로 움직여라
꼬리를 60에서 120으로 움직여라

꼬리를 120에서 60으로 움직여라
꼬리를 60에서 120으로 움직여라

[프로그램B]
아래를 세 번 반복하기
꼬리를 120에서 60으로 움직여라
꼬리를 60에서 120으로 움직여라

두 코드는 완전히 동일한 작동을 한다. 확실히 프로그램 B가 쉬워 보인다. "세 번 반복하기"는 응용 for문을 사용해서 만들 수 있다. for문에 for문이 겹치므로 약간 어려울 수 있지만 잘 배워둔다면 꽤 유용하게 사용할 수 있으므로 차근차근 익혀보도록 하자.

※명령줄【1】~【25】까지 A와 B는 동일하므로 생략했다.

```26   //Tail```
```27   for(int j = 0; j < 3; j++){```
```28   for(int i = 120; i >= 60; i--)```
```29   ServoTail.write(i);```
```30   delay(2);```
```31   }```
```32   for(int i = 60; i <= 120; i++){```
```33   ServoTail.write(i);```
```34   delay(2);```
```35   }```
```36   }```
```37```
	for 반복문을 사용해서 꼬리 작동코드를 세 번 반복한다.

```38   //ForeForelegUp```
```39   for(int i = 40; i <= 120; i++){```
```40   ServoLeg.write(i);```
```41   delay(15);```
```42   }```
```43```
	앞다리 들기(A와 동일)

```44   //Waiting For TOUCH```
```45   while(digitalRead(TOUCH)== LOW){```
```46   }```
```47```
	터치센서 감지(A와 동일)

```48   //Ear moving```
```49   for(int j = 0; j < 3; j++){```
```50   for(int i = 90; i <= 140; i++){```
```51   ServoEars.write(i);```
```52   delay(3);```
```53   }```
```54   for(int i = 140; i >= 90; i--){```
```55   ServoEars.write(i);```
```56   delay(3);```
```57   }```
```58   }```
```59```
	for 반복문을 사용해서 귀 작동코드를 세 번 반복한다.

```
60        //ForeForelegDown                              앞다리 내리기(A와 동일)
61        delay(600);
62        for(int i = 120; i > 40; i--){
63          ServoLeg.write(i);
64          delay(10);
65          }
66        }
67  }
```

```
【 27 】      for(int j = 0; j < 3; j++){
【 28 】        for(int i = 120; i >= 60; i--){
【 29 】          ServoTail.write(i);
【 30 】          delay(2);
【 31 】        }
【 32 】        for(int i = 60; i <= 120; i++){
【 33 】          ServoTail.write(i);
【 34 】          delay(2);
【 35 】        }
【 36 】      }
```

【27】 for문을 시작하고 변수로 j를 만든다. 초기값은 0, 조건은 3이하, 계산은 1씩 더하기로 설정한다(변수명을 j로 한 것은 for문 블록 안에 또 다른 for문에서 변수 i를 사용하므로 혼동을 피하기 위한 것).

【27】 for문을 실행하면 j=0이므로 조건 0<3에 부합. 【27】 for문 안의 블록 【28】~【35】를 실행.
【28】~【31】 for문 : 서보의 값을 120에서 60까지 1도씩 내린다.
【32】~【35】 for문 : 서보의 값을 60에서 120까지 1도씩 올린다.

【27】 for문으로 돌아와 계산. 0+1=1이므로 조건 1<3에 부합. 블록 【28】~【35】를 실행.
【28】~【31】 for문 : 서보의 값을 120에서 60까지 1도씩 내린다.
【32】~【35】 for문 : 서보의 값을 60에서 120까지 1도씩 올린다.

【27】 for문으로 돌아와 계산. 1+1= 2이므로 조건 2<3에 부합. 블록 【28】~【35】를 실행.
【28】~【31】 for문 : 서보의 값을 120에서 60까지 1도씩 내린다.
【32】~【35】 for문 : 서보의 값을 60에서 120까지 1도씩 올린다.

【27】 for문으로 돌아와 계산. 2+1=3이므로 조건 3<3 (뭔가 이상하다!) 3이 3보다 작다는 거짓. 그러므로 【27】 for문의 블록(【28】~【35】)은 무시하고 다음 코드인 【37】로 넘어간다.

```
[27]  for(int j = 0 ; j < 3 ; j++ )
                         ↑
                       반복횟수
```

코드를 보면 같은 것을 세 번 반복하고 있다. 즉 반복하는 횟수의 조절은 【27】 for문의 조건값을 바꾸는 것으로 할 수 있다.

```
【 49 】  for(int j = 0; j < 3; j++){
```

for 반복문을 응용한 것으로 【27】과 동일하다.

원래 for문은 반복문을 의미한다. 이 책에서는 기본적으로 사용하는 for문과 달리 중복의 for문으로 동일한 작동을 반복하는 데 사용하므로 "응용 for문"이라고 지칭한다.

07 R2D2 & C3PO: LED와 서보모터 동시 작동

07-1 작품소개 : 프로그램으로 반짝이고 움직이는 디오라마

제품명 : 1/12 R2D2 / 1/12 C3PO

제조사 : BANDAI
제작/글 : D&A 공작실 박성윤
프로그램 : D&A 공작실 박철종

20세기 가장 유명한 스페이스 오페라로 일컬어지는 스타워즈. 다양한 영화와 소설, 코믹, 애니메이션 그리고 게임까지 모든 장르에 걸쳐 수많은 이야기를 가지고 있는만큼 수많은 외계인과 드로이드가 등장한다. 그 중에서도 R2D2와 C3PO 콤비가 주인공이라 해도 이상하지 않을 정도로 인상이 깊다. 이번에 제작한 모형은 1980년에 개봉한 에피소드 5 제국의 역습(The Empire Strikes Back)에서 나오는 장면이다. 영화 종반부에 "클라우드 시티"를 탈출하는 밀레니엄 팰컨의 선실에서 사지가 절단된(하지만 여전히 말이 많은) C3PO를 R2D2가 수리해주는 장면이다. 화물실을 제작하고 영화마다 매번 등장하는 정비실(혹시 모르시는 분들에게 힌트를 주자면 바닥에 있다)을 재현. 이번 공작은 LED와 서보모터를 사용해서 움직이는 장면을 연출했다. 프로그램에서는 스위치를 사용해 두 가지의 작동을 하는 방법을 알아보도록 한다.

CLIP

2-4 R2D2 & C3PO

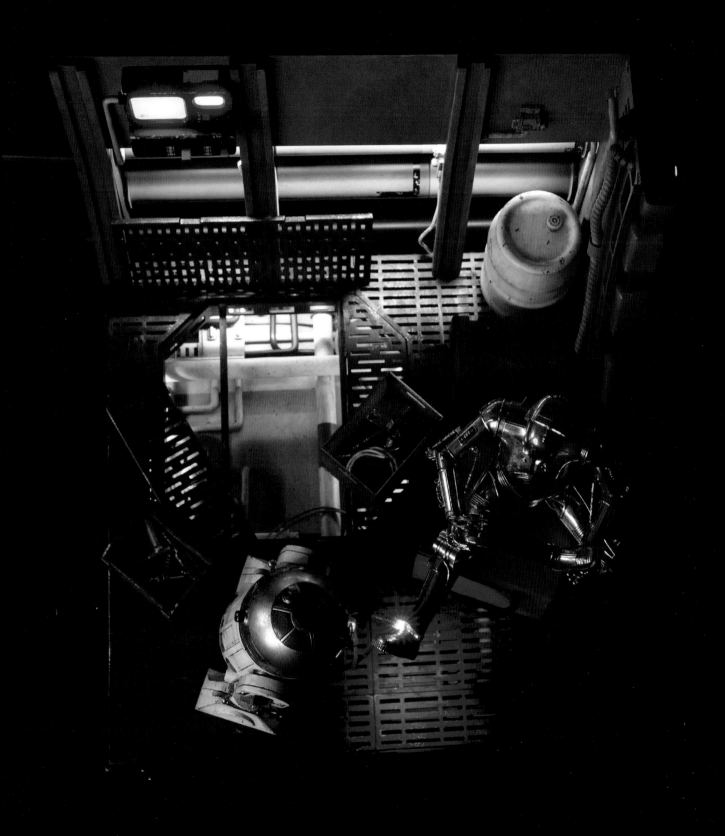

밀레니엄 팰컨은 오래된 우주선이다 보니 자주 고장나고, 그것이 클리셰가 되어 영화
시리즈마다 매번 수리를 위해 정비실에 들어가는 모습을 보이고 있다. 정비실 주변에는
각종 수리 장비를 정크 부품으로 제작.

R2D2는 세 개의 LED를 설치한 머리가 회전하고 몸통을 앞뒤로 기울이는 작동을 한다. PSI는 빨간색, 파란색으로 변한다.

3PO는 눈 LED와 몸통을 회전한다. 아직 수리되지 않는 다리를 들고 몸을 흔드는 것은 안타까운 마음보다는 코믹한 느낌이다.

전원 스위치는 벽의 위쪽에 설치. 전원을 넣으면 LED가 켜진다.

액션코드가 시작하면 벽면의 모니터 LED가 켜진다.

C3PO의 서보는 박스 안에 설치. 프라파이프로 서보회전축과 몸통을 연결해 좌우 회전을 한다. 유지, 보수에 대비해 박스는 분리할 수 있다.

R2D2의 몸통을 앞뒤로 움직이는 서보는 베이스에 설치. 링크로 밀고 당겨 작동한다.

1 작동코드 계획

이번 장에서는 아두이노를 사용하여 LED와 서보모터를 순차로 작동하여 움직이는 디오라마를 제작한다. 지금까지 알아봤던 코드(analogWrite, digitalWrite, Servo.Write)를 활용해 R2D2와 C3PO의 LED를 깜빡이고 움직이는 장면을 재현한다. 그리고 버튼 스위치와 if문을 사용해 하나의 모형이 두 가지의 작동을 선택하는 방법도 알아본다.

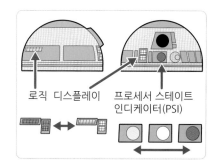

로직 디스플레이   프로세서 스테이트 인디케이터(PSI)

[작동 계획과 주요 코드]
R2D2의 머리가 회전(Servo.write), LED 깜빡이기(analogWrite, digitalWrite).
선택 스위치를 누르면 R2D2가 용접 액션을 한다(digitalRead, Servo.write).

2 주요부품

기본부품
☐ 아두이노 나노 1개
☐ USB 커넥터
☐ 브레드보드 하프 1개

입력부품
☐ 푸시락 버튼스위치 1개

출력부품
☐ 9g 서보모터 2개
☐ 3.7g 서보모터 1개
☐ 1608 LED 파란색 1개
☐ 2012 LED 흰색 3개
☐ 3mm 2색 LED (빨,파)1개
☐ 3mm 일반 LED 노란색 2개
☐ 3mm 확산형 LED 파란색 1개
☐ 5mm 확산형 LED 파란색 1개

전자부품
☐ 납땜용 도구
☐ 연선 AWG30 전선 적, 흑, 백, 황, 청, 보라, 주황, 회색
☐ 단선 AWG32
☐ 에나멜선 AWG32
☐ AA건전지 4구 홀더 1개
☐ 2.54 피치 핀헤더, 소켓
☐ 2.0 피치 핀헤더, 소켓

☐ 점퍼 와이어 10cm
☐ 저항 Ω
☐ COB 1W LED바 5개
☐ 로커 스위치 1개
☐ 슬라이드 스위치 2개
☐ 저항 R2, C3용 150Ω×2, 100Ω×3, 베이스용 220Ω×1, 100Ω×1, 26Ω×3

파란색+
빨간색+
공통 -

[3mm 2색 LED(Bi Color LED)]
하나의 LED 렌즈 안에 두 개의 광원소자를 가진 LED. 이번 공작에서는 R2D2의 PSI 컬러를 재현하기 위해 3mm 적-청 LED를 사용한다. 오른쪽 LED는 가장 긴 가운데 전극을 공통 -로 사용하는 커먼 캐소드(Common Cathod) 타입. 다음으로 긴 전극이 빨간색 +, 가장 짧은 전극이 파란색 +극이다. 2색 LED 혹은 바이컬러 LED로 검색한다. 100원 정도.

9g서보

3.7g서보

[서보모터]
R2D2의 머리를 회전하기 위해 몸통에 서보모터를 설치해야 하는데 몸통의 공간이 좁아서 9g 서보를 넣을 수가 없다. 여기에는 작은 크기에도 어느 정도 힘을 내주는 3.7g 서보모터를 사용한다. 국내에서는 판매처를 찾기 쉽지 않아 해외 쇼핑몰을 이용해야 한다. 가격도 9g 서보에 비해 2~3배 가량 비싸다. 4,000원 정도.

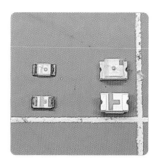

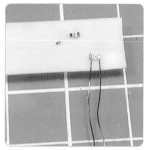

[SMD LED]
전극이 칩에 붙어있는 매우 작은 크기의 LED. 작은 것은 1608(1.6mm×0.8mm), 큰 것은 2012(2mm×1.2mm) LED라고 부른다. 이번 공작에서는 R2D2의 머리와 스파크 효과용으로 사용한다.
뒷면에는 전류가 흐르는 방향을 표시하고 있다. + ├ - 로 전극을 연결한다. 전선을 납땜할 때 크기가 작아 집게로 고정하기 어렵다. 이때 양면테이프를 책상에 붙이고 그 위에 SMD LED를 임시고정하면 편리하다.

1 C3PO 3mm LED 노란색 × 2, AWG30 흑, 황, 9g 서보모터 1개

C3PO는 떨어진 왼쪽 다리를 들고 앉아 있고 눈에 불이 들어온다. 9g 서보는 몸체에는 넣을 공간이 없으므로 3PO가 앉아 있는 박스 내부에 설치하고 둥근 프라빔을 연결해서 상체 회전을 한다.

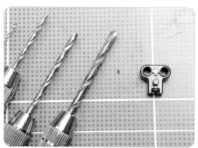

C3PO의 내부 부품(검정색)에 3mm 구멍을 만든다. 중심을 잘 맞춰 핀바이스 1mm부터 뚫고 구멍을 차근차근 넓혀 나간다.

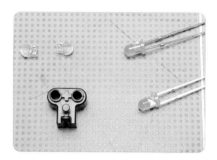

적당히 밝은 정도면 충분하므로 일반 3mm LED 노란색을 사용했다. 고휘도 LED를 사용한다면 저항값을 높여 밝기를 낮춰주는 것을 추천.

두 개의 LED 전극을 같은 방향으로 하여 뒤쪽에서 끼운다. 그림에서는 -극이 위쪽, +극이 아래쪽.

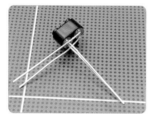

한쪽 LED의 전극 두 개를 반대쪽 전극과 맞닿도록 꺾어준다.

전극의 끝부분을 납땜한다. 페이스트를 조금 바르면 빠른 시간에 마무리할 수 있다.

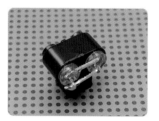

남은 전극은 잘라낸다. 잘라낸 전극을 보관하면 SMD LED를 병렬연결할 때 유용하다.

+극에는 AWG 30 노란선, -극에는 검정선을 납땜한다.

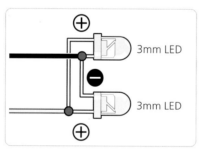

참고용 회로. 두 개의 3mm LED는 병렬로 연결되어 있다.

얼굴에 눈 부품을 조립. 전선은 머리 뒤 부품에 구멍을 뚫어(▶) 통과하고 목 아래로 빼낸다.

골반은 박스에 고정되고 허리 부품을 회전할 예정. 골반에는 3mm 프라빔을 안정적으로 잡아주면서 잘 회전하도록 내경 3mm, 외경 8mm의 볼 베어링을 준비.

허리 내부에는 3mm 프라빔을 고정하는 폴리캡을 심어준다. 폴리캡이므로 원하는 방향으로 돌릴 수 있다.

골반 부품의 폴리캡 자리에 볼 베어링을 설치한다. 골반 아래까지 프라빔이 통과해야 하므로 4mm 구멍을 뚫어 둔다.

허리와 볼 베어링 사이에 높이를 유지하기 위해 지름 8mm 프라 파이프(▶)를 잘라 끼운다.

볼베어링을 고정하기 위해 골반의 빈 공간에 0.8mm 프라판을 끼워준다. 접착을 하지 않으므로 필요에 따라 분해도 가능.

상체를 허리부품(검정색)에 끼우고 전선은 골반과 다리의 틈 사이로 빼낸다.

3PO가 앉는 박스 뚜껑은 3D출력으로 제작. 엉덩이와 허벅지의 높이가 달라 돌출된 구조(▶)를 만들어 흔들리지 않도록 준비. 눈 LED의 전선은 박스 뚜껑을 통과해서 아래로 내린다.

상체회전용 3mm파이프를 고정하는 폴리캡과와 서보혼을 연결하기 위한 부품을 3D로 출력.

SG90 서보는 박스 안에 설치한다. 서보 회전축은 상체에서 나온 프라빔과 일직선에 위치.

서보테스터를 중심각도(Neutral)로 설정하고 서보를 연결해서 서보를 중심각도(90°)로 맞춘다..

중심각도로 맞춘 서보모터의 회전축에 서보혼을 조립한다.

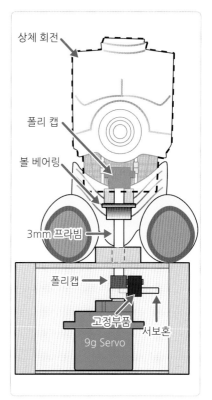

C3PO를 조립한 박스 뚜껑을 조립. 이때 3mm 프라빔은 서보혼에 조립된 폴리캡에 맞춰 끼운다.

서보혼, 고정 부품, 폴리캡 그리고 상체와 연결된 프라빔이 조립된 상태.

허리의 폴리캡에 끼워진 3mm 프라빔을 서보혼의 폴리캡에 조립한 상태. 서보가 회전하면 상체가 좌우로 회전한다.

2 C3PO 기타 공작

TIP 금도금 은도금

C3PO 키트는 에피소드 4 새로운 희망(New hope) 버전으로 오른쪽 다리가 은색이다. 이번에 제작한 장면은 에피소드 5에서 새로 얻은 금색의 다리. 색이 차이가 난다.

은색 도금 부품은 락카 클리어 옐로우를 에어브러싱하면 간단하게 그럴듯한 금색으로 바꿀 수 있다. 락카로 칠하므로 에나멜 워싱도 문제가 없다.

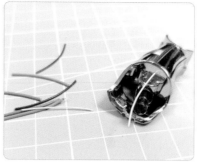

허벅지와 골반 사이에 공간이 넓게 생기므로 전선으로 채우기 위해 AWG30, 32 전선을 준비.

허벅지 안쪽에 0.5~0.8mm의 구멍을 뚫고 다양한 색의 전선을 끼운 후 접착한다.

허벅지를 조립하고 전선을 골반에 끼운 후 적당하게 위치를 잡아준다.

분리된 무릎에도 전선을 부착. 전선의 끝부분은 탈피해서 속전선이 드러나게 해주었다.

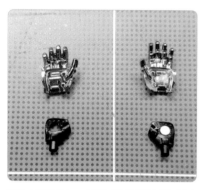

양쪽 손바닥에 3mm 네오디뮴 자석을 심어주었다.

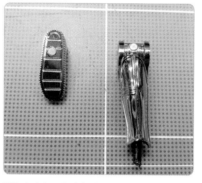

왼쪽 다리의 무릎 뒤와 발바닥에도 3mm 네오디뮴 자석을 설치. 손바닥 자석의 극성과 잘 맞춰준다.

TIP 에나멜 워싱

영화에서 공식 행사를 하는 장면을 제외하면 C3PO는 대부분 지저분한 상태로 돌아다닌다. 검정색 패널라인 액센트를 전체적으로 바르고 마르기를 기다린다.

면봉에 신너를 묻히고 부분부분 닦아준다. 얼룩이 남은 부분, 닦여 나간 부분이 불규칙하게 남아 지저분하면서도 반짝이는 웨더링이 된다.

자석을 이용하여 양손으로 분리된 다리를 들고 있는 모습으로 할 수 있다.

영화에서는 다리를 한 손에 들고 있는 장면도 있다. 자석이므로 원하는 방식으로 변경이 가능하다.

3 R2D2 LED 2012 LED 흰색×3, 2색 LED(적청), AWG 30전선 적, 흑, 백, 황, 청, AWG32 에나멜선

R2D2의 머리에 있는 여러가지 반짝이는 요소가 있다. 그 중 로직 디스플레이의 앞과 뒤를 병렬로 연결해서 동시에 켜고 끄는 구조, 2색 LED로 색변화를 재현한 프로세서 스테이트 인디케이터(PSI)를 공작한다.

앞면에는 로직 디스플레이와 PSI가 있다. LED 공작에 도전할만한 부분이지만 크기가 작아 신중하게 작업해야 한다.

로직 디스플레이 부품의 뒷면에는 부품 고정용 구조(▶)가 있다. 먼저 이것들을 조각도를 이용해 파내준다.

로직 디스플레이 앞면은 상하로 배치되어 있다. 사각형의 구멍을 만들기 위해 우선 1mm 구멍을 만든다.

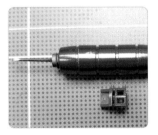

모형용 소형 조각도(WAVE, HT-411)를 이용해 사각형의 테두리를 조금씩 파낸다.

조각도로 깎아낸 후 아트나이프 등을 사용해 지저분한 곳을 다듬어서 마무리.

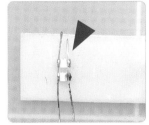

2012 LED 두 개를 사각형 구멍에 맞춰 에나멜선으로 병렬연결. 테스트를 해보고 제대로 작동하면 튀어나온 여분의 선(▼)은 잘라낸다.

납땜한 LED는 로직 디스플레이 부품을 부착하는 곳에 고정한다.

LED의 빛을 퍼지게 하고 스티커 부착을 위해 투명부품이 필요. 투명런너를 사용해서 제작.

뚫어놓은 사각형에 맞춰 런너를 깎아 2개를 준비한다.

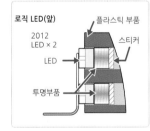

투명부품을 끼우고 스티커를 부착. 스티커는 얇아 LED의 빛을 투과한다.

로직 디스플레이 뒷면. 앞과 달리 긴 사각형 형태. 구멍을 뚫기 전에 패널 라이너로 테두리를 조금 파둔다.

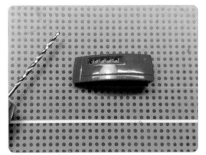

1mm 핀바이스로 여러 개의 구멍을 뚫어둔다.

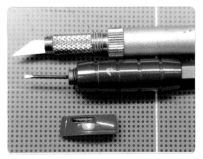

아트나이프, 조각도를 사용해 테두리를 자르고 파낸다.

긴 사각형이므로 그대로 LED를 설치하면 한 점만 빛이 난다. 투명 부품 런너의 네임택을 구멍의 너비에 맞춰 잘라준다.

구멍의 곡률에 맞춰 깎고 사포로 마무리한 후, 빛 확산 효율을 위해 부채꼴로 잘라준다. 2012 LED에 에나멜선을 납땜해서 준비.

투명부품의 위아래에 흰색 프라판을 붙여주면 내부 난반사 효과가 있어 투명런너 전체가 빛나게 된다. LED는 투명런너에 접착한다.

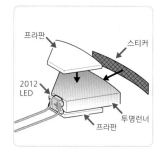

투명런너와 흰색 프라판의 샌드위치 구조와 LED 위치 참고. 바깥쪽 투명런너에는 제품에 포함된 스티커를 붙인다.

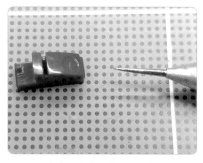

PSI LED 설치를 위해 구멍을 뚫는다. 우선 중심점을 철필로 표시.

목표는 3mm. 처음부터 3mm로 뚫으면 중심을 벗어날 수 있으므로 1mm부터 중심을 맞춰가며 차차 넓혀가야 한다.

PSI LED를 가려주는 용도로 흰색 프라 페이퍼(두께 0.2mm)를 3mm 구멍에 맞춰 둥글게 커팅.

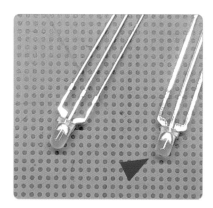

PSI용 LED는 2색 LED 적-청을 사용. 집중형을 사용하면 광점이 모여 빛이 이쁘지 않다. 볼록한 렌즈를 사포로 갈아 평평하게 만들면 빛이 자연스럽게 퍼진다.

2색 LED의 좌우 전극 중 빨간색 전극에 유성펜으로 표시하고 세 개의 전극을 짧게 잘라준다.

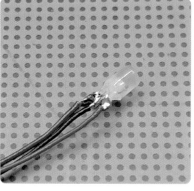

가운데는 공통 -전극이므로 검정선을 연결하고 표시한 전극에는 빨간선, 나머지에는 파란선을 연결한다.

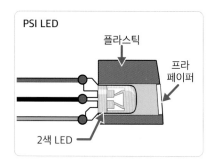

PSI LED 조립된 상태. 3mm 지름으로 자른 프라 페이퍼를 덮으면 LED도 가리고 빛이 자연스럽게 퍼지는 효과가 있다.

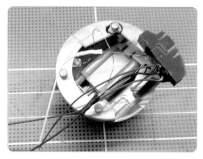

PSI 검정선, 에나멜선 -극 두 개를 하나의 검정선으로 연결하고, 앞뒤 로직 LED의 +극 에나멜선은 흰 선으로 묶어서 빼낸다.

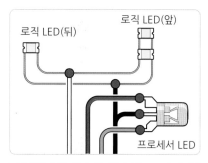

머리 LED 연결 참고 회로도. 로직 LED의 에나멜선은 앞뒤를 모두 병렬로 연결해서 한 번에 켜지고 꺼진다.

4 R2D2 서보모터 및 링크 3.7g 서보모터

R2D2의 머리 회전을 위해 3.7g 서보모터를 사용. 몸통의 중앙다리 설치용 홈에 크기가 딱 맞는다. 설치를 위해 서보 고정탭 양쪽을 잘라낸다.

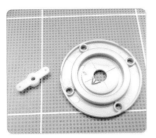

서보의 중심과 높이를 맞추기 위해 우선 머리의 원반 부품에 중심을 맞춰 서보혼을 장착한다.

서보혼과 머리 원반은 나사로 고정. 1mm 구멍을 뚫고 제품에 포함된 1.5mm 나사를 사용한다.

머리 원반 부품을 서보 회전축에 끼우고 서보 주변의 빈 공간은 프라판을 끼워 좌우를 고정한다(작례에서는 0.5mm 프라판)

서보는 나사로 고정하기 어려운 구조이므로 글루건을 사용해서 고정한다. 수리할 필요가 있을 때는 글루건을 떼어내어 분리할 수 있다.

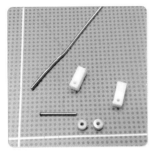

링크를 설치할 구조물은 프라빔과 파이프 그리고 종이 클립을 펴서 제작했다.

키트의 내부 부품(은색)에 링크용 부품을 접착한다. 편 종이클립을 걸어주고 빠지지 않도록 고리를 눌러준다(▶).

서보를 설치했으므로 중앙 다리의 안쪽 기둥(▶)은 높이를 맞춰 잘라준다. 링크의 끝(▶)은 "ㄱ"형태로 구부려 서보혼과 연결한다.

링크는 중앙 다리 뒤쪽으로 나온다. 바깥쪽 다리를 베이스에 고정하고 링크를 움직이면 몸이 앞뒤로 움직인다.

머리에 설치한 LED용 전선을 원반에 구멍을 뚫고 빼낸다. 회전할 때 전선이 걸리지 않도록 좌우로 넓게(▶) 뚫어준다.

① 머리를 서보회전축에 끼우고 전선을 아래로 내린다 ② 중앙 다리에 구멍을 뚫고 머리에서 나온 전선을 통과 ③ 전선을 발바닥으로 보낸다.

베이스에 구멍을 뚫어 R2본체의 전선을 통과. 베이스에는 좌우의 발을 고정하기 위해 구멍을 뚫어둔다. 오른쪽 (▶), 왼쪽(◀)

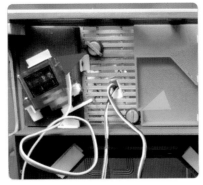

베이스 아래에서 오른쪽(▶), 왼쪽(◀)을 나사로 고정. SG90 서보모터를 R2의 링크에 맞춰 부착한다.

서보테스터를 연결해서 중심각도로 맞추고 서보혼을 수평으로 조립한다. R2의 "ㄱ"으로 구부린 링크를 서보혼에 끼워준다.

키트에 포함된 보조 팔 중 하나를 골라 머리를 잘라 용접기로 개조한다.

에나멜선 통과를 위해 0.6mm 핀바이스로 중심을 맞춰 뒤에서 앞으로 구멍을 뚫어준다.

1mm 동파이프를 머리 부품에 끼우기 위해 뒤쪽(▶)에 1mm 핀바이스로 구멍을 넓힌다.

AWG32 에나멜선을 납땜한 1608 LED를 용접기 앞에 설치. 이때 에나멜선은 뚫어놓은 구멍으로 통과한다.

2mm 피치 핀헤더 두 개를 준비. 연결을 위해 양쪽으로 긴 전극이 필요하므로 짧은쪽 전극 두개를 납땜으로 연결.

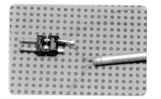

한쪽의 전극은 짧게 자른다. 동파이프를 통과한 에나멜선 중 +극을 긴쪽 전극에 감고 납땜한다.

+극을 납땜한 전극에 동파이프를 끼워 넣고 짧은 전극에 -극을 감고 납땜으로 연결.

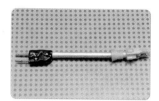

동파이프를 고정하고 합선 방지를 위해 핀헤더와 동파이프를 글루건으로 고정하고 굳은 후 칼로 깎아 모양을 정리한다.

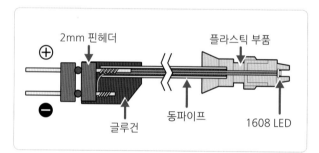

용접기 구조 참고. 1608 LED에 연결한 에나멜선은 동파이프 내부로 숨기지 않고 노출해도 되므로 편한쪽으로 제작한다. 에나멜선을 전극에 납땜할 때는 페이스트를 약간 바르고 인두 팁으로 가열해 코팅이 타도록 해야 한다. 에나멜선 납땜은 마무리하기 전 반드시 테스트를 해서 제대로 작동하는지 확인한다.

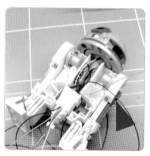

용접기 커넥터용으로 검정선, 노란선을 추가(▶)한다. 검정선은 머리에서 나온 검정선과 병렬 연결해준다.

용접기를 연결하는 커넥터 제작. 용접기 커넥터와 동일한 규격인 2mm피치의 2핀 헤더 소켓에 검정선, 노란선을 연결해 커넥터를 만든다.

① 노란선(+극)을 위쪽으로 하고 몸통의 뒤쪽에 글루건으로 고정한다.
② 앞쪽에는 용접기 커넥터의 위치에 맞춰 사각형의 구멍을 뚫는다.
③ 용접기의 +극과 -극을 맞춰 커넥터에 끼워 넣는다.

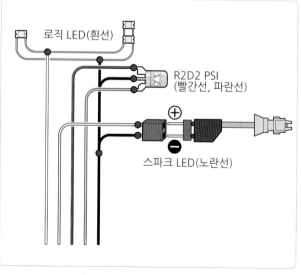

R2D2 LED와 연결 전선 회로도. -극은 모두 검정선 하나로 묶어 연결한다. 이 전선 순서로 5핀 헤더에 연결할 예정이다.

6 베이스 제작 연선 AWG30 적, 흑, 백, 황, 청, 보라, 주황, 회색, 푸시락 스위치, COB 1W LED, 2.54피치 핀 헤더, 저항 220Ω×1, 100Ω×1, 26Ω×3

베이스는 밀레니엄 팰컨의 중앙홀을 모티브로 3D 설계와 출력으로 제작했다. 여러 잡동사니로 다소 어수선한 분위기를 연출. 프로그램 선택에 따라 모니터 LED는 켜지거나 꺼진다. 벽과 정비실 내부는 전원을 켜면 LED가 켜지도록 구성했다.

모니터 LED
벽 LED
정비실
전원 스위치
아두이노
(베이스 안쪽)
프로그램
선택 스위치

전원 스위치는 뒷벽 바깥쪽에 로커 스위치를 사용해서 설치. 전원 확인용으로 3mm 사각형 LED를 사용.

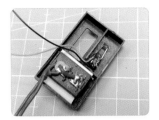

3mm 사각형 LED 노랑, 빨강 세 개는 전극을 구부려 병렬연결. 로커스위치의 전선과 함께 베이스의 회로까지 가야 하므로 전선의 길이는 여유있게 해야 한다.

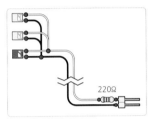

전원 확인용 LED의 +극에 220Ω 저항을 연결하고 2핀 헤더를 연결한다.

큰 모니터에는 5mm, 작은 것에는 3mm LED를 설치. 화면은 종이에 인쇄하고 투명 프라판을 덮어준다.

두 LED의 전극을 병렬연결하고 파란선, 검정선을 연결해서 베이스 회로까지 보낸다.

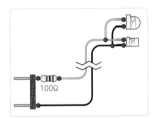

모니터 LED의 전선 끝에는 5핀 헤더를 변형한 2핀 헤더에 연결. +극에는 100Ω의 저항을 연결.

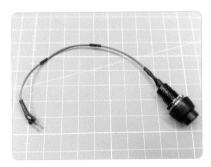

프로그램 선택 스위치. 푸시 락 스위치에 보라선 두 개를 연결하고 2핀 헤더를 연결한다.

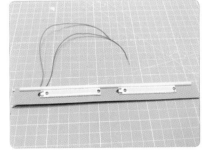

1W COB LED 두 개를 길게 병렬로 연결하고 주황선(+), 회색선(-)을 연결한다.
※전선의 색은 극성구분을 할 수 있다면 어떤 색이라도 사용해도 된다.

COB LED를 벽 안쪽에 부착. COB LED는 아두이노를 거치지 않고 건전지 전원(6V)과 직접 연결한다(전원을 켜면 On).

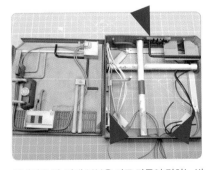

정비실은 위, 아래 부분을 따로 만들어 겹치는 방식으로 제작. 프라 파이프와 정크 부품으로 꾸미고 장식용 전선을 추가. 윗부분 안쪽에는 1W COB LED(▶) 세 개를 "ㄷ"모양으로 배치하고 병렬로 연결했다.

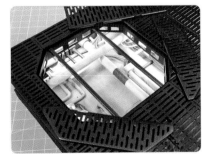

정비실 LED도 벽 LED와 마찬가지로 전원에 직접 연결했다. 전원을 켜면 함께 켜지는 방식.
※아두이노의 핀은 출력전류가 약해 1W COB LED를 원하는 밝기로 켜기에는 부족하다.

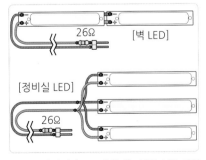

벽 LED와 정비실 LED의 끝에는 각각 26Ω 저항(+극)과 2핀 헤더를 연결한다.

1 기초 회로 조립 연선AWG28 전선적 빨간색, 보라색, 로커 스위치, 2.54피치 핀 헤더

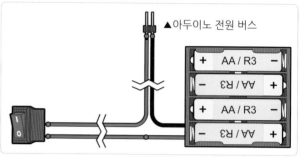

◀이번 공작의 완성된 회로. 일견 복잡해 보이지만 지금까지 보아오던 것들에서 조금 더 추가된 회로이므로 차근차근 살펴보면 생각보다 쉬우니 너무 긴장하지 않아도 된다.

▲아두이노 전원 버스

AA건전지 4구 홀더(6V)에 전원 스위치와 2핀 커넥터를 연결한다. 건전지는 빼고 작업한다. 2핀 헤더는 아두이노 기본 회로의 아래 전원 버스에 조립하므로 적당한 전선 길이로 연결한다(사용부품과 제작 방법은 [05 배트모빌]과 동일).

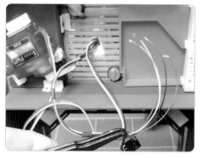

베이스 아래로 내린 R2D2의 LED 전선. 아두이노 보드까지 길이를 맞춰 자르고 핀헤더를 연결한다.

5핀 헤더에 흰선, 노란선, 빨간선, 파란선, 검정선 순서로 연결한다.

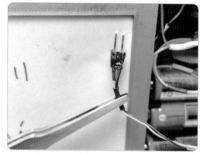

C3PO의 눈 LED용 노란선, 검정선을 2핀헤더에 연결.

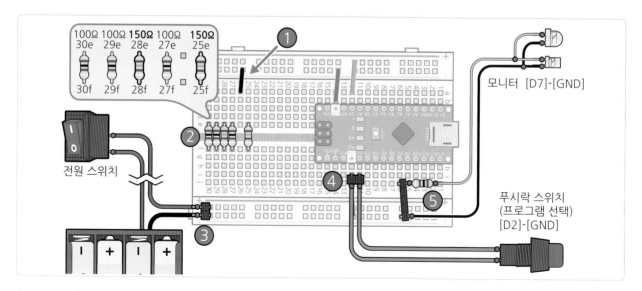

① R2D2용 케이블의 공통 -를 연결하기 위해 검정선으로 위 -버스 와 [26a]를 연결한다.
② 저항을 순서대로 조립한다(100Ω 3개, 150Ω 2개). 이때 [26e]는 비워둔다.
③ 건전지 홀더의 2핀 커넥터를 아래 전원 버스에 전극을 맞춰 연결한다.
④ 푸시락 스위치의 2핀 커넥터를 11i(D2)-12i(GND)에 연결한다.
⑤ 모니터 LED의 변형 2핀을 +극은 6j(D7), -극은 아래 -버스에 연결한다.

저항의 용도
30f는 100Ω 로직 LED 흰색.
29f는 100Ω 스파크 LED 파란색.
28f는 150Ω PSI LED 빨간색.
27f는 100Ω PSI LED 파란색.
25f는 150Ω 눈 LED 노란색.

2 전원 직접 연결 LED

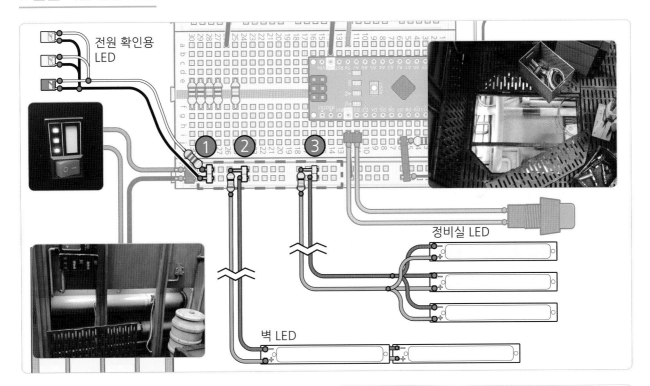

① 전원 확인용 LED를 아래 전원버스에 전극을 맞춰 연결한다.
② 벽 LED를 아래 전원버스에 전극을 맞춰 연결한다.
③ 정비실 LED를 아래 전원버스에 전극을 맞춰 연결한다.

> 전원 확인용 LED, 정비실 LED, 벽 LED는 아래 전원버스를 통해 건전지 전원에 직접 연결되어 있다. 전원 스위치를 ON으로 하면 켜진다.

3 저항과 아두이노 보드 연결

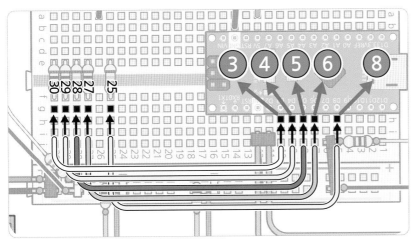

저항과 아두이노의 핀을 전선으로 연결한다.
(번호는 바깥쪽부터 시작)
흰선: 30g-10h(D3)
노란선: 29g-9h(D4)
빨간선: 28g-8h(D5)
파란선: 27g-7h(D6)
[한 칸 띄기]
노란선: 25g-6h(D8)

※ 같은 번호라면 끼우기 편한 g, h, i, j 어디에라도 연결해도 된다(예 30g=30h=30i=30j).

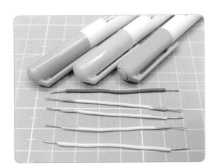

AWG22 단선으로 전선을 연결. 전선의 색으로 구분하면 유지보수할 때 알아보기 쉽다. 하지만 모든 색의 전선을 갖추려면 번거로울 수 있다. 이럴 때에는 AWG22 단선 흰색을 구입해 컬러 싸인펜으로 색을 표시하면 구분이 편리하다.

단선으로 연결한 상태. 선을 깔끔하게 정리할 수 있다. 여러 선이 겹쳐 보이지만 하나씩 위치를 확인하며 조립하면 쉽게 마무리 된다.

단선을 구하기 어렵다면 점퍼 와이어 M-M 10cm으로 연결할 수도 있다.

4 R2D2, C3PO 전선 연결

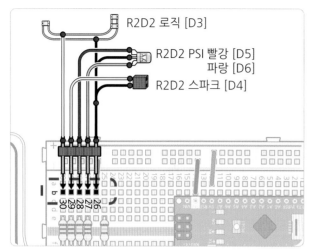

R2D2 로직 [D3]
R2D2 PSI 빨강 [D5]
파랑 [D6]
R2D2 스파크 [D4]

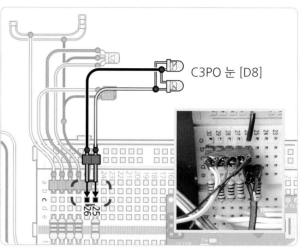

C3PO 눈 [D8]

R2D2 커넥터를 위치에 맞춰 조립한다.
흰선 30b / 노란선 29b / 빨간선 28b /
파란선 27b / 검정선 26b

C3PO 커넥터를 위치에 맞춰 조립한다.
검정선 26c / 노란선 25c (검정선은 공통으로 사용하므로 겹치
게 된다).

5 서보모터 연결

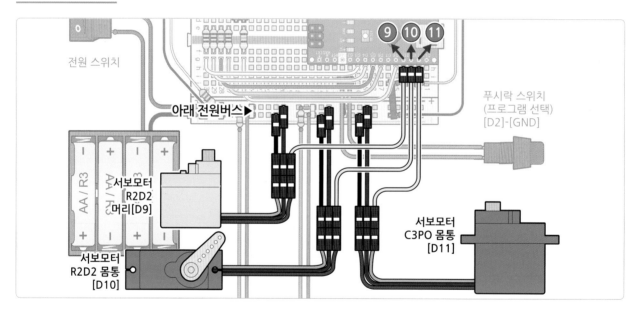

전원 스위치

아래 전원버스 ▶

서보모터
R2D2
머리[D9]

서보모터
R2D2 몸통
[D10]

AA / R3

서보모터
C3PO 몸통
[D11]

푸시락 스위치
(프로그램 선택)
[D2]-[GND]

① 세 개의 서보모터의 전원선(+,-)는 브레드보드 아래 전원버스에 극성을 맞춰 연결한다.
② R2D2 머리 서보모터는 4h(D9)에 연결
③ R2D2 몸통 서보모터는 3h(D10)에 연결
④ C3PO 허리 서보모터는 2h(D11)에 연결

점퍼 와이어 M-M 10cm으로 연결한 상태.

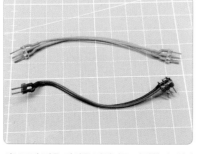

서보모터 전용 전선을 핀헤더로 자작할 수 있다
([06 이브이] 참조).

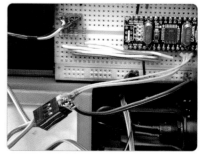

자작 커넥터로 연결한 상태. 비교적 깔끔하게 정
리할 수 있다.

6 전체회로

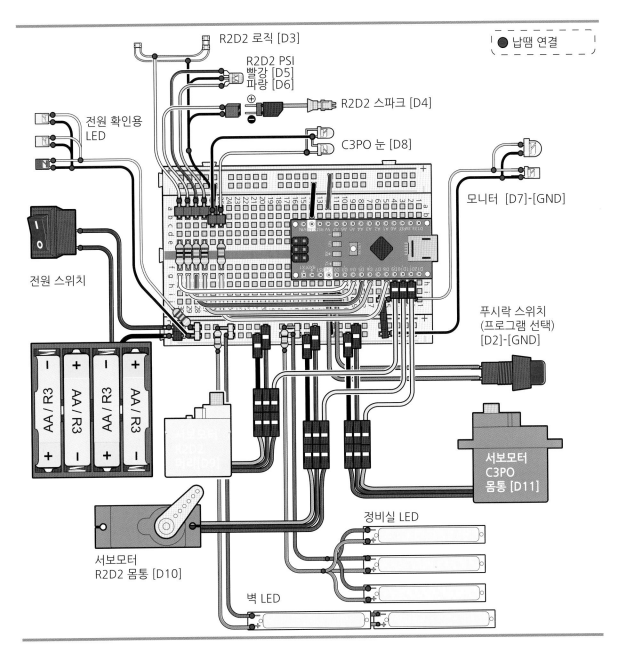

R2D2 로직 [D3]

R2D2 PSI
빨강 [D5]
파랑 [D6]

R2D2 스파크 [D4]

C3PO 눈 [D8]

전원 확인용
LED

● 납땜 연결

모니터 [D7]-[GND]

전원 스위치

푸시락 스위치
(프로그램 선택)
[D2]-[GND]

서보모터
C3PO
몸통 [D11]

서보모터
R2D2
머리[D9]

정비실 LED

서보모터
R2D2 몸통 [D10]

벽 LED

사용부분	핀	전선	사용부품	기타
프로그램 선택 스위치	D2	보라선	푸시 스위치	
R2D2 로직LED	D3	흰선	2012 LED 흰색×3	100Ω
R2D2 스파크	D4	노란선	1608 LED 파란색	100Ω
R2D2 PSI 빨강 LED	D5	빨간선	2색 LED	150Ω
R2D2 PSI 파랑LED	D6	파란선	2색 LED	100Ω
모니터 LED	D7	파란선	확산형 LED 파란색×2	100Ω
C3PO 눈 LED	D8	노란선	3mm LED 노란색×2	150Ω
R2D2 머리 회전	~9	노란선	3.7g 서보모터	
R2D2 몸통 작동	~10	노란선	9g 서보모터	
C3PO 허리 회전	~11	노란선	9g 서보모터	

이번 공작의 프로그램은 LED 켜고 끄기의 시간 조절, 두 개의 서보모터를 동시 움직이기 등을 통해 어떻게 하면 그럴듯한 "연출"을 할까에 대해 다루고 있다. LED와 서보모터를 동시에 움직여서 움직이는 디오라마를 더욱 멋지게 만드는 방법을 알아보도록 한다. 여기에 스위치를 이용해서 기본 동작 작동에 추가 작동(ACTION)을 하는 방법도 알아본다.

[프로그램 코드 진행]
① 전원을 켜면 R2D2와 C3PO의 LED가 켜진다.
② R2D2의 머리와 C3PO의 몸통이 회전한다.
③ 스위치를 눌러 액션 코드를 실행한다.
④ 액션 코드가 시작하면 R2D2가 몸을 세운 후 다시 몸을 기울인다.
⑤ C3PO의 발목을 용접하는 액션을 스파크 효과로 표현한다.
⑥ 스파크 효과에 따라 C3PO의 몸이 떨린다.

프로그램 코드와 해설

```
1   //Written By C.J.ParkThat's what friends are for v 1.0
2   #include <Servo.h>
3
4   #define R2_WHITE 3       // R2D2 Logic LED White
5   #define R2_SPARK 4       // R2D2 Spark LED Blue
6   #define R2_RED 5         // R2D2 PSI LED Red
7   #define R2_BLUE 6        // R2D2 PSI LED Blue
8   #define MONITOR_BLUE 7   // Monitor LED Blue*2
9   #define C3_YELLOW 8      // C3PO Eye LED Yellow
10  #define ACTION 2         // Action Select Switch
11
12  Servo R2_HEAD; // R2D2 Head Center:70, Right:100
13  Servo R2_BODY; // R2D2 Body Front:70,Center85, Rear:100
14  Servo C3_BODY; // C3PO Body Right:70, Left:100
15
16  void setup(){
17      pinMode(ACTION, INPUT_PULLUP);
18      pinMode(R2_SPARK, OUTPUT);
19      pinMode(C3_Yellow, OUTPUT);
20      pinMode(MONITOR_BLUE, OUTPUT);
21
22      R2_HEAD.attach(9);
23      R2_BODY.attach(10);
24      C3_BODY.attach(11);
25
26      R2_HEAD.write(70);  // R2 Head Initial Position
27      R2_BODY.write(70);  // R2 Body Initial Position
28      C3_BODY.write(70);  // 3PO Initial Position
29
30      analogWrite(R2_BLUE, 80);
31      digitalWrite(C3_Yellow, HIGH);
32  }
33
34  void loop(){
35      analogWrite(R2_WHITE, 150);
36      delay(200);
37
38      for(int i = 70; i <= 100; i++){ //C3PO Body Left
39          R2_HEAD.write(i);
40          C3_BODY.write(i);
41          delay(40);
42      }
43      delay(1000);
44
```

【전처리영역】
서보모터 라이브러리를 추가한다.
이번에 사용하는 LED와 서보의 이름은 색과 동작 부위를 기준으로 제작.
R2는 R2D2, C3는 C3PO를 의미한다.

Contact
Naver Blog : Kyoji

코드다운로드
Kyoji: 네이버블로그
https://blog.naver.com/ballak

【셋업영역】
핀모드 설정, 서보모터의 핀과 초기 각도를 설정.

CLIP
2-4 R2D2 & C3PO

작동영상
Youtube.com/Kyoji-park

【루프영역】

> C3PO의 몸통과 R2D2의 머리를 동시에 회전하여 정면을 바라본다.

```
45   analogWrite(R2_BLUE, 0);
46   analogWrite(R2_RED, 80);
47   delay(1000);
48
49   analogWrite(R2_WHITE, 50);
50   delay(200);
51
52   for(int i = 100; i >= 70; i--){ // C3PO Body Right
53     R2_HEAD.write(i);
54     C3_BODY.write(i);
55     delay(40);
56   }
57   delay(1000);
58
59   analogWrite(R2_RED, 0);
60   analogWrite(R2_BLUE, 80);
61   delay(1000);
62
63 // Action Button Start ------------------------------
64   if(digitalRead(ACTION)== LOW){
65     digitalWrite(MONITOR_BLUE, HIGH); // Monitor LED On
66     delay(2000);
67
68     for(int i = 70; i <= 100; i++){ // 3PO Left
69       R2_HEAD.write(i);
70       R2_BODY.write(i);
71       delay(15);
72     }
73     delay(1000);
74
75     for(int i = 0; i < 7; i++){   // R2 Saying
76       analogWrite(R2_BLUE, 0);
77       analogWrite(R2_RED, 80);
78       delay(400);
79       analogWrite(R2_RED, 0);
80       analogWrite(R2_BLUE, 80);
81       delay(400);
82     }
83     delay(500);
84
85     for(int i = 100; i >= 70; i--){
86       R2_HEAD.write(i);
87       R2_BODY.write(i);
88       delay(60);
89     }
90     delay(1000);
91
92     for(int i = 0; i < 15; i++){   //R2 Strong Spark
93       digitalWrite(R2_SPARK, HIGH);
94       C3_BODY.write(90);
95       delay(40);
96       digitalWrite(R2_SPARK, LOW);
97       C3_BODY.write(70);
98       delay(80);
99     }
100    delay(400);
101
102    digitalWrite(MONITOR_BLUE, LOW); // Monitor LED Off
103    delay(1000);
104  }
105 }
```

C3PO의 몸통과 R2D2의 머리가
동시에 회전하여 서로를 바라본다.

스위치를 누르면 작동하는 코드【64】~【106】

스위치 액션을 표시하는 모니터 LED 켜짐

응용 for문을 사용해서 R2D2의
PSI LED를 교차 발광.

R2D2가 용접을 하면 C3PO가 몸을 흔든다.
응용 for문으로 15회 빠른 속도로 반복.

스위치 액션이 끝나면 모니터 LED 꺼짐

이번 코드의 루프문 안에는 크게 두 개의 작동 코드가 있다.

스위치를 누르지 않은 상태에서는 R2D2의 머리와 C3PO가 서로 바라보는 동작을 반복한다. 스위치를 누르면 R2D2가 C3PO의 발을 용접하는 작동을 한다. 고정형인 푸시락 스위치를 사용했으므로 스위치를 누르면 기본 동작-용접 동작을 반복하게 된다.

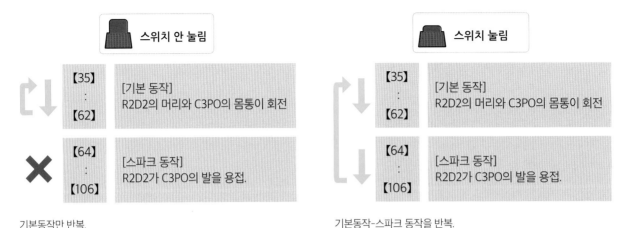

기본동작만 반복.　　　　　　　　　　　　　　　　　　　기본동작-스파크 동작을 반복.

```
【 4 】 #define R2_WHITE 3    //R2D2 Logic LED White
```

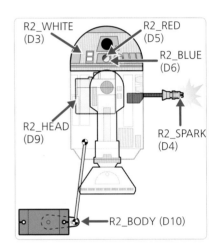

LED를 연결한 핀 번호에 이름을 지어준다. 디파인으로 만드는 이름은 변하지 않으므로 상수명(常數名, Constant Name)이라고 한다. R2D2의 약자로 R2를 사용하고 _(언더바)로 구분한 후 LED의 색 이름(WHITE)을 넣어주었다.

```
【 9 】 #define C3_YELLOW 8    //C3PO Eye LED Yellow
```

C3PO의 약어는 C3를 사용했다. C3PO의 일반적인 약칭은 3PO이다. 하지만 상수명(변수명도 동일)을 만들 때는 숫자가 먼저 나오면 프로그램에서는 에러가 발생하므로 사용할 수 없다. 그래서 3PO_YELLOW는 쓸 수 없으므로 C3_YELLOW를 사용했다.

```
【 12 】 Servo R2_HEAD; //R2D2 Head Center:70, Right:100
```

동작과 관련한 상수명은 어느 부분을 움직이는지로 구분했다. R2의 머리를 움직이는 서보모터이므로 R2_HEAD로 했다. 상수명, 변수명은 각자의 취향대로 바꿀 수 있다.

TIP　상수(변수)이름 짓기 규칙

상수, 변수 이름은 사용자가 원하는대로 만들 수 있다. 필자의 경우에는 아두이노 프로그램을 만드는 초창기에는 짧은 이름을 선호해서 LED는 L_Gun, 서보모터는 S_Head 등으로 줄여 써왔다. 하지만 프로그램을 제작하는 아들과 전문 프로그래머들의 조언은 최대한 알아보기 쉽게 풀어 쓰는 것을 추천하고 있다. 누가 보더라도(심지어는 시간이 지나 자신이 자신의 코드를 볼 때도) 한눈에 알아보는 이름으로 만드는 것이 좋다. 상수나 변수의 이름을 만드는 목적은 빨리, 쉽게 쓰려고 하는 것이 아니라 혼동을 줄이기 위함임을 명심하자.

원하는대로 만들 수 있지만 아래의 기본 규칙은 지켜야하므로 잘 확인해보자.

① 같은 단어라도 대소문자가 다르면 다른 것으로 인식한다.

　예 : LED와 Led는 다른 것으로 인식한다. 그러므로 대소문자의 구분을 확실히 해야 한다.

② 이름의 시작은 반드시 문자로 시작한다.

　예 : 2LED는 에러가 발생. LED2는 문제 없다.

③ 이름에 공백(띄어쓰기)이 없어야 한다.

　예 : LED RED는 공백이 있으므로 에러 발생. LEDRED는 문제 없다.

④ 특수 문자는 사용할 수 없고 _(언더바)만 사용할 수 있다.

　예 : RED+BLUE는 에러 발생. RED_BLUE는 가능.

⑤ 아두이노 스케치의 예약어(프로그램에 사용하는 코드 등)를 그대로 쓸 수 없다. 다른 이름으로 바꾸거나 꼭 쓰고 싶다면 대소문자를 다르게 하면 쓸 수 있다.

　예 : delay는 스케치의 예약어이므로 사용할 수 없다. stop이나 DELAY로 바꾸면 사용할 수 있다.

```
【 17 】 pinMode(ACTION, INPUT_PULLUP);
```

프로그램을 선택하는 스위치인 ACTION은 외부입력이므로 핀모드를 INPUT으로 설정한다. 주의
해서 볼 것은 INPUT과 이어져 있는 _PULLUP(언더바 풀업)이다.
일반적인 전자공작에서 스위치는 간편하게 사용할 수 있지만, 아두이노에 사용할 때는 스위치의
물리적 특성으로 인해 잘못된 신호가 입력된다. 이를 방지하기 위해 풀업을 설정해야 한다. 주의
할 것은 스위치를 풀업 설정으로 하면 누르지 않은 상태가 HIGH, 누른 상태가 LOW로 인식한다.

HIGH는 전류가 흐르는 상태, LOW는 전류가 흐르지 않는 상태이다. 그래서 스위치를 누르지 않
으면 LOW로 생각한다. 하지만 풀업으로 설정하면 누르지 않은 상태가 HIGH, 누른 상태가 LOW
가 된다 .
기계식 스위치를 아두이노 회로에 사용할 때는 이것을 꼭 기억해두자.

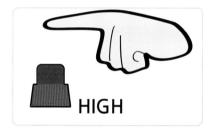

TIP | 왜 PULLUP?

[06 이브이]에서 디지털 입력으로 터치센서와 사운드센서를 사용
했으므로 INPUT으로 설정했지만 여기에서는 _PULLUP이 없다.
이 두 센서는 전자적으로 정확한 디지털 신호(HIGH, LOW)를 아두
이노에 알려주므로 풀업 설정이 필요없다. 연결되면 HIGH, 연결되
지 않으면 LOW로 설정하면 된다.
이에 비해 물리적인 스위치는 누르는 순간, 접점이 바로 연결되는
것이 아니라 아주 짧은 순간 미세하게 전류가 끊어지고 연결되는
채터링(Chattering)이 발생한다. 이 현상은 금방 사라지지만 아두
이노에는 그 짧은 시간에도 수많은 디지털 신호를 받아들이며 이
로 인해 원하는 작동을 제대로 할 수 없게 된다.
아두이노에서는 이 문제를 해결하기 위해 풀업(Pullup)을 준비해
두고 있다. 풀업은 미세한 전류는 무시하는 방법 중 하나이다. 모든
종류의 기계식 스위치(([10-5 스위치 참조)를 입력으로 사용한다
면 반드시 풀업을 설정해야 한다.
풀업스위치=누르지 않으면 HIGH, 누르면 LOW, 이것은 꼭 기억해
두자.

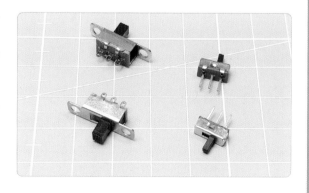

```
【 30 】 analogWrite(R2_BLUE, 80);
【 31 】 digitalWrite(C3_YELLOW, HIGH);
```

R2D2의 PSI의 파란색(R2_BLUE)과 C3PO의 눈(C3_YELLOW)을 기본으로 켠다. 셋업에서 설정한 값
(켜기, 끄기)은 루프에서 설정을 바꾸지 않는 한 계속 그 상태를 유지한다.

```
【 35 】 analogWrite(R2_WHITE, 150);
【 35 】 delay(200);
```

로직 LED를 최대 밝기(255)로 켜면 지나치게 밝아 오히려 조화롭게 보이지 않는다. 이번 프로그램에
서는 150(최대밝기의 약 70%)으로 설정했다. 밝기는 취향에 따라 원하는대로 조절할 수 있다.
하나의 효과(여기에서는 LED 아날로그로 켜기)를 준 후 어느 정도 시간을 두고 다음 코드를 실행해
야 상황이 변하고 있다는 것을 관람자가 알아챌 수 있다. 만약 딜레이 없이 바로 다음 효과들이 진행
되면 동시에 켜지는 것처럼 보인다.

```
【 38 】 for(int i = 70; i <= 100; i++){ //C3PO Body Left
【 39 】   R2_HEAD.write(i);
【 40 】   C3_BODY.write(i);
【 41 】   delay(40);
【 42 】 }
```

for문의 실행 영역에 두 개의 서보 이름을 넣어두고 있어 R2_HEAD가 1˚ 움직이고 C3_BODY가
1˚ 움직인다. 두 코드 사이에 딜레이가 없으므로 동시에 움직이는 것처럼 보인다.
이 코드를 실행하면 C3PO의 몸통(C3_BODY)과 R2D2의 머리(R2_HEAD)가 서로 바라보는 70˚
에서 회전을 시작해 정면을 바라보는 100˚로 움직인다.

```
i = 70                          i = 71
R2_HEAD.write(70);    ▶         R2_HEAD.write(71);     ▶
C3_BODY.write(70);              C3_BODY.write(71);


i = 72                          i = 100
R2_HEAD.write(72);    ▶ ▶ ▶     R2_HEAD.write(100);
C3_BODY.write(72);              C3_BODY.write(100);
```

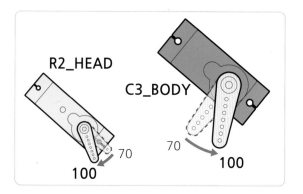

두 서보의 작동 방향이 이상하다?

C3PO 서보모터는 각도가 커질수록 바깥쪽으로 회전하고 있다. 그러면
같은 방향에 있는 R2D2의 머리도 바깥쪽으로 회전해야 한다. 하지만 일

러스트에서는 반대로 움직이는 것으로 표현되어 있다. 이것은 3.7g 서보
모터의 회로가 9g 서보모터의 반대로 되어있기 때문. 같은 각도로 움직
여도 반대 방향으로 작동한다.

```
【 45 】analogWrite(R2_BLUE, 0);
【 46 】analogWrite(R2_RED, 80);
```

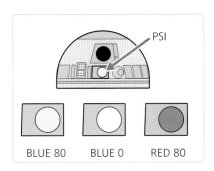

BLUE 80   BLUE 0   RED 80

R2D2의 PSI 색은【30】에서 파란색(R2_BLUE, 80)으로 켰다. 이것을 빨간색으로 바꾼다. 2색 LED는 하나의 LED 안에 2개의 LED칩이 있으므로 먼저 켠 파란색(R2_BLUE)를 0으로 끄고, 빨간색(R2_RED)을 80의 밝기로 켠다. 만약 R2_BLUE를 끄지 않고 R2_RED를 켜면 두 개의 색이 동시에 켜져 합성색인 보라색이 된다.

【45】【46】두 코드 사이에는 delay가 없으므로 파란색에서 즉시 빨간색으로 바뀌는 것처럼 보인다

```
【 49 】analogWrite(R2_WHITE, 50);
```

【35】에서 150으로 켠 로직 LED를 50의 밝기로 줄인다. PWM핀에 연결한 LED에 깜빡이기 효과 (blinking)를 할 때는 완전히 끄는 것(0) 보다 약간의 밝기로 켜주는 것이 보기 좋다.

```
【 52 】for(int i = 100; i >= 70; i--){ //C3PO Body Right
【 53 】   R2_HEAD.write(i);
【 54 】   C3_BODY.write(i);
【 55 】   delay(40);
【 56 】 }
```

코드를 실행하면 R2D2의 머리와 C3PO의 몸통을 돌려 서로를 바라보게 한다.

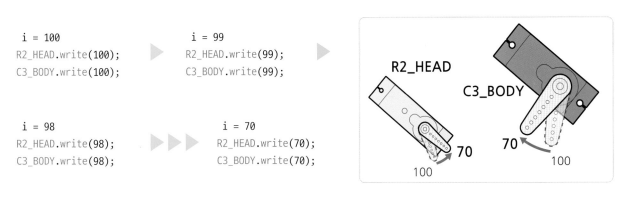

```
i = 100
R2_HEAD.write(100);
C3_BODY.write(100);
```

```
i = 99
R2_HEAD.write(99);
C3_BODY.write(99);
```

```
i = 98
R2_HEAD.write(98);
C3_BODY.write(98);
```

```
i = 70
R2_HEAD.write(70);
C3_BODY.write(70);
```

R2_HEAD 100 → 70
C3_BODY 100 → 70

```
【 64 】if(digitalRead(ACTION)== LOW){
```

ACTION(D2와 연결된 스위치)의 상태를 읽고 LOW값과 비교한다. ==은 좌우값이 동일한 경우 작동하는 조건식이다. 이와 같이 조건식으로 쓸 때는 =를 두 개 써야한다.

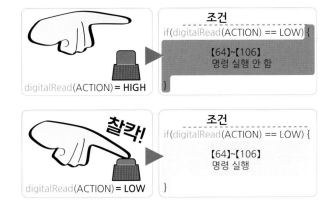

① 스위치를 누르지 않으면 ACTION의 상태는 HIGH. If문의 조건을 비교해본다.
HIGH=LOW 이것은 거짓이다.
그러므로 if문에 속한 블록을 실행하지 않고 다음 코드로 넘어간다.
② 스위치를 누르면 ACTION의 상태는 LOW. If문의 조건을 비교해보면,
LOW=LOW 이것은 참이다.
그러므로 if문에 속한 블록(액션 코드)을 실행한다.
즉 이 if문은 스위치가 눌린 경우에만 실행하는 코드.

```
【 65 】  digitalWrite(MONITOR_BLUE, HIGH);  // Monitor LED On
```

액션 코드를 시작하면 가장 먼저 벽 모니터의 LED가 켜져 액션 코드가 실행중임을
표시한다.

```
【 68 】  for(int i = 70; i <= 100; i++){
【 69 】      R2_HEAD.write(i);
【 70 】      R2_BODY.write(i);
【 71 】      delay(15);
【 72 】  }
```

R2의 머리(R2_HEAD)와 몸통(R2_BODY)가 동시에 70˚에서 100˚로 작동한다.
이 for문은 70에서 100까지 움직이는데 총 31회 반복 작업을 한다. 현재 딜레이 값이 15이므로,
31×15=465 = 약 0.4초
몸을 뒤로 세우는 데까지는 0.4초의 시간이 걸린다.
딜레이의 값을 바꾸어 움직이는 속도를 조절할 수 있다.

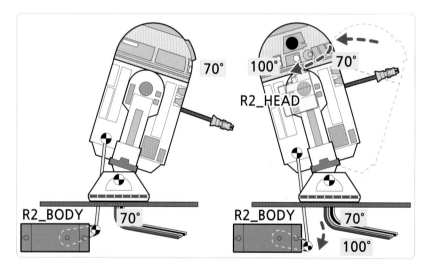

R2의 몸통 아래쪽에 연결된 링크는 서
보혼에 연결되어 있고 발목은 바닥에 고
정되어 있다. 서보혼의 각도가 커지면서
(70→100) 아래로 내려가고 링크가 몸
통을 당겨 뒤로 움직인다.

(※일러스트에서는 각도의 변화를 눈에 띄게 하기 위해
과장된 각도로 표현하고 있다)

```
【 75 】  for(int i = 0; i < 5; i++){
【 76 】      analogWrite(R2_BLUE, 0);
【 77 】      analogWrite(R2_RED, 80);
【 78 】      delay(200);
【 79 】      analogWrite(R2_RED, 0);
【 80 】      analogWrite(R2_BLUE, 80);
【 81 】      delay(300);
【 82 】  }
```

프로세서 상태 표시기(PSI)는 빨간색 LED(R2_RED), 파란색
LED(R2_BLUE)을 번갈아 표시하면서 말하는 느낌의 연출을
하고 있다.
【75】 for문의 조건에서 5은 반복 회수. 숫자를 바꾸면 횟수를
조절할 수 있다.
【76】,【77】 빨간색을 켤 때(R2_RED, 80)는 파란색을 꺼야 (R2_
RED, 0) 한다. 만약 두 LED가 동시에 켜지면 합성색인 자홍색
(Magenta, 마젠타)이 되므로 먼저 켜진 LED를 끈다.
【78】,【81】 빨간색과 파란색 LED가 켜지는 시간이 차이가 있다.
두 개의 LED가 번갈아 블링킹을 할 때 비대칭으로 작동하면 재
미있는 연출이 된다.

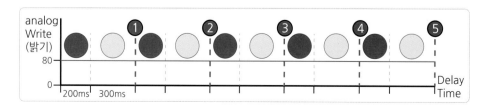

```
【85】 for(int i = 100; i >= 70; i--){
【86】   R2_HEAD.write(i);
【87】   R2_BODY.write(i);
【88】   delay(60);
【89】 }
```

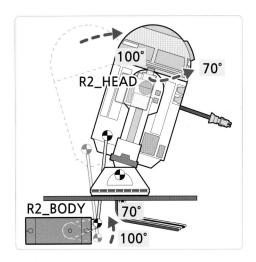

【68】~【72】의 for문과 반대로 앞으로 움직이는 작동을 한다. 이번에는 딜레이의 값을 60으로 설정.

31 × 60 = 1,860 = 약 1.8초

몸을 뒤로 움직이는 것보다 천천히 작동한다.

```
【92】 for(int i= 0; i< 15; i++){//R2 Strong Spark
【93】   digitalWrite(R2_SPARK, HIGH);
【94】   C3_BODY.write(90);
【95】   delay(40);
【96】   digitalWrite(R2_SPARK, LOW);
【97】   C3_BODY.write(70);
【98】   delay(80);
【99】 }
```

【92】 15회 반복하는 for문

【93】,【96】 용접기의 LED(R2_SPARK)를 켜고 끄면서 스파크를 표현.

주목해서 볼 것은【94】,【97】이다. 스파크 액션을 할 때 C3PO의 몸이 90˚와 70˚를 반복해서 작동하고 있다. 스파크 용접에 C3PO가 놀라는 것(또는 전기 충격으로 인한 오작동)을 표현했다.

【93】 R2의 스파크가 켜지면【94】 C3의 몸이 90˚가 되고,【96】 스파크가 꺼지면 몸이 70˚가 된다. 스파크(digitalWrite)와 몸 움직이기(C3_BODY.write) 코드 사이에 딜레이가 없고 다음 코드로 넘어가는 시간이 짧으므로 실제 작동하는 모습을 보면 용접에 반응해서 몸을 떠는 것처럼 보이게 된다.

【95】,【98】 딜레이를 짧고 비대칭으로 하고 있어서 더욱 강렬한 느낌이 된다.

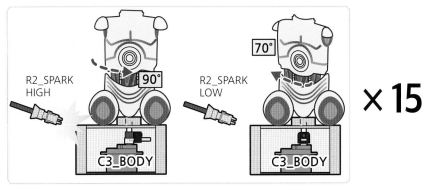

※일러스트에서는 각도의 변화를 눈에 띄게 하기 위해 과장된 각도로 표현하고 있다.

08-1 작품소개 : 적외선 센서에 반응하고 소리내기

제품명 : MG1/100 MS-06R-A1 ZAKU II

제조사 : BANDAI
제작/글 : D&A 공작실 박성윤
프로그램 : D&A 공작실 박철종

건담 세계관에 등장하는 지온군의 우주 전투용 모빌슈트. 조종사인 신 마츠나가의 퍼스널 컬러인 흰색으로 도장되어 있다. 대형 백팩과 다리에 증설된 버니어 등으로 고속 기동이 가능한 타입. 조종사와 기체의 능력으로 수많은 전과를 올렸다는 설정이 존재한다. 키트는 반다이의 자쿠 시리즈를 리뉴얼한 Ver2.0을 기반으로 하므로 가동성이나 프로포션이 좋다. 이번 공작은 지온군의 기지를 지키는 자쿠가 여러 방향에서 접근하는 적에게 사격을 하는 설정을 하고 있다. 세 개의 적외선 센서로 오른쪽, 가운데, 왼쪽을 감지하고 센서에 감지된 방향으로 몸을 돌려 사격한다. 특히 이번 장에서는 사운드 모듈을 사용하여 더욱 실감나는 전자공작을 진행한다.

CLIP

2-4 ZAKU-II

기본 자세. 사격을 하지 않을 때는 정면을 바라보고 팔을 내리고 있다. 이때 자쿠의 눈은
서서히 페이딩한다..

조준 상태. 팔을 올리고 조준경의 LED가 켜진다.

사격 후 총은 반동으로 위쪽으로 튀어 오른다. 세 가지 사격용
코드가 있으며 각각 반동 각도, 발사 횟수를 다르게 적용.

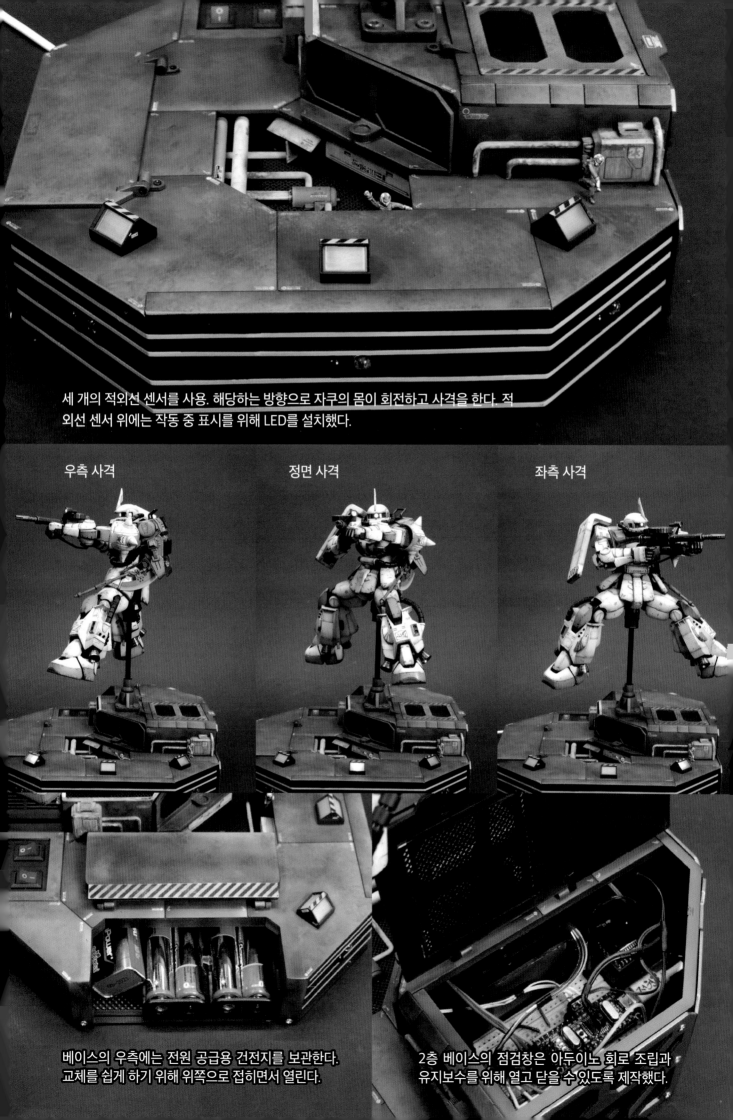

세 개의 적외선 센서를 사용. 해당하는 방향으로 자쿠의 몸이 회전하고 사격을 한다. 적외선 센서 위에는 작동 중 표시를 위해 LED를 설치했다.

우측 사격   정면 사격   좌측 사격

베이스의 우측에는 전원 공급용 건전지를 보관한다. 교체를 쉽게 하기 위해 위쪽으로 접히면서 열린다.

2층 베이스의 점검창은 아두이노 회로 조립과 유지보수를 위해 열고 닫을 수 있도록 제작했다.

1 작동코드 계획

이번 공작에서는 LED와 서보모터의 사용 방법에 더해 세 개의 센서를 설치하고 각각의 센서에 반응하는 공작을 진행한다. 오른쪽, 가운데, 왼쪽의 센서마다 다른 반응을 할 수 있다. 그와 함께 사운드 효과에 대해서도 알아본다. 일반적인 전자공작에서는 구현하기 어려운 기능이지만 아두이노를 이용한다면 음악, 사운드 효과, 음성 등을 상황에 맞게 사용할 수 있다.

[코드 진행 순서]
① 전원을 켠다.
② 적외선 센서가 물체를 감지(digitalRead)
③ 센서 방향으로 회전(servo.Write, mp3_play)
④ 기관총 사격 및 총소리(servo.Write, mp3_play)

[추가 코드]
장거리 사격용 코드, 버스트 사격용 코드

2 주요부품

기본부품
☐ 아두이노 나노 1개
☐ USB 커넥터
☐ 브레드보드 미니 1개
☐ 브레드보드 하프 1개

입력부품
☐ 적외선 센서 3개

출력부품
☐ 3.7g 서보모터 1개
☐ 표준 서보모터 1개
☐ DF Player 1개
☐ 3216 LED 빨간색 1개
☐ 3mm LED 핑크색 1개
☐ 3mm LED 노란색 1개
☐ 5mm LED 빨간색 3개

전자부품
☐ 납땜용 도구
☐ 연선 AWG 28 전선 적, 흑, 백, 황, 청
☐ 단선 AWG 22
☐ 에나멜선 AWG 32
☐ AA 건전지 4구 홀더 1개
☐ 9V 스냅단자 1개
☐ 2.54 피치 핀헤더, 소켓
☐ 점퍼 와이어 M-M 10cm
☐ 저항 150Ω×5, 100Ω×1

[적외선 센서 HS-IRSM]
눈에 보이지 않는 적외선을 이용해 물체를 감지하는 센서. 이전에 사용한 스위치나 터치센서는 손이 닿아야 작동하지만 적외선 센서를 사용하면 터치 없이 스위치 역할을 한다. 전원선 두 개, 출력 핀(신호선) 한 개, 총 세 개의 핀이 있다. 가변저항으로 탐지거리(2cm~8cm 정도)를 조절할 수 있다. 가격은 약 500원.

[9V 건전지와 스냅단자]
아두이노의 VIN에 연결하여 전원을 공급할 때 9V 건전지를 사용할 수 있다. 스냅단자로 연결한다.

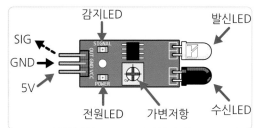
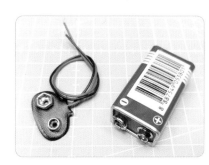

[표준 서보모터 MG996]
이전까지 사용했던 서보모터(3.7g, 9g)는 미니츄어 서보 또는 마이크로 서보라고 부른다. 이번에 사용하는 표준 서보(Standard Servo)는 무선조종 자동차에서 일반적으로 사용하던 것에서 이름이 유래되었다. 미니츄어 서보보다 크고 힘도 강하다. 기본적인 사용법은 동일하므로 무거운 것을 움직인다면 추천. 이름만큼 수요가 많아 대량생산을 하여 가격도 저렴하다. 유일한 단점은 크기. 어지간히 큰 모형이 아니라면 속에 숨겨두기가 어렵다. 베이스 안에 설치하고 동파이프를 연결하는 것도 하나의 방법이다. 이번에 사용한 MG996은 메탈기어를 사용하고 있으며 가격은 4,000원 정도.

◀가로 4cm, 세로 4.5cm 두께2cm. 커넥터 규격(3핀), 작동하는 코드등은 지금까지 사용한 미니츄어 서보와 동일하다.

◀표준 서보는 여러 용도로 활용하므로 부속품도 다양하다. 원형혼, 스타혼, 크로스혼, 더블혼이 들어있고 서보를 고정하는 나사와 부속도 포함되어 있다.

[DF Player]

아두이노와 연결해서 사용하며 MP3 파일을 플레이할 수 있는 모듈. MP3 파일을 해석해 스피커로 소리를 출력하므로 MP3 디코더 (decoder)라고 부른다. 아두이노에 연결하고 전용 명령어를 사용하면 원하는 파일을 플레이할 수 있다. "DFPlayerMini 아두이노"로 검색한다. 2,000원 정도.

DF 플레이어 모듈은 저장공간, 출력 장치(스피커) 없이 디코딩만 하므로 별도로 마이크로 SD카드와 스피커가 필요하다.

● 마이크로 SD카드 : DF플레이어 모듈에는 저장공간이 없어서 마이크로 SD카드를 따로 구입해 사용해야 한다. 아두이노에서 사용하는 사운드 효과는 많은 저장 용량이 필요하지 않다. 하지만 국내에서 시판중인 마이크로 SD카드는 기가바이트(GB) 단위로 판매하고 있으며 가격이 만 원대가 넘는다.

필자가 그동안 작업했던 MP3 모듈의 용량은 20MB로도 충분했다. 하지만 요즘은 저렴한 저용량 카드를 구입하는게 오히려 힘들다. 해외 쇼핑몰에서도 128MB 정도가 최저 규격이다. 해외 쇼핑몰에서 "Micro SD Card 128MB"로 검색하면 비교적 저렴한 가격의 제품을 구입할 수 있다. 또는 자신의 책상 서랍 속 어딘가 있을 오래된 마이크로 SD카드를 찾는다면 그것을 사용해도 된다.

● 스피커 : DF플레이어의 사운드 출력을 위해 스피커가 필요하다. 3W(와트) 이하의 스피커를 사용할 수 있다. 더 큰소리를 내고 싶어 높은 규격을 사용하면 DF플레이어의 전류공급이 부족해 오히려 음질이 나빠지거나 이상한 소리가 나게 된다. 1~2W급의 스피커를 사용해도 소리를 잘 들을 수 있다.

DF플레이어 모듈. 연결하는 핀이 많지만 실제로 사용하는 것은 6개. 나머지는 사용하지 않아도 된다.

마이크로 SD카드 128MB. 해외 쇼핑몰(알리 익스프레스)에서 $1.1(배송비 $0.74)에 판매중이다. 여분으로 3~4개 구입해두기를 추천.

이번 공작에 사용한 원형 스피커. "3W 4Ω(옴) 스피커"로 검색. 1,500원 정도에 구입 가능하다.

[MP3 음원 찾기]

DF플레이어는 MP3 파일을 실행해서 소리를 낸다. 이를 위해 자신의 모형에 적당한 MP3 효과음을 직접 찾아야 한다.

해외 검색엔진(필자는 google.com을 애용)에서 "free+(원하는 효과음)+MP3+effect"와 같은 식으로 주요 검색어를 넣어주면 관련된 사운드 효과를 보유한 여러 사이트를 찾아준다. 대부분의 MP3 효과음(effects) 사이트에서는 미리 듣기, 실행 시간 등을 보여준다.

아래는 대표적인 저작권 무료의 사진, 음원 등을 제공하는 픽사베이(pixabay.com)의 예. 여기에서 Sound Effect(▼)로 들어가서 원하는 효과음을 검색해보자.

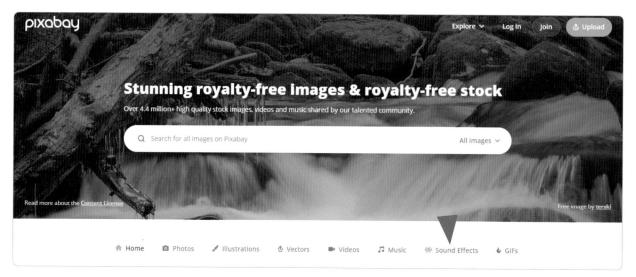

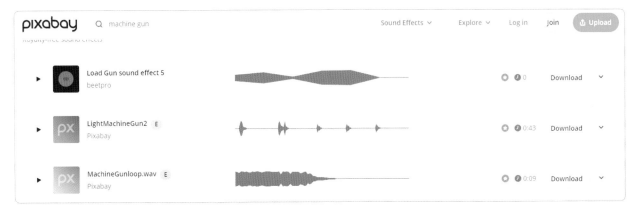

픽사베이 -사운드 이펙트에서 "machine gun"으로 검색한 예. 미리듣기 버튼을 누르면 웹상에서 소리를 확인할 수 있다. 시간 표시가 없는 것은 1초 이내로 실행되는 파일.

이미지로 소리의 파형을 보여주고 있어 참고하기 좋다. 마음에 드는 음원을 찾았다면 다운로드 한다.

[마이크로 SD 카드에 저장하기]

DF플레이어에서 MP3 파일을 읽어 들이기 위해서는 두 가지 규칙을 따라야 한다.
① 마이크로 SD카드 안에 mp3 폴더를 만들고 그 안에 MP3 파일을 저장해야 한다.
② 파일 이름은 반드시 네 자리 숫자로 시작해야 한다.
0001.mp3, 0002.mp3와 같이 쓴다. 하지만 숫자로만 만들어두면 헷갈리기 쉽다. 그래서 처음에 네 자리 숫자를 쓰면 그 뒤는 자신이 원하는 이름을 붙일 수 있다. 아래는 이번에 사용한 네 개의 mp3 파일 리스트.

0001_45mm.mp3   : 45mm 캐논 효과음
0002_burst.mp3   : 3점 사격(버스트) 효과음
0003_machine20.mp3 : 연속 발사음
0004_thrust.mp3   : 로켓 엔진 스러스트 효과음

이번 공작에서는 MP3 폴더 안에 네 개의 파일이 있다. 짧은 효과음이므로 용량은 총 216kb. 1Mb도 되지 않는다.

TIP   서보모터 작동 테스트

서보모터를 모형에 연결하고 수평으로 움직일 때는 비교적 쉽지만 수직으로 들어올릴 때는 제대로 힘을 쓸 수 있을지 반드시 테스트 해보아야 한다. 막연히 할 수 있을거라 생각하고 만들었다가 서보모터에 과부하가 걸리면 쉽게 고장날 뿐 아니라 수리도 쉬운 일이 아니다. 반드시 내가 움직이고자 하는 부품을 미리 연결해서 토크를 테스트해야 한다([10-2 서보모터] 참고).
MG 크기의 모형(높이 약 18cm)에 서보모터를 설치하는 것은 공간의 제약으로 작은 크기의 서보모터를 사용하거나 외부에 설치하는 등의 방법을 고민해야 한다. 가능하다면 내부에 숨기는 것이 좋으므로 [07 R2D2 & C3PO]에 사용했던 3.7g 서보를 사용할 예정. R2D2는 머리 회전에 사용하므로 큰 부담이 없지만 총을 들고 있는 팔을 들어올리는 것이 가능한지 미리 테스트 해보아야 한다.

① 글루건을 이용해 서보혼(▲)을 팔에 부착한다. 글루건은 완전히 굳으면 깔끔하게 떼어낼 수 있으므로 임시 고정용으로 사용하기 좋다.
② 서보테스터(▲)에 전원(AA 4구=6V)을 연결하고 중심각도(Neutral)로 설정한다. 서보모터를 테스터에 연결한 후 서보혼에 조립한다.
③ 서보모터를 수직으로 들고 서보테스터를 수동 모드(Man)로 바꾼 후 노브를 돌려 제대로 작동하는지 테스트.
④ 기관총을 든 팔을 무리없이 들어올릴 수 있다. 만약 서보모터가 팔을 들어올리지 못하거나 떨린다면 사용할 수가 없으므로 조금 더 큰 서보를 설치하거나 다른 방법을 찾아야 한다.

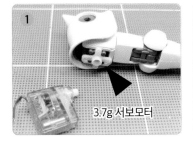

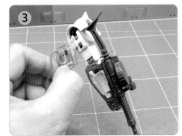
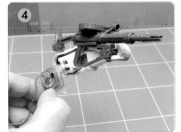

3.7g 서보모터

1 팔 서보모터 3.7g 서보

◀이번 공작에서 총을 들어올리는 것은 전방 손잡이를 쥔 왼팔이다. 총 손잡이를 쥐고 있는 오른팔은 왼팔이 올라가는 것에 따라 움직인다. 서보는 수평 또는 수직회전을 하므로 오른손에 서보모터를 장착하면 수직으로 들어올려 뻔한 작동처럼 보인다.
왼팔에 서보를 장착하면 오른팔이 기울어진 상태로 올라가므로 보다 역동적인 모습이 된다.

서보모터를 설치할 공간을 확인해본다. 서보의 회전축은 한쪽으로 치우쳐 있으므로 설치 높이도 잘 고려해야 한다.

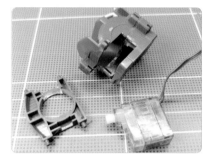

서보가 들어갈 위치를 유성펜으로 표시하고 잘라낸다. 처음에는 조금 작게 잘라내고 서보의 크기에 맞춰가며 조금 더 자르는 방식으로 해야 빈 공간이 덜 생겨 서보를 고정하기 좋다.

서보를 장착한 상태. 서보 전선이 튀어나와 있다. 이 상태라면 목 부품을 고정할 때 방해된다.

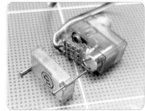

서보 전선의 위치를 바꾸는 작업을 진행. 서보 하단 커버의 나사를 풀고 커버를 분리한다.

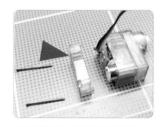

하단 커버에 서보 전선용 구멍 (▲)을 "ㄷ" 모양으로 잘라낸다. 새 구멍의 위치도 다른 부품에 걸리지 않는 쪽을 고려한다.

새로 만든 구멍으로 전선을 빼낸 후 커버를 덮고 나사를 조여 고정한다. 기존 서보의 전선과 비교.

다시 서보를 몸통에 조립하면 전선이 없으므로 머리 부품 설치에 방해가 되지 않는다.

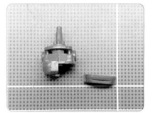

서보가 튀어나오므로 기존 목 부품을 그대로 사용할 수 없다. 서보의 높이만큼 한쪽 목 부품의 아래 부분을 잘라낸다.

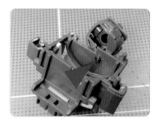

서보 설치 때문에 목을 고정하는 기둥을 제거했으므로 목과 몸통에 1.5mm 구멍을 뚫고 M2나사(▲)로 고정한다.

서보, 목 부품을 몸통에 조립한 상태. 우측 공간에는 전선을 정리해 넣을 예정.

◀ 왼쪽 어깨에 설치한 서보회전축은 너무 들어가거나 튀어나오지 않아야 한다. 오른쪽의 팔 조립 조인트 위치(▲)를 참고해서 깊이를 조절한다.

▶ 왼쪽 가슴장갑(회색)을 조립할 때 서보의 크기에 맞춰 잘라낸다.

2 머신 건 집중형 고휘도 3mm LED 노란색, 3216 LED 빨간색, AWG30 검정선, 빨간선, 노란선

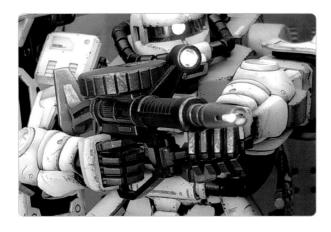

총구와 총열 사이가 막혀 있으므로 핀 바이스로 2mm 구멍을 만들어 관통한다.

3mm LED에는 AWG30 노란선(+), 검정선을 납땜하고 글루건으로 마무리.

광섬유는 자른 그대로 사용하면 빛이 정면에서만 보이는 단점이 있다. 라이터로 살짝(!) 가열하여 끝부분을 방울로 만든다.

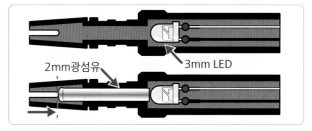

2mm광섬유

3mm LED

LED, 광섬유 설치 위치 참고. 광섬유는 총구 끝보다 조금 안쪽에 설치. 총구 안쪽에서 빛이 퍼져 발사효과가 눈에 잘 띄게 된다.

머신건의 조준기(SIGHT)에는 3216 SMD LED 빨간색을 사용.

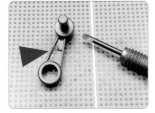

조준기 기둥의 가로 부분(▲)은 조각도로 깎아내어 전선이 지나갈 길을 만든다.

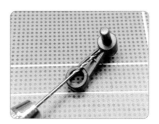

조준기 뒤에서 안쪽으로 1.5mm 핀바이스로 전선이 지나갈 구멍을 뚫는다.

머신건 몸체 쪽으로 전선을 보내기 위해 총열 조립용 링에도 구멍을 뚫어둔다.

SMD LED에 납땜할 때는 양면테이프를 사용하면 편리하다.

3216 LED의 전극과 탈피한 속전선에 각각 미리 납땜한다.

LED와 전선을 납땜하고 튀어나온 여분의 속전선(▲)은 잘라낸다.

연결이 끝난 후, 코인전지를 이용해 제대로 작동하는지 확인하고 부품에 설치한다.

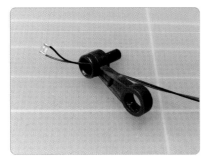

LED에 연결한 전선을 구멍으로 통과한다.

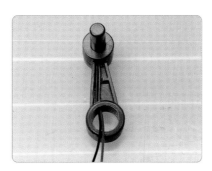

총열 조립용 링까지 전선을 통과한다.

마무리로 조준기용 투명부품을 조립한다.

총열에서 기관부까지 전선 통과용 구멍을 뚫는다.

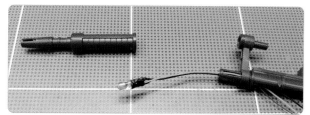

구멍으로 조준기와 3mm LED의 전선 네 가닥을 넣어 기관부쪽으로 빼낸다.

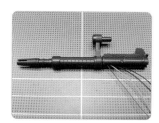

기관부에서는 노란선, 빨간선 그리고 검정선 두 가닥이 나오게 된다.

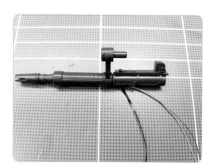

기관부로 나온 검정선 두 가닥은 짧게 자른 후 Y 연결로 병렬 연결한다.

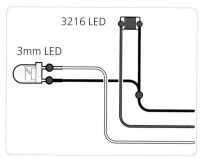

전선 조립 상태 참고. 검정선은 공통선으로 묶여 있다.

총 손잡이 부분에 구멍을 만들고(▲) 세 개의 전선을 손바닥 쪽으로 빼낸다.

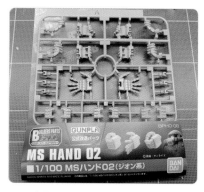

손은 빌더스 파트 1/100 MS HAND 02를 사용. 제품에 있는 것보다 디테일도 좋고 고정하기 편리하다.

총 손잡이와 손바닥은 가동으로 인한 흔들림으로 분리되기 쉽다. M2 나사로 고정해둔다.

손바닥의 가운데에 구멍을 뚫어 전선을 손목쪽으로 보낸다.

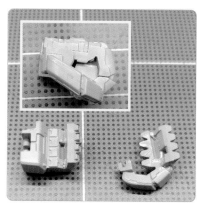

왼손은 MS 핸드의 주먹쥔 형태의 손을 사용. 내부가 막혀 있으므로 손잡이에 맞춰 내부를 깎아준다.

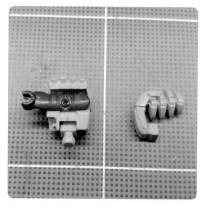

손잡이를 왼손에 나사로 고정한다. 손가락 부품은 임시로 고정하고 완성한 후에 양면 테이프로 고정한다.

단순히 조립만 하면 쉽게 분해될 수 있지만 나사로 고정해두었으므로 안심하고 사용할 수 있다.

3 팔

오른팔은 왼팔의 움직임에 따라 자유롭게 움직이면서도 분리는 되지 않아야 하므로 폴리캡을 이용해 오른팔 어깨를 고정했다.

어깨 고정용 폴리캡을 2mm 두께(▲)로 잘라 링으로 만든다,

폴리캡 링을 몸통의 볼 조인트에 끼워 두고 어깨 부품을 폴리캡 링에 끼운다.

폴리캡 링과 어깨 부품이 결합된 상태.

상하는 물론 좌우로도 자유롭게 움직인다.

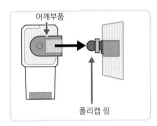

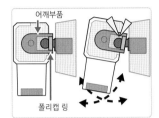

◀ 조립 참고.
폴리캡 링은 어깨 부품에 고정되어 어깨 부품이 빠지지 않도록 한다.
그와 함께 폴리캡 링보다 직경이 큰 볼 조인트가 있어 어깨 부품이 분리되지 않는다.

오른팔의 전선은 손목, 팔꿈치, 어깨에 구멍을 뚫거나 잘라내서 전선이 지나갈 공간을 만든다.

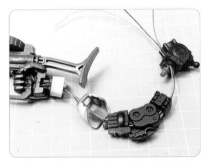
공간이 제대로 만들어지면 부품을 완벽하게 조립할 수 있다. 혹시 부품이 벌어진다면 내부 공간을 조금 더 만들어야 한다.

어깨를 연결하는 조인트 뒤쪽 동체에 2mm 구멍(▲)을 뚫고 머신건의 전선 세 개를 통과해서 등쪽으로 빼낸다.

왼팔은 3.7g 서보에 연결되어 상하로 작동한다. 어깨 부품에 서보혼을 조립, 고정하고 서보혼을 서보회전축에 끼우면 확실하게 조립된다.

서보혼의 날개폭에 맞춰 어깨 부품에 홈(▲)을 만든다.

서보혼을 조립하고 튀어나온 부분은 잘라낸다.

빈 공간은 글루건을 이용해 채워 넣고 서보혼을 고정한다.

서보혼을 사용하므로 회전축의 스플라인(톱니모양)과 딱 들어맞는다. 필요하다면 분리도 가능.

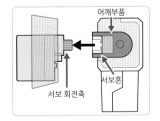

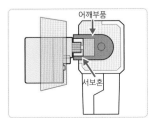

◀ 조립 참고.
어깨부품에 고정한 서보혼(노란색으로 표현)과 회전축의 결합.

4 모노아이 확산형 고휘도 3mm LED 핑크, AWG30 검정선, 흰선

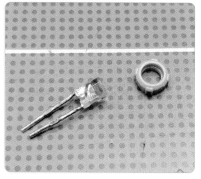

모노아이 디테일은 빌더스 파트 MS 사이트를 사용. LED를 고정하기 위해 3mm 구멍을 뚫는다.

LED 고정 부품(▲)을 3D 출력. 모노아이의 디테일을 추가하면서 빛샘 방지 역할도 한다.

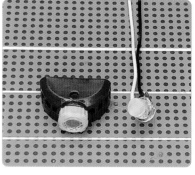

핑크 LED에 흰선, 검정선을 연결. 고휘도 LED를 그대로 사용하면 지나치게 선명한 빛이 나온다. LED 표면을 400번 사포로 갈아주면(▲) 빛이 부드럽게 퍼진다.

고정 부품에 LED를 조립하고 켜보면 뒤쪽으로 빛샘이 발생, 이대로 두면 머리 안쪽에서 빛이 나오게 된다.

알루미늄 테이프를 붙여 빛샘 방지를 한다.

LED를 머리에 고정하고 전선은 머리 뒤쪽에 구멍(▲)을 뚫고 통과.

LED 고정 부품이 추가되었으므로 기존의 고정축(▲)은 잘라낸다.

고정축을 잘라내도 뒤쪽의 후크 부품(▲)이 남으므로 이것으로 머리를 고정할 수 있다.

잘라낸 고정축에 구멍을 뚫고 전선을 몸통으로 보낸다.

모노아이 점등 테스트. 눈에 설치하는 LED의 경우 지나치게 밝으면 오히려 어색하다. 광량을 낮추는게 보기 좋다.

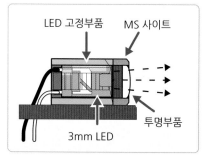

LED가 투명부품보다 안쪽에 위치해 있으므로 빛이 내부에서 나오는 것처럼 보여 입체적인 느낌이 된다.

5 몸체 배선 AWG30 검정선, 흰선, 노란선, 빨간선. 2열 4핀(8핀) 헤더, 2열 4핀(8핀) 소켓

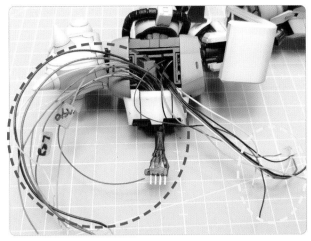

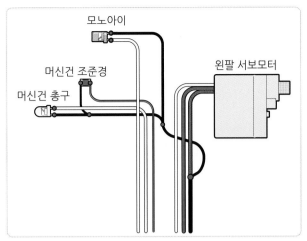

노란색 원은 몸체에서 나온 전선으로 LED용 전선과 서보모터 전선으로 되어있다. 빨간색 원은 몸체 전선과 베이스 전선을 연결하는 중간 커넥터와 전선.

몸체의 전선 회로. LED의 검정선과 서보모터의 검정선은 하나로 연결한다. 서보의 신호선은 흰색. 모노아이용 LED 흰선과 구분하기 위해 점을 찍어 표시한다.

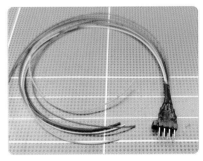

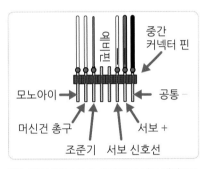

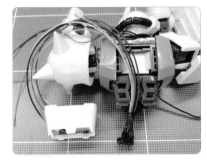

중간 커넥터 핀. 2열 4핀 헤더(총 8핀)에 전선을 연결. 중간 커넥터를 쓰는 이유는 몸체 부품 교체시 편리하게 하기 위한 것.

2열 4핀을 1열로 표현. 가운데 두 핀은 예비용으로 작업 시에는 파란선 두 개를 연결했으나 이번 공작에서는 사용하지 않아 회로에서는 생략했다.

중간 커넥터는 허리 장갑 안쪽 프레임을 잘라 전선이 들어갈 공간을 만들고 장갑을 조립한다.

전선이 복잡해 보이지만 같은 선끼리 연결하면 되므로 어렵지는 않다.

몸체 전선과 중간 커넥터의 전선을 적당한 길이로 자른 후 같은 색끼리 핸드 와이어링을 하고 수축튜브로 마무리한다.

튀어나온 전선 묶음은 몸통의 빈 공간에 끼워 넣는다. 몸체의 부품을 교체할 경우 핸드 와이어링을 풀고 새 부품으로 교체할 수 있다.

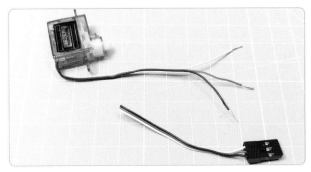

서보의 케이블 커넥터는 중간 커넥터 전선에 연결하기 위해 잘라낸다.

서보의 검정선에 LED 검정선 전체를 한꺼번에 묶고 중간 커넥터의 검정 전선과 연결한다.

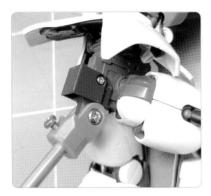

움직임이 크고 자쿠의 몸체가 무거워 커넥터 결합만으로는 자세를 유지하기 어렵다. 고정부품을 3D 출력하고 골반부품에 나사로 고정한다.

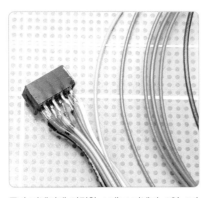

중간 커넥터에 연결할 스탠드 커넥터. 2열 4핀(8핀) 소켓을 사용. 중간 커넥터에 맞춰 전선을 연결한다. 노란선, 빨간선에는 구분을 위해 점선으로 표시.

전선을 연결한 중간 커넥터 소켓을 고정부품에 끼워주고 글루건으로 고정하고 전선은 동파이프 속으로 통과해 아래로 내려준다.

몸체의 골반부품과 조인트 고정부품을 연결하고 중간 커넥터를 스탠드 커넥터에 끼운다.

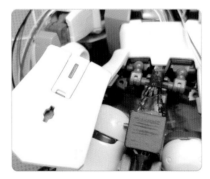

커넥터를 연결한 후 리어 스커트를 조립하여 마무리.

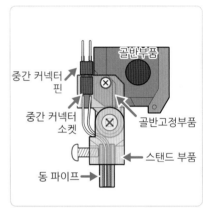

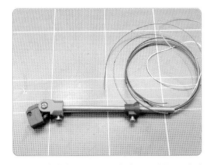

스탠드 하단에는 5mm 동파이프를 사용. 동파이프 내부로 전선을 통과한다.

자쿠 몸체 회전은 MG996 서보를 사용한다. 크로스 서보혼에 동파이프 고정부품(3D 출력)을 M2 나사로 고정.

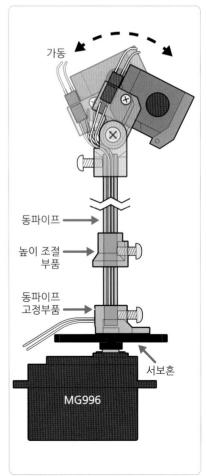

동파이프를 고정 부품에 끼우고 M3 나사로 고정. 고정부품 뒤쪽에는 전선을 빼낼 수 있는 홈이 있다.

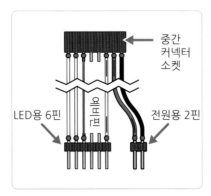

동파이프에서 나온 전선에 핀 헤더를 연결한다. LED용 6핀을 전선 색의 순서에 맞춰 연결하고 전원용 2핀은 전원 버스에 연결하므로 분리해서 연결한다.

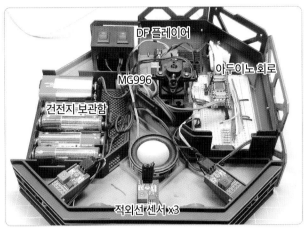

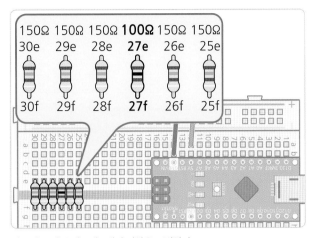

베이스는 팔각 형태로 3D 출력해서 사용. 베이스는 크게 네 개의 구역으로 나누어 공작을 진행했다.
전면 : 적외선 센서. 세 방향을 감지
좌측 : 아두이노 회로. [03-1]의 아두이노 기본 회로를 준비한다.
후면 : DF플레이서(사운드 모듈)
우측 : 건전지 보관함. 서보모터용 AA 4개 6V와 아두이노 보드용 9V 건전지가 있다.

아두이노 기본 회로에 6개의 저항을 조립한다.
30f, 29f, 28f는 150Ω 작동 표시용 빨간색 LED.
27f는 100Ω 모노아이용 핑크 LED.
26f는 150Ω 머신건 총구용 노란색LED.
25f는 150Ω 머신건 조준경 빨간색 LED.

1 적외선 센서 AWG30 검정선, 흰선, 빨간선, 6핀 헤더, 3핀 소켓×3, 적외선 센서×3

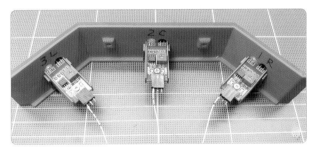

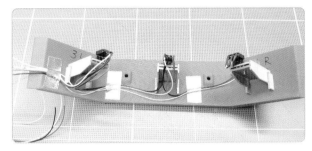

적외선 센서의 핀에 직접 납땜을 하면 나중에 수리할 때 번거로우므로 3핀 소켓을 이용해 배선을 만든다. 벽부품에 사용할 센서의 번호를 써놓으면 유지 보수에 편리하다. 센서의 OUT편에 각각 흰선을 연결하고 각 선에 점으로 번호를 넣는다.

각각의 센서 VCC(+)와 GND(-)는 빨간선, 검정선으로 병렬 연결한다. 연결이 끝난 후 전선들은 테이프를 이용해 정리해야 조립에 방해가 되지 않는다.

[적외선 센서 연결]
전원선에는 2핀 헤더를 납땜하고 위 전원버스에 연결
신호선에는 3핀 헤더에 납땜하고 브레드보드에 조립한다.

적외선 센서 우 흰선1 : 5b(A1)
적외선 센서 중 흰선1 : 6b(A2)
적외선 센서 좌 흰선1 : 7b(A3)

※같은 번호라면 끼우기 편한 a, b 어디에라도 연결해도 된다(예 7a = 7b).

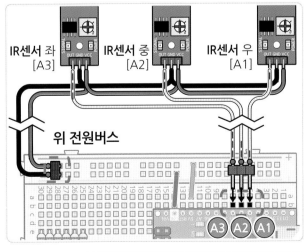

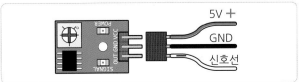

2 작동 LED AWG30 검정선, 빨간선, 3핀 헤더, 1핀 헤더, 확산형 5mm LED×3

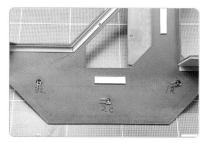

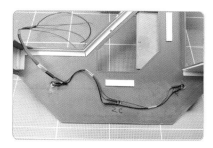

각 방향의 코드가 실행중일 때 켜지는 작동 표시 LED. 확산형 5mm LED 빨간색을 사용. LED 커버는 3D 출력.

베이스 아래에 3개의 LED를 끼우고 구분을 위해 같은 위치의 센서 번호를 써둔다.

-극은 모두 하나의 검정선으로 병렬연결. 각각의 +극에는 빨간선을 연결하고 점 번호를 표시.

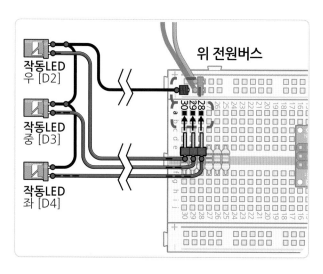

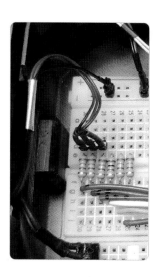

[작동 LED 연결]
검정선에는 1핀 헤더를 납땜하고 위 전원 버스 -에 연결
작동 LED 우 빨간선1 : 30a
작동 LED 중 빨간선2 : 29a
작동 LED 좌 빨간선3 : 28a

※같은 번호라면 끼우기 편한 a, b, c, d 어디에라도 연결해도 된다(예 30a = 30b = 30c = 30d)

3 중간 커넥터 및 전선 연결 AWG22 단선 빨간선, 흰선, 노란선

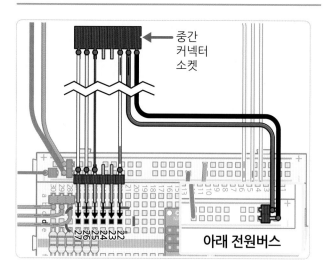

[중간 커넥터 연결]
모노아이 LED 흰선 : 27d
총구 LED 노란선 : 26d
조준경 빨간선 : 25d
[예비핀 두 개](미사용)
서보 신호선 노란선1 : 22d

전원선 빨간선, 검정선은 아래 전원 버스에 연결한다.

※같은 번호라면 끼우기 편한 a, b, c, d 어디에라도 연결해도 된다(예 27a = 27b = 27c = 27d).

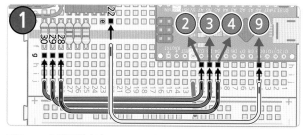

작동 LED 오른쪽 빨간선1 : 30g -11h(D2)
작동 LED 가운데 빨간선2 : 29g -10h(D3)
작동 LED 왼쪽 빨간선3 : 28g -9h(D4)
서보 신호선 노란선1 : 22e-4h(D4)

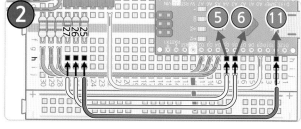

모노아이 LED 흰선 : 27h -8h(D5)
총구 LED 노란선 : 29g -7h(D6)
조준경 빨간선 : 28g -2h(D11)

4 DF 플레이어 연결 AWG30 검정선, 빨간선., 3핀 헤더, 1핀 헤더, 확산형 5mm LED×3

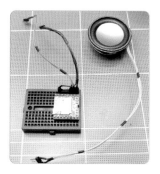

◀ DF플레이어에는 입출력 핀이 좌우 8개씩 총 16개가 있다. 6핀만 연결하면 된다.
연결해야 할 핀의 간격이 떨어져 있으므로 변형 커넥터로 전선을 만들어 준다.
아두이노 기본 회로에는 설치할 공간이 없으므로 브레드보드 미니(170핀, 300원 정도)에 DF플레이어를 조립하여 사용한다.

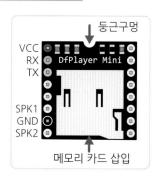

◀ 둥근 구멍을 기준으로 오른쪽 라인의 6핀을 사용한다.
VCC : 5V 전원버스+
RX : 신호 수신핀
TX : 신호 발신핀
SPK1 : 스피커 연결핀
GND : 5V 전원버스-
SPK2 : 스피커 연결핀

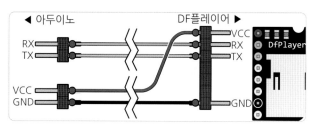

아두이노에 연결할 케이블. DF플레이어쪽에는 7핀 헤더를 준비해서 가운데 세 핀을 빼낸 변형 4핀으로 만든다. VCC에는 빨간선, RX는 초록선, TX는 주황선, GND는 검정선을 연결한다.
아두이노 연결쪽은 초록선, 주황선 2핀 커넥터, 전원 연결용 2핀 커넥터로 만든다.

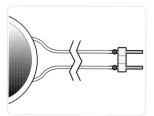

스피커는 3핀 헤더의 가운데 핀을 빼낸 변형 2핀을 사용. 극성은 구분하지 않아도 된다.

스피커의 단자는 생각보다 약하다. 전선을 납땜하고 글루건으로 전선을 고정해둔다.

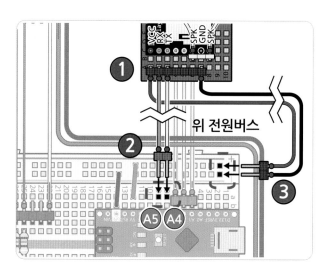

[DF플레이어 연결]
① DF플레이어쪽
아두이노 연결용 변형 4핀을 A라인에 연결한다. 스피커 변형 2핀을 B라인에 연결한다.
② 아두이노쪽
RX 초록선: 9a(A5)
TX 주황선: 8a(A4)
③ 전원선
위 전원 버스에 전원선을 연결한다.

※같은 번호라면 끼우기 편한 a, b 어디에라도 연결해도 된다(예 9a = 9b).

마이크로 SD카드를 방향에 맞춰 끼워넣는다 (MP3 파일을 저장하는 방법은 코드 해설에서 설명하고 있다)

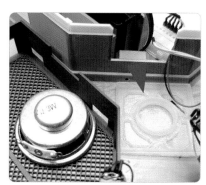

스피커 뒷면의 둥근 형태에 맞춰 홀더를 만들어 베이스에 접착(▲). 스피커는 여기에 끼워서 고정한다.

베이스 가운데의 스피커 위치는 그물 형태로 제작해서 소리가 잘 나오도록 했다.

5 전원, 서보연결 로커 스위치×2, 점퍼와이어 M-M 10cm, AWG28 검정선, 빨간선. 2핀 헤더

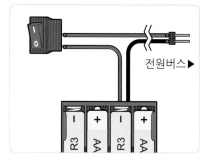

서보 외부전원 공급용 : AA건전지 4구 홀더(6V)의 빨간선은 로커 스위치에 연결하고 2핀 헤더를 연결한다.

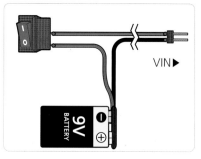

아두이노 전원 공급용 : 9V 스냅단자의 빨간선을 로커스위치에 연결하고 2핀 헤더를 연결한다.

건전지를 쉽게 교체하도록 커버를 열고 닫을 수 있게 제작. 로커스위치 두 개는 베이스 뒤쪽에 설치.

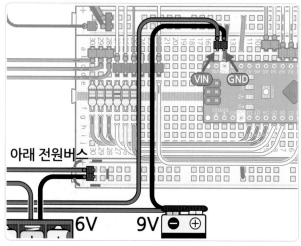

AA건전지 6V의 커넥터는 아래 전원버스에 극성을 맞춰 연결한다.
9V 건전지의 커넥터는 아두이노의 VIN(+)과 GND(-)에 극성을 맞춰 연결한다.

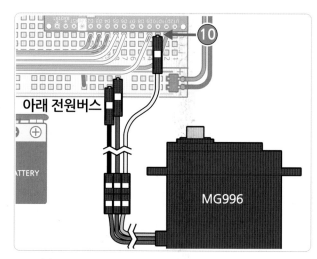

몸통 회전용 MG996 서보는 점퍼와이어 M-M 10cm으로 회로에 연결한다. 빨간색, 검정색 전원선은 아래 전원버스에, 노란색 신호선은 3h(D10)에 연결한다.

사용부분	핀	전선	사용부품	기타
작동 LED 우	D2	빨간선1	5mm LED 빨간색	150Ω
작동 LED 중	D3	빨간선2	5mm LED 빨간색	150Ω
작동 LED 좌	D4	빨간선3	5mm LED 빨간색	150Ω
자쿠 모노아이	~5	흰선	3mm LED 마젠타	100Ω
머신건 총구	~6	노란선	3mm LED 노란색	150Ω
머신건 조준경	~11	빨간선	2012 LED 빨간색	150Ω
팔 회전	~9	노란선1	서보모터	3.7g
몸통 회전	~10	노란선	서보모터	MG996
IR센서 우	A1	흰선1	IR센서	
IR센서 중	A2	흰선2	IR센서	
IR센서 좌	A3	흰선3	IR센서	
시리얼 통신선	A4	주황선	DF 플레이어 TX	
시리얼 통신선	A5	초록선	DF 플레이어 RX	

6 전체회로

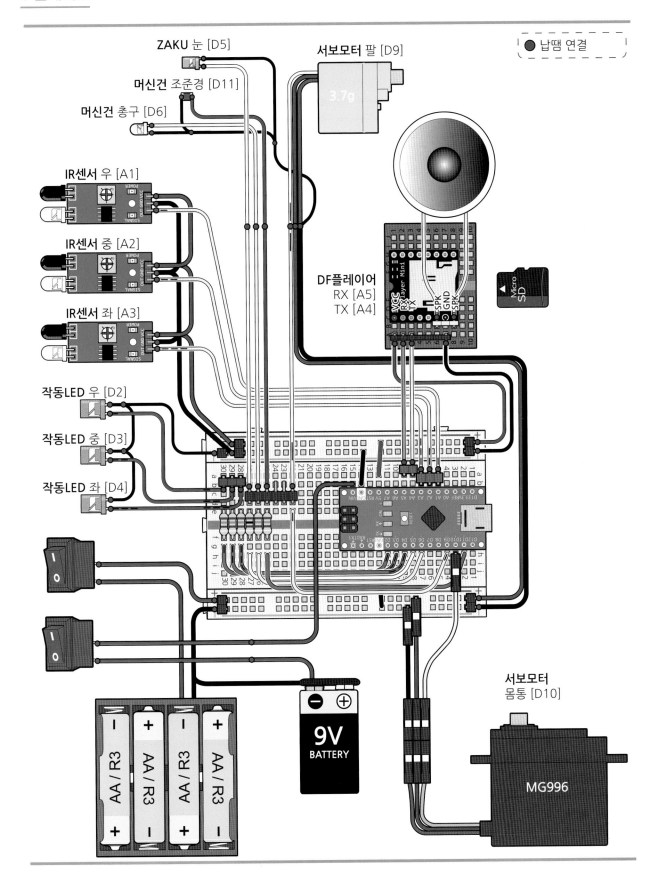

ZAKU 눈 [D5]

머신건 조준경 [D11]

머신건 총구 [D6]

서보모터 팔 [D9]

● 납땜 연결

IR센서 우 [A1]

IR센서 중 [A2]

IR센서 좌 [A3]

DF플레이어
RX [A5]
TX [A4]

작동LED 우 [D2]

작동LED 중 [D3]

작동LED 좌 [D4]

서보모터
몸통 [D10]

9V
BATTERY

MG996

이번 공작의 프로그램은 세 방향의 센서로 물체를 감지하고 그에 맞춰 해당하는 코드를 실행한다. 몸의 방향을 바꾸어 사격 액션을 하고 더불어서 사운드 효과를 더하여 더욱 재미있는 작동을 하고 있다. 사운드모듈은 아두이노에서 코드로 제어한다. 그와 함께 "사용자 정의 함수"를 사용하여 반복적으로 사용하는 코드를 직접 함수로 만들어 사용하는 방법에 대해서도 다루고 있다.

Contact
Naver Blog : Kyoji

CLIP
2-4 ZAKU-II

코드다운로드
Kyoji: 네이버블로그
https://blog.naver.com/ballak

작동영상
Youtube.com/
Kyojipark

【전처리영역】
라이브러리 추가, 디파인
선언 등

【사용자정의 함수】
프로그램 A 머신건

【셋업영역】
한 번 실행하는 코드

【사용자정의 함수】
프로그램 B 장거리 사격

프로그램 A는 기본으로 머신건 발사 코드가 있다. 프로그램 B, C에서는 각각 장거리 사격 코드와 버스트 사격 코드를 소개하고 있다.

【루프영역】
반복 사용하는 코드

【사용자정의 함수】
프로그램 C 버스트 사격

1 프로그램-A의 코드와 해설

```
1   //Written By C.J.ParkOn 230206 v 1.1
2   #include <Servo.h>
3   #include <DFPlayer_Mini_Mp3.h>
4   #include <SoftwareSerial.h>
5   SoftwareSerial mySerial(A4, A5); // RX, TX
6
7   #define LED_WORK_RIGHT 2   // IR Right(A1) WorkigLED
8   #define LED_WORK_CENTER 3  // IR Center(A2) WorkigLED
9   #define LED_WORK_LEFT 4    // IR Left(A3) WorkigLED
10  #define LED_EYE 5          // MonoEyePink LED
11  #define LED_SHOT 6         // Bullet Shooting LED
12  #define LED_SIGHT 11       // Sight Aim LED
13
14  ServoSERVO_ARM;    // Down: 5; Aim: 35; Recoil:40
15  Servo SERVO_BASE; // Right: 45; Center: 90; Left 135
16
17  void setup(){
18    pinMode(LED_WORK_RIGHT, OUTPUT);
19    pinMode(LED_WORK_CENTER, OUTPUT);
20    pinMode(LED_WORK_LEFT, OUTPUT);
21    pinMode(A1, INPUT); //IR Sensor Right
22    pinMode(A2, INPUT); //IR Sensor Center
23    pinMode(A3, INPUT); //IR Sensor Left
24
25    SERVO_ARM.attach(9);
26    SERVO_BASE.attach(10);
27    SERVO_ARM.write(5);
28    SERVO_BASE.write(90);
29
30    mySerial.begin(9600);
31    mp3_set_serial(mySerial);
32    mp3_set_volume(25);
33  }
34
```

【전처리 영역】
서보모터 라이브러리를 추가.
DF플레이어 라이브러리 추가
DF플레이어를 사용하기 위한 소프트웨어 시리얼 라이브러리 추가.
소프트웨어 시리얼 설정(미리 설정하므로 선언한다고 한다).
이번에 사용하는 LED와 서보의 이름은 작동 부분을 기준으로 만들었다.

【셋업영역】
핀모드 설정, 서보의 연결핀과 초기 각도를 설정.

```
35  void loop(){
36    for(int i = 50; i <= 200; i++){
37      analogWrite(LED_EYE, i);
38      delay(5);
39    }
40    for(int i = 200; i >= 50; i--){
41      analogWrite(LED_EYE, i);
42      delay(5);
43    }
44
45  // Sensor Right------------------------------------
46    if(digitalRead(A1)== LOW){
47      digitalWrite(LED_WORK_RIGHT, HIGH);
48      mp3_play(4);
49      for(int i = 90; i >= 45; i--) {
50        SERVO_BASE.write(i);
51        delay(20);
52      }
53      mp3_stop();
54
55      Machine_Gun(); // Machine Gun Shooting
56
57      mp3_play(4);
58      for(int i = 45; i <= 90; i++) {
59        SERVO_BASE.write(i);
60        delay(30);
61      }
62      mp3_stop();
63      digitalWrite(LED_WORK_RIGHT, LOW);
64    }
65
66  // Sensor Center------------------------------------
67    if(digitalRead(A2)== LOW){
68      digitalWrite(LED_WORK_CENTER, HIGH);
69
70      Machine_Gun(); // Machine Gun Shooting
71
72      digitalWrite(LED_WORK_CENTER, LOW);
73    }
74
75  // Sensor Left------------------------------------
76    if(digitalRead(A3)== LOW){
77      digitalWrite(LED_WORK_LEFT, HIGH);
78      mp3_play(4);
79      for(int i = 90; i <= 135; i++){
80        SERVO_BASE.write(i);
81        delay(10);
82      }
83      mp3_stop();
84
85      Machine_Gun(); // Machine Gun Shooting
86
87      mp3_play(4);
88      for(int i = 135; i >= 90; i--){
89        SERVO_BASE.write(i);
90        delay(30);
91      }
92      mp3_stop();
93      digitalWrite(LED_WORK_LEFT, LOW);
94    }
95  }
```

세 개의 센서에 감지가 없는 상태. 자쿠의 모노아이 페이딩.

사용자 정의 함수 호출코드

가운데 센서 감지 동작코드【67】~【73】

사용자 정의 함수 호출코드

왼쪽 센서 감지 동작코드【76】~【94】

사용자 정의 함수 호출코드

```
97   //*********Machine Gun Shooting*********
98   void Machine_Gun(){
99     for(int i = 5; i <= 35; i++){
100       SERVO_ARM.write(i);
101       delay(10);
102     }
103
104     for(int i = 0; i < 255; i++){
105       analogWrite(LED_SIGHT, i);
106       delay(5);
107     }
108
109     mp3_play(3);
110     for(int i = 0; i < 20; i++){
111       analogWrite(LED_SHOT, 255);
112       SERVO_ARM.write(38);
113       delay(60);
114       analogWrite(LED_SHOT, 0);
115       SERVO_ARM.write(35);
116       delay(60);
117     }
118     mp3_stop();
119
120     for(int i = 150; i >= 0; i--){
121       analogWrite(LED_SHOT, i);
122       delay(10);
123     }
124     delay(800);
125     analogWrite(LED_SIGHT, 0);
126     delay(800);
127
128     for(int i = 35; i >= 5; i--){
129       SERVO_ARM.write(i);
130       delay(30);
131     }
132   }
```

사용자 정의 함수 선언

사격을 위해 팔을 든다.

조준경을 서서히 켠다.

기관총 효과음 시작.

한 발 사격을 20회 반복.

기관총 효과음 중지.

총구 LED의 잔열이 서서히 식는 연출

조준경을 끈다.

팔을 원위치로 내린다.

DF플레이어 모듈을 사용하기 위해 라이브러리를 설치한다. DF플레이어 라이브러리는 서보모터 라이브러리와 다르게 아두이노 IDE에 기본으로 설치되어 있지 않으므로 직접 파일을 찾아 다운 로드 받은 후 설치해야 한다. 이 책에서는 DFPlayer_mini_Mp3_master 라이브러리를 사용한다.

동일한 DF플레이어 모듈을 다루는 라이브러리이지만 종류와 버전이 여러가지이 고 그에 따라 사용하는 명령 코드가 조금씩 다르다. 아두이노 스케치의 라이브러 리 찾기로 하면 비슷한 이름의 라이브러리가 많아 어지럽다. 이 책에서 사용한 DFPlayer_mini_Mp3.zip 라이브러리파일은 필자의 블로그 https://blog.naver. com/ballak에서 다운로드 받을 수 있다.

Contact

Naver Blog : Kyoji

TIP 라이브러리 설치하기

다운로드 받은 라이브러리는 직접 설치한다.
라이브러리는 ZIP파일로 압축되어 있는데, 압축을 해제할 필요없이 ZIP을 그대로 설치한다.

① 필자의 블로그 혹은 검색을 통해 "DFPlayer_mini_Mp3.zip"을 다운로드 한다.
② 아두이노 스케치의 Sketch -Include Library -Add .ZIP Library…를 클릭

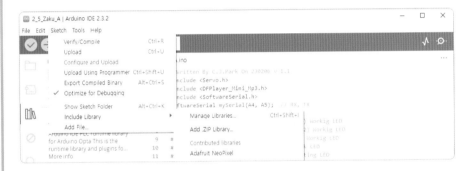

③ 파일 선택 창이 열리면 다운로드 장소로 이동해서 "DFPlayer_mini_Mp3.zip" 파일을 선택하고 열기(O)를 한다.

④ 열기 후 설치여부를 물어보면 YES를 선택. 제대로 설치되었는지 확인하려면 예제를 찾아본다.
File-Examples를 열었을 때 DFPlayer-Mini-MP3-master가 있으며 제대로 설치된 것.

【 4 】 #include <SoftwareSerial.h>

소프트웨어 시리얼을 사용하기 위한 라이브러리 추가.
아두이노가 외부기기와 정보를 주고 받는 것을 "통신"이라고
한다. DF플레이에 명령을 전달 하기 위해 시리얼 통신(Serial
Communication)을 하는데, 데이터를 보내는 TX(Transmitter,
송신), 데이터를 받는 RX(Receiver, 수신) 두 핀을 사용한다. 소
프트웨어 시리얼을 사용하면 사용자가 원하는 핀을 TX와 RX로
설정할 수 있다. 라이브러리 이름의 대소문자도 잘 지켜서 써야
한다.

기본적인 시리얼 통신은 D0(RX), D1(TX)을 사용한다. 하지만 이 핀을
사용하면 아두이노와컴퓨터가 통신(프로그램 업로드 등)할 때 간섭
이 생기므로 잠시 선을 분리해야 하는 번거로움이 있다. 소프트웨어
시리얼을 사용하면 D0, D1핀을 사용하지 않고 다른 핀을 사용하므로
이런 불편이 없어진다.

【 5 】 SoftwareSerial mySerial(A4, A5); // RX, TX

소프트웨어 시리얼로 TX, RX핀을 설정하는 함수. 함수명의 대
소문자는 틀리지 않도록 주의.
mySerial은 임의의 이름으로 원하는대로 바꿀 수 있다. 이름을
바꾼다면 【30】【31】의 mySerial도 동일하게 바꾸어야 한다.
(A4, A5) 괄호 안에 사용하고 싶은 핀번호를 쓴다. 이때 앞쪽 번
호는 RX핀, 뒤쪽 번호는 TX핀이다. 필요하면 다른 핀에 연결할
수 있다.

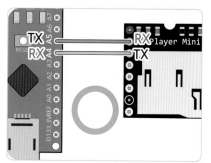

시리얼 통신 부품의 RX와 TX에 연결하는 방법

대부분의 부품은 VCC와 VCC, GND와 GND처럼 같은 이름끼리 연결한다. 하지만 시리얼 통신부품을 연결할 때는 RX
는 TX에, TX는 RX에 연결해야 한다. 아두이노의 RX(A4)는 DF플레이어의 TX에 연결, TX(A5)는 RX에 연결한다.

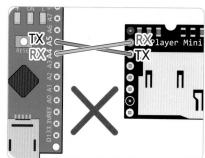

※ RX는 신호를 받는 핀, TX는 신호를 보
내는 핀이다.
● 아두이노의 TX에서 신호를 보내면 DF
플레이어의 RX에서 신호를 받는다
(TX→RX).
● DF플레이어의 TX에서 신호를 보내면
아두이노의 RX에서 신호를 받는다
(TX→RX).
시리얼 통신을 하는 부품을 사용할 때는
이 점을 꼭 기억해야 한다.

【 7 】~【 12 】 #define

LED를 연결한 핀번호에 이름을 지어준다. 부품, 설치 위치를 대문자와 언더바로 구분하고 있다.

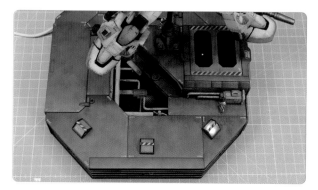

LED_WORK_RIGHT : 우측 액션을 연출하는 동안 LED가 켜진 상태가 된다.
LED_WORK_CENTER : 정면 액션을 연출하는 동안 LED가 켜진 상태가 된다.
LED_WORK_LEFT : 좌측 액션을 연출하는 동안 LED가 켜진 상태가 된다.

LED_EYE : 자쿠의 모노아이 핑크색 LED.
LED_SHOT : 총구 발사용 노란색 LED
LED_SIGHT : 총에 부착된 조준경용 빨간색 LED

【 14 】~【 15 】 Servo

사용할 서보의 이름을 만든다.
SERVO_ARM : 왼팔에 설치, 총을 올리고 내리는 서보.
SERVO_BASE : 베이스에 설치, 몸통을 좌우로 회전하는 서보.

【 18 】~【 20 】 pinMode

디지털로 켜고 끄는 LED 세 개(작동 LED)의 핀모드를 출력(OUTPUT)으로 설정.

【 21 】~【 23 】 pinMode

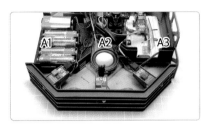

적외선 센서는 디파인으로 설정하지 않고 핀번호를 그대로 썼다. 이번 공작에서 적외선 센서는 "있다, 없다" 둘 중 하나로 디지털 입력으로 사용하므로 핀모드를 입력(INPUT)으로 설정한다.

【 30 】 mySerial.begin(9600);

【5】에서 설정한 mySerial의 통신 속도를 지정. 괄호( ) 안의 값을 보 레이트(Baud Rate)라고하며 일반적으로 9600을 사용한다. 이 값은 신호를 주고받는 속도를 나타내는데, 일정하게 정해진 값이 있다. 마음대로 수를 바꾸면 통신이 되지 않으므로 그대로 사용한다.

【 31 】 mp3_set_serial(mySerial);

DF플레이어가 사용하는 시리얼을 【5】에서 설정한 mySerial로 맞춘다.

【 32 】 mp3_set_volume(25);

DF플레이어의 볼륨을 설정. 괄호( ) 안의 값을 0~30까지 조절할 수 있다. 스피커 성능에 따라 볼륨을 높게 설정하면 듣기 불편한 소리가 날 수도 있으므로 사용하는 스피커의 성능에 적당한 값으로 조절해야 한다.

TIP DF플레이어를 사용하기 위한 명령 정리

```
전처리 영역
【 3 】 #include <DFPlayer_Mini_Mp3.h>  // DF플레이어 라이브러리 추가
【 4 】 #include <SoftwareSerial.h>     // 소프트웨어 시리얼 라이브러리 추가
【 5 】 SoftwareSerial mySerial(A4, A5); // RX,TX핀 설정

셋업 영역
【 30 】 mySerial.begin(9600);          // 시리얼 통신 속도 설정. 9600으로만 쓸 것.
【 31 】 mp3_set_serial(mySerial);      // mySerial로 시리얼 통신을 시작
【 32 】 mp3_set_volume(25);            // 볼륨 설정 (0~30)

루프 영역
【 48 】 mp3_play(값);  // 값에 플에이할 MP3의 번호를 넣는다.
【 53 】 mp3_stop();    // 현재 플레이 중인 MP3를 멈춘다. 괄호() 안에는 아무 것도 넣지 않는다.
```

```
【36】 for(int i = 50; i <= 200; i++) {
【37】     analogWrite(LED_EYE, i);
【38】     delay(5);
【39】 }
```

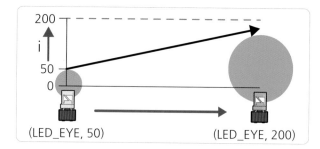

(LED_EYE, 50)   (LED_EYE, 200)

루프가 시작하면 모노아이가 50의 밝기로 켜지고 서서히 밝아져 200의 밝기까지 된다.

【36】 i=50의 값을 조절하면 시작 밝기를 조절할 수 있다. 0으로 하면 완전히 꺼진 상태.

【38】 딜레이 값이 5이고 50에서 200까지 151회를 반복하면 755ms=0.75초.

딜레이의 값을 올리면 서서히 켜지고 낮추면 빨리 켜진다.

```
【40】 for(int i = 200; i >= 50; i--) {
【41】     analogWrite(LED_EYE, i);
【42】     delay(5);
【43】 }
```

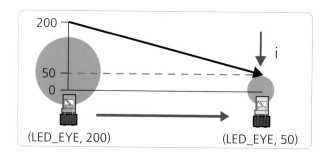

(LED_EYE, 200)   (LED_EYE, 50)

모노아이가 200의 밝기에서 서서히 어두워져 50의 밝기까지 된다.

【40】 i의 값은【36】의 마지막 값이 200이므로 200에서 시작하고 마지막은 50의 값으로 맞춰야 LED의 밝기 변화가 부드럽게 이어진다.

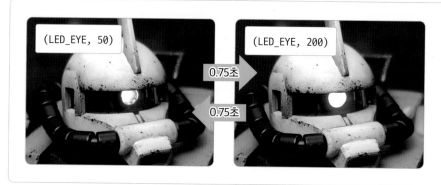

(LED_EYE, 50)   0.75초   (LED_EYE, 200)
                       0.75초

【36】~【43】은 루프 영역 안에 있으므로 자쿠의 모노아이는 0.75초 동안 서서히 밝아지고 0.75초 동안 서서히 어두워지는 작동(페이딩)을 계속 반복한다.【45】부터 시작하는 센서에 물체가 감지되는 코드가 작동하면 페이딩을 멈추고 켜진 상태로 총 쏘기 작동을 한다.

```
【46】 if (digitalRead(A1)== LOW) {
【67】 if (digitalRead(A2)== LOW) {
【76】 if (digitalRead(A3)== LOW) {
```

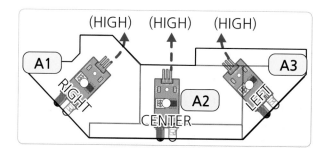

(HIGH)   (HIGH)   (HIGH)

A1   RIGHT   CENTER   LEFT   A3
            A2

이 프로그램에서는 세 개의 if문을 사용하고 있다. 세 개의 적외선 센서(A1, A2, A3) 중 하나가 반응을 하면 해당하는 if문의 블록을 실행한다.

세 개의 센서 앞에 어떤 물체도 없다면 모두 HIGH 신호를 출력한다. 모든 if 조건문은 거짓(False)이 되므로 어떤 if문의 블록도 실행하지 않아 아무 일도 일어나지 않는다(모노아이가 계속 페이딩).

이번 공작에 사용한 적외선 센서 HS-IRSM는 물체가 감지되지 않으면 HIGH 신호를 보내고, 감지되면 LOW 신호를 보낸다.

① 적외선 센서에 전원을 공급하면 POWER LED가 켜진다.
② 발신 LED에서 적외선을 발사한다.
③ 물체가 없으면 반사되어 돌아오는 적외선이 없다.
④ 신호선은 HIGH를 보낸다.

⑤ 발신 LED에서 적외선을 발사한다.
⑥ 물체에 반사된 적외선이 수신 LED에 감지된다.
⑦ SIGNAL LED가 켜진다.
⑧ 신호선은 LOW를 보낸다.

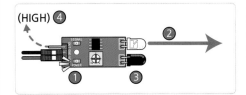
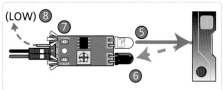

적외선 센서 HS-IRSM는 가변저항을 돌려 감지거리를 조절할 수 있다. 업체 제공 스펙에 따르면 최소 2cm, 최대 8cm의 거리에서 최적의 감지를 할 수 있다고 되어 있으나 실제 작동해보면 최대 거리는 조금 더 짧다. 일반적으로 2cm~4cm범위로 생각하는 것이 좋다. 저가의 적외선 장치이므로 이 정도는 이해하고 사용할 수 밖에 없다.

적외선 센서는 치명적인 약점이 있다. 바로 태양이나 매우 밝은 무대 조명. 태양에는 모든 파장의 빛이 나오므로 야외에서 적외선 센서를 사용하면 모든 센서가 계속 감지상태가 된다.
필자가 몇 년 전에 만든 MG건담에도 적외선 센서를 사용했는데 야외에서 개최되는 메이커페어에 전시를 했다가 제대로 작동되지 않는 가슴 아픈 경험이 있다. 그렇지만 사용방법이 간단하고 가격도 저렴하며 기본적인 원리를 이해하는데는 충분한 것이 장점으로 필자는 실내 전시용으로 여전히 잘 사용하고 있다.

【 45 】 // Sensor Right-----------------------------------

우측 센서가 감지되었을 때 실행하는 코드를 알리기 위해 주석으로 표시.

【 46 】 if(digitalRead(A1)== LOW){

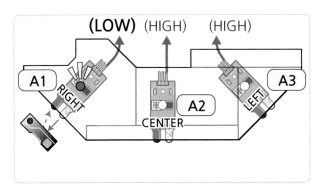

우측 센서(A1)의 상태를 확인한다.
만약 물체가 있다면 A1에서는 LOW 신호를 보내고 if문의 조건이 참(True)이 되어 if문의 블록【46】~【64】코드를 실행한다.
만약 물체가 없다면 A1에서는 HIGH 신호를 보내고 if문의 조건이 거짓(false)이 되므로 if문의 블록은 실행하지 않고 다음 명령줄인【66】으로 건너뛴다.

【 47 】 digitalWrite(LED_WORK_RIGHT, HIGH);

우측 센서 위에 설치한 LED(LED_WORK_RIGHT)를 켠다. 이 LED는 우측에 해당하는 프로그램을 실행하는 동안 계속 켜있게 된다.

```
【 48 】 mp3_play(4);
```

몸체가 회전할 때 나오는 스러스트 엔진 소리 효과(0004_thrust.mp3)를 플레이한다. SD카드에
저장하는 파일명은 0004_thrust.mp3이지만 코드에서는 전체 파일명을 쓰지 않고 000을 뺀 한
자리 숫자(4)만 쓴다.
이번에 사용한 0004_thrust.mp3는 2.6초.

```
【 49 】 for(int i = 90; i >= 45; i--) {
【 50 】    SERVO_BASE.write(i);
【 51 】    delay(20);
【 52 】 }
```

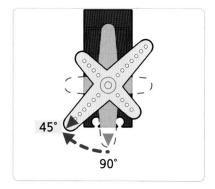

우측 방향으로 사격하기 위해 자쿠의 몸을 정면(90)에서 우측(45)으로 돌린다.
이번 코드에서 동작 시간은 딜레이(20)×작동각도(46)=920ms=약 0.9초.
몸체가 회전하는 동안【48】에서 시작한 효과음은 계속 실행하고 있다.

```
【 53 】 mp3_stop();
```

실행중인 MP3를 멈춘다. 효과음을 사용할 때 동작과 정확히 시간을 맞추는 것은 조금 번거롭다. 딱 맞는 길이의 음원을 찾아내거
나 사운드 편집 프로그램을 사용해서 길이를 맞춰 잘라내야 한다.
하지만 반복되는 효과음(엔진, 총소리 등)을 사용한다면 mp3_stop();을 써서 원하는 곳에서 MP3 실행을 멈춰 동작과 일치하게 할
수 있다. 만약 stop을 하지 않는다면, 우측으로 움직이는 동작을 멈춘 후에도 0004_thrust.mp3 파일이 계속 실행되므로 싱크가
맞지 않게 된다.

```
【 55 】 Machine_Gun(); //Machine Gun Shooting
```

Machine_Gun은 사격 액션을 연출하기 위해 직접 만든 함수다. 이와 같이 사용자가 원하는 함수를 만드는 것을 사용자 정의 함수
(User Defined Function)라고 한다. 여러 줄의 복잡한 코드를 반복해서 사용할 때 사용자정의 함수를 이용하면 코드를 보기 쉽게
만들 수 있다.
이번 코드에서는 약간 길고 복잡한 동작을 하는 머신건 작동 코드(총 34줄)를 세 군데(우측, 정면, 좌측)에서 반복 사용한다. 이 작
동 코드를 loop블록의 바깥에 만들어 두고(【98】~【132】), 본문에서 사용자정의 함수의 이름을 쓰면(호출) 사용할 수 있다.
함수 이름은 원하는대로 만들어 쓸 수 있다. 코드 해설 B, C에는 장거리 사격함수, 3점 사격 함수를 해설하고 있으므로 원하는 것을
가져와 사용할 수 있다.

사용자정의 함수 호출		불러오는 사용자정의 함수 코드
【 55 】 【 70 】　Machine_Gun(); 【 85 】	**=**	【 98 】 void Machine_Gun(){ 　　· 　　· 　　· 【 132 】}

함수이름();

※함수 이름에 괄호()와 세미콜론;을 붙인다.
　함수 이름은 상수명, 변수명 만들기 규칙과 동일하다.

void 함수이름() {
　　실행코드
}

※void를 먼저 쓰고 함수이름과 괄호() 그리고 중괄호 {}
　를 쓴다. 실행코드는 중괄호 사이에 넣어준다.

```
【 57 】  mp3_play(4);
```

머신건 사격 액션을 마치면 자쿠의 몸체를 원위치(정면90˚)로
돌린다. 먼저 0004_thrust.mp3 파일을 실행.

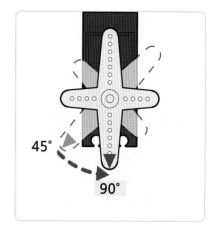

```
【 54 】  for(int i = 45; i <= 90; i++) {
【 55 】    SERVO_BASE.write(i);
【 56 】    delay(30);
【 57 】  }
```

사격을 마치고 몸을 우측(45)에서 정면(90)으로 다시 돌아온다. 조건은 【49】와 반대
로 작성한다.
사격할 때와 다른 점은 딜레이 시간(30)이 약간 늘었다. 임무를 마친 후 약간 느긋하
게 돌아오는 연출. 돌아오는 시간은 딜레이(30) ×작동각도(46)=1380ms=약1.4초.
몸체가 회전하는 동안【57】에서 시작한 효과음은 계속 플레이 중이다.
돌아오는 동작이 다 끝나면(90이 되면)【62】mp3_stop(); 코드로 MP3 실행을 멈춘다.

```
【 63 】  digitalWrite(LED_WORK_RIGHT, LOW);
```

정면으로 돌아온 후【47】에서 켠 LED_WORK_RIGHT을 끄면 우측 센서(A1)의 작동이 모두 끝난다.

```
【 66 】  // Sensor Center-----------------------------------
```

정면 센서가 감지되었을 때 실행하는 코드. 기본 자세가 정면을 바라보고 있어 회전작동이 필요없으
므로 서보작동(SERVO_BASE)과 스러스트파일(0004_thrust.mp3) 실행코드는 사용하지 않았다.

```
【 67 】  if(digitalRead(A2)== LOW){
```

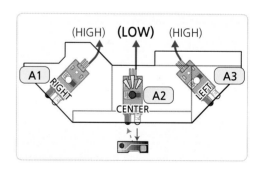

정면 센서(A2)의 상태를 확인한다.
만약 물체가 있다면 A2에서는 LOW 신호를 보내고 if문의 조건이 참(True)이
되어 if문의 블록【67】~【73】코드를 실행한다.
만약 물체가 없다면 A2에서는 HIGH 신호를 보내고 if문의 조건이 거짓(False)
이 되므로 if문의 블록은 실행하지 않고 다음 명령 줄인【75】로 건너뛴다.

```
【 68 】  digitalWrite(LED_WORK_CENTER, HIGH);
```

적외선 센서 위에 설치한 LED(LED_WORK_CENTER)를 켠다.

```
【 70 】  Machine_Gun(); //Machine Gun Shooting
```

사용자 정의 함수인 Machine_Gun();을 사용하여 머신건 작동을 한다.

```
【 72 】  digitalWrite(LED_WORK_CENTER, LOW);
```

사격을 마치고【68】에서 켠 LED_WORK_CENTER을 끄면 정면 센서(A2)의 작동이 모두 끝난다.

```
【 75 】 // Sensor Left------------------------------------------
```

좌측 센서가 감지되었을 때 실행하는 코드를 알리기 위해 주석으로 표시.

```
【 76 】 if(digitalRead(A3)== LOW){-
```

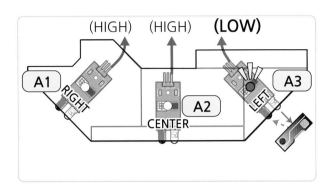

좌측 센서 (A3)의 상태를 확인한다.
만약 물체가 있다면 A3에서는 LOW 신호를 보내고 if문의 조건
이 참(True)이 되어 if문의 블록【76】~【97】코드를 실행한다.
만약 물체가 없다면 A3에서는 HIGH 신호를 보내고 if문의 조건
이 거짓(False)이 되므로 if문의 블록은 실행하지 않는다. 루프의
첫【36】코드로 돌아가 전체 코드를 다시 시작한다.

```
【 77 】 digitalWrite(LED_WORK_LEFT, HIGH);
【 78 】 mp3_play(4);
【 79 】 for(int i = 90; i <= 135; i++){
【 80 】   SERVO_BASE.write(i);
【 81 】   delay(10);
【 82 】 }
【 83 】 mp3_stop();
```

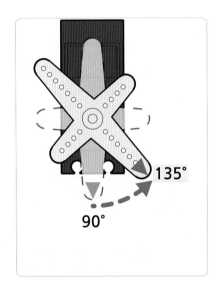

- 좌측 센서 위에 설치한 LED(LED_WORK_LEFT)를 켠다.
- 스러스트 엔진 소리 효과(0004_thrust.mp3) 실행.
- 좌측 방향으로 사격을 하기 위해 자쿠의 몸을 정면(90)에서 좌측(135)으로 회전.
- 좌측으로 회전은 조금 더 빠르게 움직이도록 딜레이의 값을 조절했다.
- 딜레이(10)×작동각도(45) = 450 = 약 0.4초.
- 베이스 서보 작동을 멈추고 실행중인 MP3를 멈춘다.

```
【 85 】 Machine_Gun(); //Machine Gun Shooting
```

사용자 정의 함수인 Machine_Gun();을 사용하여 머신건 작동을 한다.

```
【 87 】 mp3_play(4);
【 88 】 for(int i = 135; i >= 90; i--){
【 89 】   SERVO_BASE.write(i);
【 90 】   delay(30);
【 91 】 }
【 92 】 mp3_stop();
【 93 】 digitalWrite(LED_WORK_RIGHT, LOW);
```

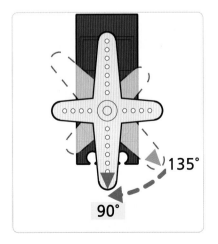

- 사격을 마친 후 -스러스트 엔진 소리 효과(0004_thrust.mp3) 실행.
- 몸을 좌측(135)에서 정면(90)으로 회전한다. 조건은【77】코드와 반대로 작성한다.
- 【87】에서 시작한 MP3를 멈춘다.
- 작동 표시 LED(LED_WORK_LEFT)를 끈다.

※루프 영역 바깥인【97】부터 있는 사용자 정의 함수는 함수로 불러내(호출)지 않으면 스스로 실행하지 않으므로 루프의 첫 줄【36】으로 돌아간다.

```
【97】 // ********Machine Gun Shooting********
```

주석으로 사용자 정의 함수의 시작을 표시했다.
사용자 정의 함수는 루프 영역의 바깥에 작성한다. 이번 프로그램에서는 루프 영역이 【95】 }에서
끝나므로 그 다음 줄에 작성한다.

```
【98】 void Machine_Gun(){
```

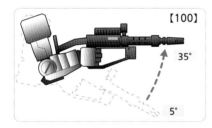

사용자 정의 함수를 만드는 코드. loop 바깥 영역(이번 코드에서는 【95】 }의 다음 줄)
에 작성한다.
사용자 정의 함수의 문법은 setup, loop명령과 동일한 구조다.
함수 이름은 사용자가 원하는대로 만들어 줄 수 있다.
중괄호 { }안을 블록이라고 부르며 작동을 원하는 코드(실행)를 넣어준다.

```
【99】 for(int i = 5; i <= 35; i++){
【100】   SERVO_ARM.write(i);
【101】   delay(10);
【102】}
```

사격자세를 취하기 위해 팔 서보(SERVO_ARM)를 대기 상태(5)에서 조준 상태(35)로
각도를 바꾼다.
딜레이(10)가 있으므로 올리는 시간은
10ms ×35 = 350 ms = 약 0.35초
딜레이의 값을 조절하면 서서히 또는 빠르게 올릴 수 있다.

```
【104】 for(int i = 0; i < 255; i++){
【105】   analogWrite(LED_SIGHT, i);
【106】   delay(5);
【107】 }
```

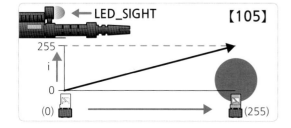

머신건의 조준경 LED(LED_SIGHT)를 서서히 밝게(0→255) 한다. 조준
과정.
딜레이 값을 조절해서 켜지는 시간을 조절할 수 있다.

```
【 109 】 mp3_play(3);
```

연속 발사용 효과음인 0003_machine20.mp3을 실행한다. 저장된 MP3는 기관총 소리 효과.

```
【 110 】 for(int i = 0; i < 20; i++){
```

for문에 속한 블록【110】~【117】은 1발 사격용 코드. 이것을 20회 연속으로 반복하면 기관총 효과를 낼 수 있다. i<20의 값을 조절해 발사 횟수(블록 반복)을 조절할 수 있다.

```
【 111 】    analogWrite(LED_SHOT, 255);
【 112 】    SERVO_ARM.write(38);
【 113 】    delay(60);
【 114 】    analogWrite(LED_SHOT, 0);
【 115 】    SERVO_ARM.write(35);
【 116 】    delay(60);
```

1회 사격 코드. 총을 1발 발사하고 팔의 각도를 35→38로 빠르게 바꿔 사격 반동 효과를 연출.
【111】총구의 발사 LED(LED_SHOT)를 최대 밝기(255)로 켠다.
【112】팔을 반동 각도(38)로 즉시 올린다.
【114】총구의 발사 LED(LED_SHOT)를 끈다.
【115】팔을 조준 각도(35)로 내린다.

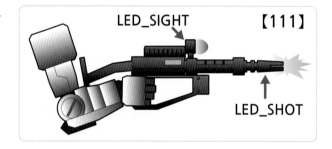

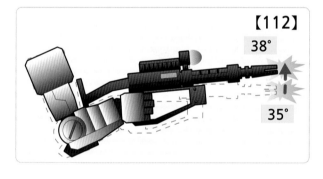

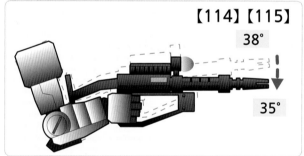

35°와 38°를 빠르게 왕복하므로 총 발사의 반동 연출을 한다.

```
【 118 】 mp3_stop();
```

연속 발사 효과음을 멈춘다.

```
【 120 】 for(int i = 150; i >= 0; i--){
【 121 】     analogWrite(LED_SHOT, i);
【 122 】     delay(10);
【 123 】 }
```

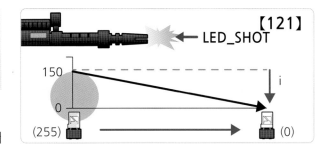

총구 LED가 서서히 꺼진다.
연속 사격을 한 후 총구가 가열되고, 사격 후 잔열이 남아 서서
히 식는 느낌을 아날로그 라이트로 연출.

```
【 125 】analogWrite(LED_SIGHT, 0);
```

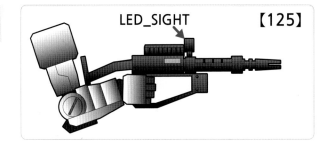

조준경 LED를 끈다.

```
【 128 】 for(int i = 35; i >= 5; i--){
【 129 】     SERVO_ARM.write(i);
【 130 】     delay(10);
【 131 】 }
```

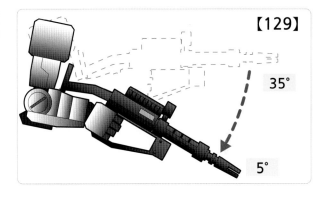

사격을 마친 후 팔 서보를 조준 상태(35)에서 대기 상태(5)로 내
린다.

팔을 내려 대기 상태. 코드는 루프의 처음으로 돌아가므로 모노
아이의 눈이 페이딩한다.

2 프로그램 B 장거리 사격

프로그램 B는 장거리 사격 액션을 사용자 정의 함수로 만든 것. 머신건과 다르게 단발 사격으로 정밀 조준 연출을 위해 조준경이 서서히 켜지고 대형탄을 사용하므로 반동 각도도 더욱 크게 연출했다.

프로그램 B의 블록을 복사하여 프로그램 A에서 만든 사용자 함수 밑으로 붙여 넣는다. 기존의 사용자 함수【55】【70】【85】위치에 있는 Machine_Gun ();를 대신해서 장거리 사격 함수인 Long_Shot ();으로 바꿀 수 있다. 방향(오른쪽, 가운데, 왼쪽)에 따라 각각 다른 사격함수를 넣어줘도 재미있다.

```
1   //Written By C.J.ParkOn 230206 v 1.1
2   // *********Long Range Shooting*********
3   void Long_Shot(){                        사용자 정의 함수 선언
4     for(int i = 5; i <= 35; i++){
5       SERVO_ARM.write(i);                  사격을 위해 팔을 든다.
6       delay(20);
7     }
8     delay(500);
9
10    for(int i = 0; i <= 255; i++){
11      analogWrite(LED_SIGHT, i);           조준경을 서서히 켠다.
12      delay(7);
13    }
14    delay(500);
15
16    mp3_play(1);                           장거리 사격(스나이퍼 라이플) MP3
17
18    analogWrite(LED_SHOT, 255);
19    for(int i = 50; i >= 35; i--){
20      SERVO_ARM.write(i);                  한 발 사격. 반동은 더 크다.
21      delay(70);
22    }
23
24    for(int i = 255; i >= 0; i--){
25      analogWrite(LED_SHOT, i);            총구 LED를 열이 식는 효과로 연출하기 위해 서서히 끈다.
26      delay(5);
27    }
28    delay(1000);
29
30    analogWrite(LED_SIGHT, 0);             조준경을 끈다.
31    delay(500);
32
33    for(int i = 35; i >= 5; i--){
34      SERVO_ARM.write(i);                  팔을 원위치로 내린다.
35      delay(30);
36    }
37  }
```

```
【 4 】 for(int i = 5; i <= 35; i++){
【 5 】   SERVO_ARM.write(i);
【 6 】   delay(20);
【 7 】 }
```

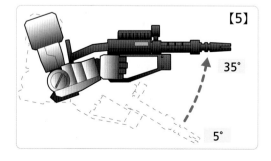

사격 자세를 취하기 위해 팔 서보(SERVO_ARM)를 대기 상태(5)에서 조준 상태(35)로 각도를 바꾼다.

```
【10】 for(int i = 0; i < 255; i++){
【11】   analogWrite(LED_SIGHT, i);
【12】   delay(7);
【13】 }
```

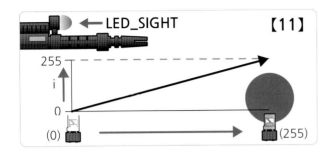

머신건의 조준경 LED(LED_SIGHT)를 서서히 밝게(0→255) 한
다. 조준 과정.
머신건에 비해 딜레이의 값이 약간 높아 느린 속도로 진행한다.
정밀 사격을 위해 신중한 조준을 연출.

```
【16】mp3_play(1);
```

장거리탄 효과음인 0001_45mm.mp3을 실행. 저장된 총소리는 스나이퍼 라이플 사운드를 다운
로드 한 것.

```
【18】analogWrite(LED_SHOT, 255);
```

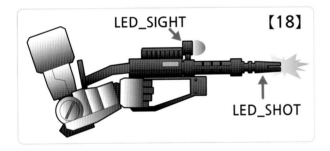

총구의 발사 LED(LED_SHOT)를 최대 밝기(255)로 켠다.

```
【19】 for(int i = 50; i >= 35; i--){
【20】   SERVO_ARM.write(i);
【21】   delay(70);
【22】 }
```

장거리 사격을 위해 대량의 에너지를 사용한 특수탄을 사용하는 설정이므로 더 큰 반동(50)으로
연출했다.
【19】i의 초기값을 50으로 설정하여 팔이 갑자기 위로 올라간다. 반동을 연출.
【20】for문을 사용하여 팔이 원래 위치(35)로 서서히 내려온다.

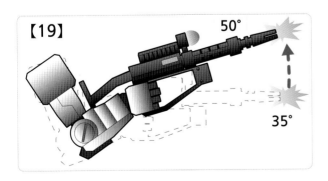

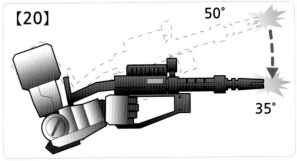

```
【 24 】  for(int i = 255; i >= 0; i--){
【 25 】    analogWrite(LED_SHOT, i);
【 26 】    delay(5);
【 27 】  }
```

총구가 가열된 후 잔열이 서서히 식는 느낌을 표현하기 위해 총구 LED를 서서히 끈다.

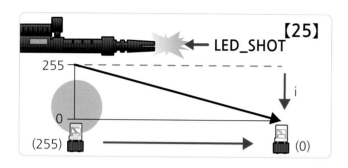

```
【 30 】 analogWrite(LED_SIGHT, 0);
```

조준경 LED를 끈다.

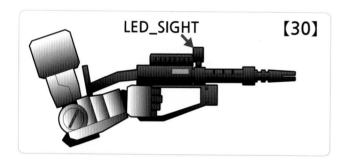

```
【 33 】  for(int i = 35; i >= 5; i--){
【 34 】    SERVO_ARM.write(i);
【 35 】    delay(10);
【 36 】  }
```

사격을 마친 후 팔 서보를 조준 상태(35)에서 대기 상태(5)로 내린다.

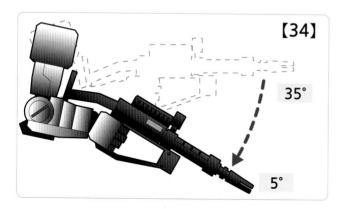

3 프로그램 C 버스트사격

사격술에서 버스트(Burst Fire, 점사)는 방아쇠를 한 번 당기면 몇 발을 연달아 발사하는 모드. 자쿠의 머신건으로 버스트 모드로 사격하면 3발 버스트를 3회 반복한다. [탕 탕 탕] [탕 탕 탕] [탕 탕 탕] 3번 쏘는 것을 3번 반복하는 이중 응용 for문으로 코드를 만들었다. 약간 복잡해 보이지만 잘 알아두면 꽤 쓸모있게 활용할 수 있다.

프로그램 C의 블록을 복사하여 프로그램 A에서 만든 사용자 함수 밑으로 붙여 넣는다. 그 후 방향에 따라 사격하는 사용자 함수【55】,【70】,【85】위치의 Machine_Gun();를 대신해 버스트 사격 함수인 Burst();으로 바꿔준다. 방향(오른쪽, 가운데, 왼쪽)에 따라 각각 넣어줘도 재미있다.

```
1   //Written By C.J.ParkOn 230206 v 1.1
2   // *********Burst Mode*********
3   void Burst(){                              사용자 정의 함수 선언
4     for(int i = 5; i < 35; i++){
5       SERVO_ARM.write(i);                    사격을 위해 팔을 든다.
6       delay(8);
7     }
8     delay(300);
9
10    analogWrite(LED_SIGHT, 255);             조준경을 재빨리 켠다.
11    delay(500);
12
13    for(int i = 0; i < 3; i++){              두 번째 3회 반복 for문
14      mp3_play(2);
15
16      for(int j = 0; j < 3; j++){            첫 번째 3회 반복 for문
17        analogWrite(LED_SHOT, 255);
18        SERVO_ARM.write(38);
19        delay(50);
20        analogWrite(LED_SHOT, 0);            1회 사격 코드
21        SERVO_ARM.write(35);
22        delay(50);
23      }
24      delay(500);
25    }
26
27    analogWrite(LED_SIGHT, 0);               조준경을 끈다.
28    delay(500);
29
30    for(int i = 35; i >= 5; i--){
31      SERVO_ARM.write(i);                    팔을 원위치로 내린다.
32      delay(30);
33    }
34  }
```

```
【4】  for(int i = 5; i <= 35; i++){
【5】    SERVO_ARM.write(i);
【6】    delay(20);
【7】  }
```

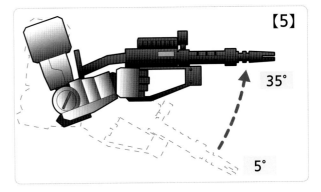

사격 자세를 취하기 위해 팔 서보(SERVO_ARM)를 대기 상태 (5)에서 조준 상태(35)로 각도를 바꾼다.

```
【10】analogWrite(LED_SIGHT, 255);
```

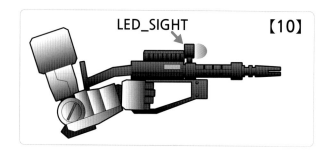

LED_SIGHT 【10】

이전 코드에서 조준경은 아날로그로 서서히 켜졌지만 이번에는 바로 켜지는 것으로 변경. 조금 더 급박한 느낌이 난다.

```
【13】for(int i = 0; i < 3; i++){
```

for문에 속한 블록【13】~【25】을 3회 반복한다. i<3의 값을 조절하여 버스트 발사 횟수(블록 반복)을 조절할 수 있다.

```
【14】mp3_play(2);
```

버스트 효과음(0002_busrt.mp3)을 실행. 이 효과음에는 3연발 사운드(탕~ 탕~ 탕)가 저장되어 있다.

```
【16】for(int j = 0; j < 3; i++){
```

for문에 속한 블록【16】~【23】을 3회 반복한다. 상위 for문에서 i를 사용했으므로 여기에서는 j를 변수로 설정하였다.

```
【17】analogWrite(LED_SHOT, 255);
【18】SERVO_ARM.write(38);
【19】delay(50);
【20】analogWrite(LED_SHOT, 0);
【21】SERVO_ARM.write(35);
【22】delay(50);
```

1회 사격 코드. 총을 1발 발사하고 팔의 각도를 35→38로 빠르게 바꿔 사격 반동 효과를 연출. 프로그램 A의 머신건과 동일하다. 단, Mp3의 사운드 효과와 시간을 맞추기 위해 딜레이를 조절했다.
- 총구의 발사 LED(LED_SHOT)를 최대 밝기(255)로 켠다.
- 팔을 반동각도(38)로 즉시 올린다.
- 총구의 발사 LED(LED_SHOT)를 끈다.
- 팔을 조준 각도(35)로 내린다.

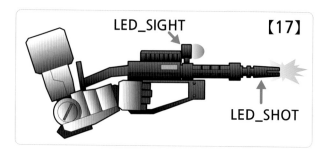

LED_SIGHT 【17】

LED_SHOT

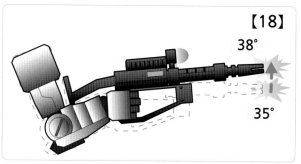

【18】
38°
35°

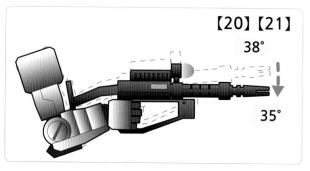

【20】【21】
38°
35°

이중 응용 for문의 작동 구조

```
【13】 for(int i = 0; i < 3; i++){
【16】    for(int j = 0; j < 3; j++){
```

이번 코드는 for문 안에 for문이 있는 이중 구조다.
【13】의 for문은 그에 속해 있는 노란색 블록【13】~【25】을 3회 반복하는 응용 for문이다.
위의 for문에 속해 있는 【16】의 for문은 파란색 블록【16】~【23】을 3회 반복하는 응용 for문이다.
【16】 for문에 있는 1발 사격 코드를 세 번 반복하고 이것을 【13】 for문으로 세 번 반복하는 구조이다.

```
13   for (int i = 0; i <= 3; i++){
14       mp3_play(2);
15
16       for(int j = 0; j < 3; j++){
17           analogWrite(LED_SHOT, 255);
18           SERVO_ARM.write(38);
19           delay(50);
20           analogWrite(LED_SHOT, 0);
21           SERVO_ARM.write(35);
22           delay(50);
23       }
24       delay(500);
25   }
```

【16】 for 반복문: MP3 플레이, 1발 사격을 3회 반복

[탕~, 탕~, 탕~]

【13】 for 반복문: 【16】 반복문을 3회 반복

[탕~, 탕~, 탕~] [딜레이500]   [탕~, 탕~, 탕~] [딜레이500]   [탕~, 탕~, 탕~] [딜레이500]

```
【27】 analogWrite(LED_SIGHT, 0);
```

LED_SIGHT   【27】

```
【30】 for(int i = 35; i >= 5; i--){
【31】     SERVO_ARM.write(i);
【32】     delay(10);
【33】 }
```

사격을 마친 후 팔 서보를 조준 상태(35)에서 대기 상태(5)로 각도를 내린다.

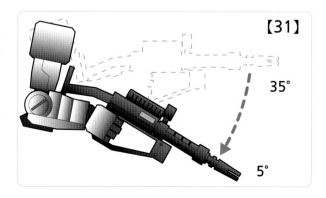

【31】

35°

5°

09-1 작품소개 : 초음파 센서와 음성 효과로 영화의 한 장면 만들기

제품명 : MODEROID ED-209

제조사 : GOOD SMILE COMPANY

제작 /글 : D&A 공작실 박성윤

프로그램 : D&A 공작실 박철종

CLIP

2-6 ED209

1987년에 개봉한 영화 <로보캅>에 등장하는 경비 드로이드. 범죄 집단으로 인해 황폐해진 디트로이트의 치안과 신도시 "델타 시티"에서 경찰을 대신하기 위해 OCP사에서 제작되었다. 영화에서는 개발 초기인지라 도시에 직접 투입되지는 않고 OCP 건물의 경비를 담당하고 있다. 머리에는 강력한 기관포와 로켓으로 무장한 두 팔을 장착하고, 특이한 작동 구조의 두 다리로 보행한다. 또한 몸 곳곳에 노출된 기계적 요소나 전선도 재미있는 디자인 포인트.
시제품답게 작동 오류로 큰 사고를 치기도 하고 주인공 로보캅을 끝까지 몰아붙이기도 하지만 계단을 내려오지 못하는 결정적 약점이 있다. 꽤 무서운 형태와 강력한 무기를 지니고 있음에도 약간 어설픈 모습으로 연출되고 있어 살짝 귀여운 느낌도 있다.
이번 공작에서는 서보모터와 LED를 이용해 머리의 상하 작동, 기관포 발사 액션에 더해 음성 효과를 DF플레이어로 실행. 강력한 범죄 집단에 맞서는 훌륭한 경비 로봇으로 제작했다. 초음파 센서를 이용, 물체와의 거리에 따라 다른 반응을 하는 방법을 소개한다.

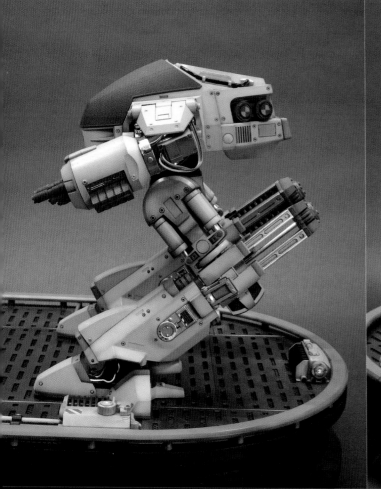

전원을 켠 기본 상태. 정면을 바라보고 팔을 내리고 있다.

거리 26~50cm에 물체가 감지되면 머리를 회전(팬) 작동하며 경고 음성을 낸다. 스피커와 연동한 LED가 빛난다.

거리 11~25cm에 물체가 감지되면 오른팔을 들고 머리를 가로저으며 경고 음성을 낸다.

거리 10cm 이하에서 물체가 감지되면 경고음을 낸 후 양팔을 올리고 사격 액션을 한다.

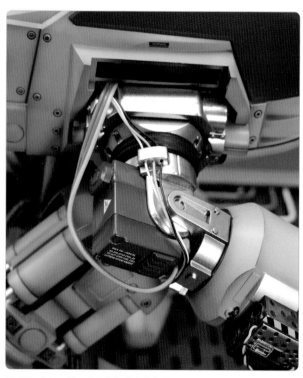

양팔의 서보모터는 팔꿈치에 설치해서 외부로 노출된다. LED, 서보의 전선은 기계적 느낌을 살리기 위해 의도적으로 노출하고 있다.

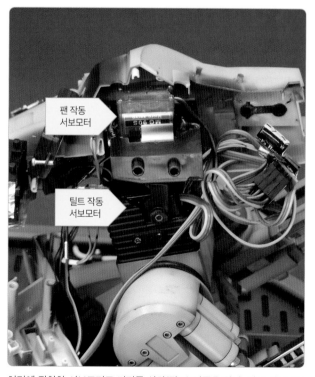

허리에 장착한 서보모터로 머리를 상하(틸트) 작동을 한다. 틸트 서보모터와 연결된 머리의 서보모터는 회전(팬) 작동을 한다.

1 작동코드 계획

초음파 센서는 저렴한 가격에 쉽게 구할 수 있는 부품으로 빛의 영향을 받지 않고 거리를 측정할 수 있어서 자주 애용하는 부품 중 하나이다. 부품 크기가 약간 크고 적외선 센서보다 코드가 몇 줄 더 추가되기는 하지만 충분히 감수할만큼 재미있는 센서. 그리고 효과음이 아닌 사람의 목소리를 MP3로 재생하는 방법에 대해서도 알아본다. 안내 로봇을 만들 때 꽤 유용하다.

① 로봇 음성 대사를 MP3로 만들기 (웹사이트)
② 초음파 센서로 거리 측정 (pulseIn)
③ 거리에 따라 음성, 액션 실행 (mp3_play, digitalWrite, Servo.write)

2 주요부품

기본부품
□ 아두이노 나노 1개
□ USB 커넥터
□ 브레드보드 하프 1개
□ 브레드보드 미니 1개

입력부품
□ 초음파 센서 1개

출력부품
□ SG90 서보모터 2개
□ MG90 서보모터 2개
□ DF플레이어
□ 스피커
□ 확산형 고휘도 5mm LED 웜화이트× 3
□ 사각형 3mm LED 파란색 × 2
□ 5V 릴레이

전자부품
□ 납땜용 도구
□ 연선 AWG 28, 30 전선 적, 흑, 백, 황, 청, 녹
□ 단선 AWG 22 전선 흰선
□ USB 피메일 커넥터
□ 2.54 피치 핀헤더, 소켓
□ 로커스위치
□ 저항 1KΩ 1개, 100Ω 3개
□ 만능기판

초음파 센서 HC-SR04
초음파 센서는 특정한 주파수의 초음파(사람의 귀에는 들리지 않는다)를 발생시켜 물체와의 거리를 측정할 수 있는 센서다. 아두이노에는 네 개의 핀으로 연결한다. 아두이노 프로그램에서 초음파 센서로 거리를 측정 할 수 있으므로 대상물과의 거리에 따라 다른 반응을 하도록 코드를 만들 수 있다. 이번 공작에서는 세 단계의 거리에 따라 반응한다.

◀ 보드 사이즈는 45mm ×20mm. 은색의 초음파 발신기가 튀어나와 있다. 형태를 이용해서 모양으로 꾸며도 재미있다.
제조사의 스펙으로는 최소2cm, 최대 4m까지 감지할 수 있지만, 거리가 멀어질수록 오작동의 가능성도 높아진다.
▶ ① 5V 전원+ ② 트리거 핀(초음파 발신용 신호선) ③ 에코 핀(초음파 수신용 신호선) ④ GND ⑤ 초음파 발신기 ⑥ 초음파 수신기

만능기판
회로를 견고하고 확실하게 고정할 때 만능기판을 사용한다. 여러 개의 커넥터를 이어서 만들 때 편리하다. 앞면에 부품을 끼우고 뒷면에서 전극을 납땜한다. 전극을 이을 때는 LED나 저항에서 자른 다리를 이용하거나 전선으로 배선을 할 수 있다. 이번 공작에서는 서보커넥터 4개를 연결하는 커넥터를 만드는 작업 등에서 사용하고 있다.

다양한 크기의 만능기판이 있다. 필자가 애용하는 사이즈는 두 가지. 아두이노 보드를 설치할 때는 60mm×40mm를, 커넥터류 연결은 80mm×20mm를 사용 중.

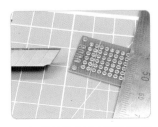
PCB는 홀이 많다 보니 생각보다 이쁘게 잘리지 않는다. 자르고 싶은 부분의 앞뒤를 칼로 몇 번 긁어주고 끊으면 비교적 깔끔하게 잘린다.

만능기판으로 회로를 만든 예(본 책과는 무관한 공작) 부품 교체가 필요한 곳은 핀헤더 소켓을 연결하여 사용한다.

가깝거나 이어서 연결할 곳은 전극이나 단선의 속전선을 이용하고 먼 거리를 이을 때는 피복이 있는 전선을 사용한다.

사각형 스피커

일반적으로 둥근 형태가 많지만 검색해보면 사각형 스피커도 있다. 공작 위치에 따라 사각형이 편리할 때가 있다. 일반적인 형태가 아니므로 흔하지는 않다. 해외 쇼핑몰에서 "mini diyspeaker square"로 검색하면 여러 제품을 찾을 수 있다.

브레드보드 미니

브레드보드 하프는 나노를 이용한 공작에 최적이지만 DF플레이어처럼 조금 큰 모듈을 설치하기에는 공간이 약간 부족. 이때 미니를 추가하여 사용한다.

릴레이(Relay) KY-019 5V

적은 전력으로 큰 전력을 연결하거나 차단하는 부품이다. 5V의 입력 전압으로 220V의 가정용 전기를 제어할 수 있다. 이번 공작에서는 스피커와 연동하여 작동하는 LED를 필요에 따라 켜기, 끄기를 위해 사용한다.
COM(Common, 공통) : 기본 전원을 연결하는 곳.
NC(Normally Closed) : 어떠한 작용도 하지 않은 상태(=상시)에서 연결되어 있는 곳.
NO(Normally Open) : 상시에 연결되지 않는 곳이라는 의미.

릴레이를 작동하면 특유의 딸깍 소리가 나는데 이것은 파란 상자 안에서 전원을 연결하거나 끊을 때 전자석을 사용하기 때문이다. 동일한 부품인데, 형식번호 "KY-019 5V" 검색하면 이상하게 비싼 것들이 먼저 나타난다. 대신 "아두이노 릴레이"로 검색하면 저렴한 것을 찾을 수 있다. 1,000원 정도

※ 제품에 따라서 입력 전원이 다른 경우가 있다. 아두이노용으로 사용할 때는 입력 5V를 선택해야 한다.

◀ 릴레이에는 사용 가능한 전류에 관한 정보가 있다.
5VDC : 입력 전압
10A 250VAC : 연결 최대 전류, 전압.
15A125VAC

▶ 연결 커넥터는 드라이버로 풀어주고 전선을 끼운 후 조여주면 고정된다.

TIP 릴레이의 작동 구조

아래의 회로에서 릴레이는 LED의 +와 전원선 +사이에 연결한 스위치 역할을 한다. LED의 +를 NC와 NO에 연결했을 때의 차이를 알아보자. 회로의 왼쪽 입력부는 아두이노와 연결하고 있다.

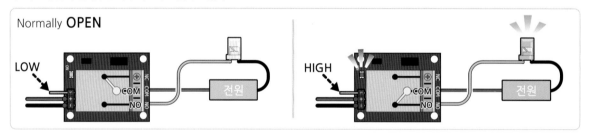

노말 오픈(NO)에 LED를 연결하고 신호선에 LOW를 넣은 경우 스위치(노란색)는 NC쪽에 붙어 있으므로 LED는 켜지지 않는다(평상시가 현재 상태).

신호선에 HIGH를 넣으면 릴레이의 작동 LED가 켜지고 NC에 있던 스위치가 NO로 이동. LED가 COM과 연결되어 켜진다. 기본적으로 꺼진 상태(OFF)에서 필요할 때만 켜지는(ON) 회로 제작에 사용.

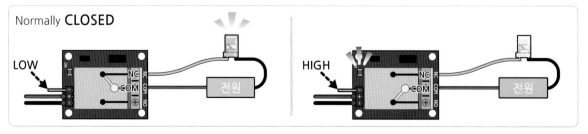

노말 클로즈(NC)에 LED를 연결하고 신호선에 LOW를 넣은 경우 스위치(노란색)는 NC쪽에 붙어 있으므로 LED가 켜진다(LOW 신호를 넣지 않아도 이 상태).

신호선에 HIGH를 넣으면 릴레이의 작동 LED가 켜지고 NC에 있던 스위치가 NO로 이동하여 LED가 꺼진다. 기본적으로 켜진 상태(ON)에서 필요할 때만 꺼지는(OFF) 회로 제작에 사용.

USB-C 피메일 커넥터 PCB 타입

아두이노 모형 전자공작에서는 LED나 간단한 센서는 아두이노 보드에 전원을 공급받아 작동하는 것으로 충분하다. 하지만 서보모터를 사용할 경우 아두이노 보드에서 전원을 공급받으면 높은 전류로 인해 아두이노 보드에 무리가 생겨 고장나기 쉽다. 그 때문에 서보모터 사용시에는 반드시 외부전원을 사용해야 한다. 06~07장까지는 건전지 6V를 이용해서 외부전원을 사용했다.

이번에는 5V전압의 USB 커넥터로 아두이노와 서보모터 양쪽에 전원을 공급하는 방법으로 공작했다. 5V 어댑터나 보조배터리를 통해 전원을 공급받으므로 상시전원이라 불러도 좋다.

USB케이블의 전선을 자르고 외부 피복을 벗겨내면 여러가닥(보통은 4가닥)의 전선이 있다. 당황할 것 없다. 검정선, 빨간선만 찾아 2핀 헤더를 연결하면 바로 5V의 전원을 사용할 수 있다. 만약 충전전용 USB 케이블이라면 속전선은 빨간선, 검정선 두 개 뿐이므로 더욱 편리하다.

2핀 커넥터로 만들어도 사용에는 문제가 없지만, 어딘가 전시회를 간다면 이렇게 특별제작한 케이블을 가지고 다녀야 한다. 추천방법은 USB 피메일 커넥터를 사용하는 것이다. 그 중에서도 PCB에 붙어있는 커넥터는 전선을 연결하기 편리하게 전극이 넓고 극성도 인쇄되어 있다. 요즘 많이 사용하는 USB C타입이 편리하다. "USB Type C Connector female PCB Board"으로 검색을 하면 국내에서는 1,000원 정도. 해외 쇼핑몰에서는 10개 $3.4정도.

USB 케이블의 머리를 자르고 속전선을 벗겨 핀헤더 2핀을 납땜하는 방식. 간단히 작업 가능하다.

C타입 피메일 PCB타입 커넥터. 납땜할 단자가 넓고 VCC(+), GND(-)가 인쇄되어 있어 연결하기 편리하다.

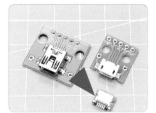

C타입 외에도 5핀, B타입 등 여러 커넥터가 있다. 주의할 것은 PCB가 없는 타입(▲)은 전극이 너무 작아 전선 연결이 까다롭고 연결부분이 쉽게 끊어질 수 있으므로 주의한다.

보조배터리도 사용할 수 있다. 하지만 어댑터와 마찬가지로 충전 데이터를 주고받는 타입은 아두이노에 사용할 수 없다. 제대로 작동하는 것을 테스트 해봐야 한다.

※상시전원을 사용은 편리한 점도 있지만 반드시 주의해야 할 점이 있다.

① 아마추어 수준에서 전자공작을 하다 보면 사용하는 부품의 신뢰성, 회로의 엄밀성 등이 떨어질 수 밖에 없다. 그런 상태에서 상시전원으로 계속 전원을 공급하면 과열, 합선 등으로 인한 문제가 발생할 가능성이 높다. 사용하지 않을 때는 반드시 전원을 분리해 놓고, 지켜보는 사람이 있을 때만 사용하는 것을 추천.

② 최근에 나오는 어댑터는 과충전 방지를 위해 기기(주로 휴대폰)와 어댑터가 통신을 주고 받는다. 하지만 아두이노는 이 통신을 하지 못하므로 어댑터는 더 이상 전기를 공급하지 않는다. 즉 이런 신형 어댑터로는 아두이노에 전원을 공급할 수 없으므로 구형 어댑터나 미니 조명장치와 같은 소형가전 제품용 어댑터를 찾아야 한다. 가정에 있는 여러 어댑터 중 적합한 것을 잘 찾아보자.

팬과 틸트

모형이 입체적으로 움직일 때는 방향에 대한 용어를 알고 있으면 작동을 구분하기 좋다. 이번에 제작하는 ED-209는 머리 부분이 상하와 좌우로 작동한다.

틸트(Tilt) : 허리에 설치된 서보모터(1)를 중심으로 앞뒤로 작동.

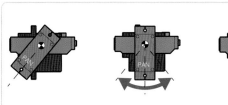

팬(PAN) : 머리에 설치된 서보모터(2)를 중심으로 좌우로 회전.

음성을 MP3 파일로 만들기 TTS(Text To Speech)

음성을 MP3 파일로 만드는 방법 중 가장 정확한 것은 영상 파일에서 필요한 음성만 편집해서 MP3로 저장하는 것이다. 하지만 전문 편집용 프로그램을 다루어야 하고, 영상 속의 여러 잡음이 함께 저장되므로 사용이 쉽지 않다.

음성 MP3를 만드는 가장 쉬운 방법은 TTS 서비스를 이용하는 것. 원하는 대사를 입력해 넣고 실행하고, 저장하면 깔끔하게 원하는 MP#파일을 얻을 수 있다. "TTS VOICE Free MP3"로 검색하면 이런 서비스를 하는 다양한 무료, 유료, 트라이얼 웹사이트를 찾을 수 있다. 단점은 애니메이션이나 영화 주인공의 "그 목소리"를 찾기가 어렵다(동영상에서 추출하지 않는 이상 사실상 불가능).

이번 공작에서 사용한 ED209의 목소리도 특이하다. 일반적인 TTS로 재생하면 무척 친절한 안내 로봇이 된다. 이런 고민중 발견한 https://www.narakeet.com에서는 Guardbot을 선택할 수 있는데, 영화의 그 목소리와 꽤 유사하다. 문제는 Narakeet 사이트는 트라이얼로 20회의 음성을 저장할 수 있다. 이후부터는 유료 결제를 해야한다($6를 결제하면 분당 $0.2의 요금으로 30분 분량을 저장할 수 있다. 이외에도 여러 요금제가 있다).

이번에 효과음을 제외한 대사는 모두 7개를 제작했고 그 중 5개를 모형에 사용했다. 아껴서 잘 사용한다면 무료 범위 내에서 저장이 가능하다.

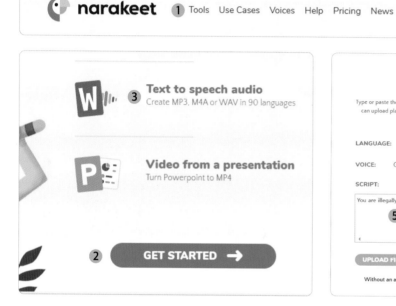
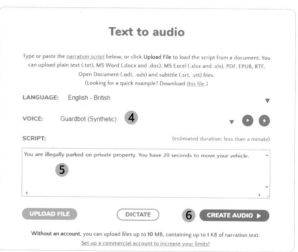

① 사이트에 접속   ② 우측 GET STARTED 클릭   ③ 상단 Text to speech 클릭
④ Voice에서 Guardbot 선택   ⑤ 텍스트 넣기   ⑥ CREATE AUDIO 그 후 생성된 MP3를 저장하면 된다.

TIP 추천하는 무료 TTS 사이트

딱 원하는 영화 속의 그 목소리는 아니더라도 보통의 목소리를 제한없이 무료로 사용할 수 있는 곳을 알아두면 친절한 안내 로봇 공작에는 사용할 수 있다.

https://ttsmp3.com
세계 각국의 현지인 발음으로 텍스트를 읽어주므로 독특한 안내를 하고 싶을 때 사용하면 재미있다. Korean으로 선택하면 "유 해브 이십세컨즈 투 무부 유어 비히클"이라고 또박또박 읽어준다. 독일인, 폴란드인, 일본인 등 다양하고 남녀를 선택할 수 있다. 물론 표준 영어도 있다. 재미있는 것은 아라비아 숫자를 쓰면 해당하는 국가의 언어로 발음한다.

https://lingojam.com/RobotVoiceGenerator
링고잼의 여러 서비스 중 로봇 보이스 제너레이터는 로봇의 음성으로 텍스트를 읽어준다. 영화에 흔히 나오는 전형적인 로봇 목소리다. ED209에 어울리는 목소리는 아니지만 뭔가를 소개하는 로봇의 용도라면 적당하다. 텍스트를 읽는 속도와 피치(올리면 가는 소리, 내리면 굵은 소리)를 조절할 수 있다.

1 팬, 틸트서보 MG90 서보×2

ED209는 비교적 큼직한 모형으로 서보모터 설치는 용이하다. 그 중에서 몸체의 회전인 팬의 중심점을 잡는 것은 비교적 쉽지만 앞뒤로 움직이는 틸트의 중심점을 어디로 해야 하는지는 고려할 요소들이 있다.
중심점이 높거나 낮으면 작동이 어색하고 작동할 때 부품들끼리 간섭으로 작동에 제약이 생길 수도 있다. 이런 요소를 잘 실험해보고 작업을 시작하는게 좋다.

머리는 허리와 클릭 조인트(▲)로 연결된다. 모형 설계자가 가장 적합하다고 생각한 위치이므로 이 조인트를 틸트 중심점으로 작업을 진행한다.

허리에 틸트서보의 공간을 만들기 위해 골반 조인트와 연결된 클릭 조인트 부분을 잘라낸다(▲). 허리에는 프라판을 이용해 서보 받침을 제작.

SG90과 크기는 같지만 토크가 강한 MG90 서보를 사용한다. 5mm 프라빔(▲)을 서보탭에 맞춰 접착했으므로 좌우로 흔들리는 것을 잡아준다.

5mm L프라빔을 허리에 접착하고 나사를 사용해 바깥쪽 서보탭을 고정한다. 서보가 고장나면 교체 가능하다.

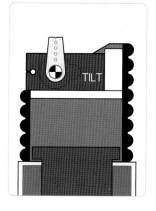

머리 고정용 부품의 가운데를 서보 크기에 맞춰 잘라내고 팬서보를 설치한다.

머리 고정부품에 나사로 서보탭을 고정한다.

틸트서보와 팬서보를 연결한 부품을 3D로 출력(파란색=링크, 초록색=회전축)

링크 부품을 팬서보에 끼우고 빠지지 않도록 나사로 고정한다.

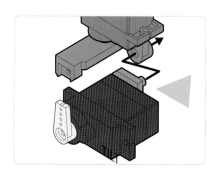

서보회전축 반대쪽에 회전축(▲)을 접착하고 링크 부품을 결합한다.

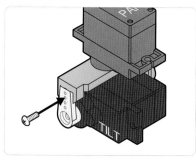

틸트서보에 서보혼을 끼우고 나사로 링크 부품과 서보혼을 고정한다(서보혼과 틸트서보는 중심각도를 설정한 후 고정)

틸트서보를 움직이면 몸이 앞뒤로 작동. 링크에 연결된 팬서보를 움직이면 좌우회전을 하는 구조.

173

2 팔 서보모터 SG90 서보모터 × 2

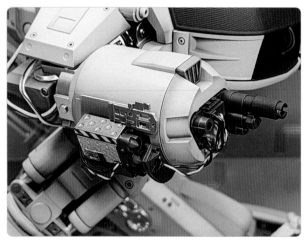

팔 좌우는 외형적으로는 미사일 유무, 기관총 개수가 다르지만 관절부분은 좌우 대칭으로 되어있다.

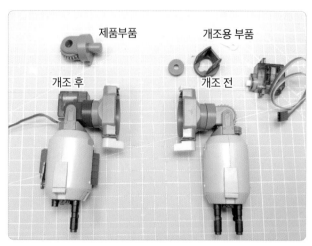

팔은 상하로 작동할 예정. 몸체 내부에는 이미 서보모터가 들어가 설치할 공간이 없으므로 기존 팔꿈치 부품을 사용하지 않고 서보와 3D출력한 어깨 부품을 연결한다.

제품은 팔꿈치 관절을 사용해 어깨 부품과 결합하는 구조.

팔꿈치 부품을 대신해 서보를 고정하는 부품을 3D 출력. 팔꿈치 부품을 잡아주는 핀은 잘라낸다.

팔 한쪽 무게라면 충분히 성능을 발휘하는 SG90 서보를 사용한다. 서보탭은 제거.

서보를 조립한 상태. 튀어나온 서보 회전축이 어깨 부품과 연결. 서보는 양면테이프로 고정했다.

제품의 어깨 부품용 폴리캡을 사용하지 않고 회전축 고정부품을 3D 출력으로 사용.

고정부품에는 서보혼을 글루건으로 붙이고 어깨 조립.

팔의 회전축과 어깨의 서보혼을 결합한다.

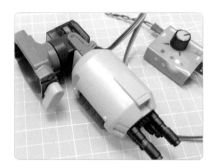

중심각도(Neutral)로 맞춘 서보테스터에 연결해서 서보를 중심각 설정을 하고 회전축에 끼운다.

중심각 설정이 완료된 상태의 서보를 어깨 부품 안쪽에서 나사로 고정. 진동에도 분리되지 않는다.

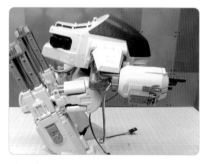

양쪽 팔 모두 동일한 서보 공작을 진행.

3 기관포 확산형 3mm LED 웜화이트× 3, AWG32 검정선, 노란선

기관총 부품의 총열은 좌우가 동일한 부품을 사용. 3mm 핀바이스로 관통해서 뚫어준다.

총구 끝부분은 "ㄷ" 모양으로 깎아 디테일을 추가.

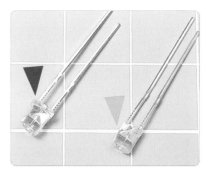

총탄 발사효과는 확산형 3mm LED를 사용. 3mm 구멍의 총열에 끼우기 위해 플렌지(▲)를 깎아 원통형(▲)으로 만든다.

LED의 +극에는 노란선, -극에는 검정선을 연결. 총 3개를 준비.

LED는 총구의 끝보다 살짝 안쪽에 위치하도록 한다.

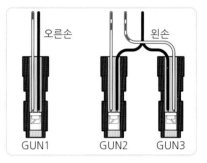

오른손부터 전선에 점 번호를 1, 2, 3으로 넣는다. 왼손은 두 개의 기관총이 있는데, 검정선은 Y 와이어링으로 병렬연결.

팔에는 전선이 노출되어 있다. LED용 전선을 통과시키기 위해 3D 출력한 부품(▲)을 접착.

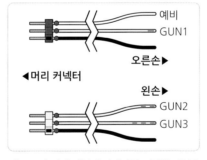

팔 LED와 머리 내부의 커넥터를 연결할 전선을 제작. 3핀 커넥터를 연결하고 점 번호를 표시(예비선은 사용하지 않는다).

영화에서도 전선은 외부로 나와 있다. LED 전선을 외부로 노출해서 연결하면 기능과 디자인 모두를 만족.

어깨 고정축은 팔의 폴리캡으로 잡아주고 있다. 고정축의 가운데에 구멍을 만들어 전선을 넣고 팔로 보낸다.

점 번호에 맞춰 전선을 핸드 와이어링하고 조립하면 완성.

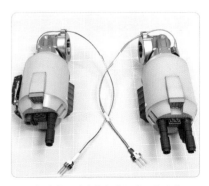

오른팔, 왼팔은 커넥터의 색을 다르게 하여 구분하고 있다.

4 스피커와 LED AWG 30 검정선, 파란선, 초록선, 2.54피치 핀 헤더

입(?)모양 부품. 제품의 뒷부분이 막혀있다. 가로 프레임을 살리면서 구멍을 만든다.

부품 뒷면에는 몸체에 조립하는 핀과 테두리 돌기가 있다.

핀과 테두리 돌기를 칼과 니퍼로 깎아 평평하게 만든다.

뒷면 전체를 400번 사포를 이용해 갈아낸다.

갈다 보면 플라스틱이 얇아져 뒤가 비칠 정도가 된다. 여기서 더 진행하면 프레임이 얇아져 끊어지기 쉽게 된다.

플라스틱은 종이보다 얇아진 상태이므로 아트나이프를 사용하면 쉽게 잘라낼 수 있다.

뒷면에 모형용 철망을 부착하여 디테일을 추가.

사운드 효과는 입(?!) 위에 정수리 부분에 사각형 스피커를 사용한다. 좌우를 나사로 고정.

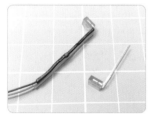

입 속 LED 공작. 3mm 사각형 LED의 머리 부분을 직각으로 꺾고 전극에 파란선, 검정선을 납땜.

입의 좌우 빈 공간에 LED를 설치한다. LED 전극이 지나갈 3mm 구멍을 뚫어둔다.

내부에는 알루미늄 테이프를 붙여 얇은 플라스틱 벽으로 빛샘도 방지하고 입 안쪽으로 빛을 모아주는 역할도 한다.

LED를 직각으로 꺾었으므로 발광부는 입 가운데를 향하고 있다.

스피커에는 초록선 두 개를 연결. LED용 파란선, 검정선은 병렬로 연결한다.

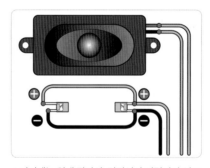

스피커에는 원래 빨간선, 검정선이 연결되어 있으나 다른 선과 구분하기 위해 초록선으로 교체해 연결했다. 스피커는 극성 구분을 하지 않아도 잘 작동한다.

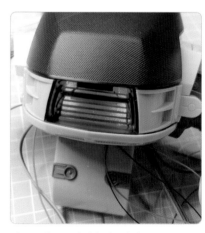

테스트 작동. 스피커가 작동하면 소리의 크기에 따라 LED의 밝기가 변한다. 영화에는 없는 설정이지만, 스피커와 LED만 있다면 간단히 만들 수 있고 효과도 좋다.

4핀 헤더를 이용해 커넥터를 만든다.

5 다리 배선 AWG 30 빨간선, 검정선, 파란선, 노란선,초록선, 2.54피치 핀헤더, 만능기판

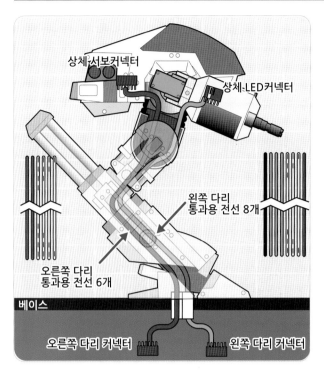

상체-서보커넥터

상체-LED커넥터

왼쪽 다리
통과용 전선 8개

오른쪽 다리
통과용 전선 6개

베이스

오른쪽 다리 커넥터   왼쪽 다리 커넥터

◀ ED209 배선 참고
상체의 전선 14개를 아두이노가 설치된 베이스로 보내야 한다. 전선을 숨기려면 다리를 통과해야 하는데 한쪽으로만 하기에는 전선도 많고 구분도 어려워지므로 두 다리로 나누었다.
● 오른쪽 다리 커넥터 : 상체 서보 4개의 커넥터를 만들어서 상체 뒤쪽에 두고 연결한 전선 6개는 오른쪽 다리를 통과해서 베이스로 보낸다. 서보 신호용 노란선 4개에는 점 번호 1, 2, 3, 4를 양쪽 끝에 표시한다.
● 왼쪽 다리 커넥터 : 상체의 LED, 스피커를 연결한 커넥터는 앞쪽에 두고, 여기에 연결한 전선 8개는 왼쪽 다리를 통과해 베이스로 보낸다. 총구 LED 용 노란선 3개에는 점 번호 1, 2, 3을 양쪽 끝에 표시한다(왼쪽 다리의 빨간선은 예비선으로 사용하지는 않았다).

골반부품으로 전선을 넣을 때 긴 홈(▲)으로 잘라내면 자세를 취하기 위해 다리를 회전해도 전선이 걸리지 않는다. 허벅지 다리 안쪽으로 전선을 넣어 빼낸다.

다리부품에 구멍을 만들어 전선을 통과 후 발바닥 부품까지 전선을 보낸다. 전선을 여유있게 해두면(▲) 가동시 전선이 무리하게 당겨지지 않는다.

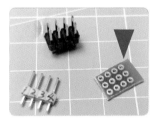

상체 서보커넥터는 전원용 2열 4핀, 신호선용 1열 4핀 헤더와 크기에 맞춰 자른 만능기판(▲)을 사용(신호선용 커넥터에는 서보번호를 넣어준다).

서보 전원선용으로 사용하는 검정색 커넥터는 자르고 남은 전극을 이용해 각각 일렬로 납땜한다(전원의 +,-는 각각 병렬연결이다). 남은 전극(▲)은 잘라낸다.

노란선 점 번호와 신호선(숫자)를 맞춰 하나씩 납땜하고 가운데에는 빨간선(서보+), 바깥에는 갈색선(서보-)을 납땜한다.

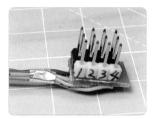

상체 서보커넥터 완성된 상태.

왼쪽 다리(상체 LED 커넥터)용 커넥터는 3핀 소켓 빨간색, 노란색, 4핀 소켓 검정색을 준비하고 겹쳐서 접착한다.

가장 바깥쪽 전극을 구부려 하나로 납땜한다.(▲) 이 핀은 공통 GND용으로 검정선 하나를 연결한다.

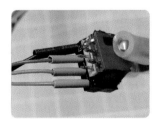

검정색 커넥터에는 검정선, 파란선, 초록선 두 개를 차례로 납땜하고 수축튜브로 마무리.

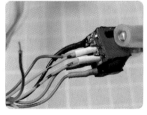

공통 GND를 건너뛰고 노란선 2, 노란선 3을 납땜하고 수축튜브로 마무리.

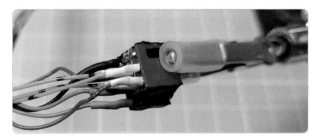

공통 GND를 건너뛰고 노란선1, 빨간선을 납땜하고 수축튜브로 마무리(빨간선은 예비용으로 사용하지는 않았다).

상체 LED 커넥터 완성 상태. 허리를 통과해 앞쪽에 위치한다.

6 상체 커넥터 연결

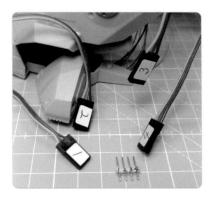

상체에 설치한 네 개의 서보모터 커넥터에 왼팔 1, 오른팔2, 팬3, 틸트 4로 스티커를 붙인다.

상체 내부에는 공간이 많으므로 커넥터와 여분의 전선을 모두 넣어둘 수 있다.

커버 부품을 덮으면 커넥터가 숨겨진다. 필요하면 커버를 열고 분리 가능.

상체 LED 커넥터는 오른팔 커넥터(빨간색 3핀) 왼팔 커넥터(노란색3핀) 스피커 커넥터(검정색 4핀)가 있다.

연결한 커넥터는 입 아래 공간에 넣어둔다.

커버를 덮으면 커넥터가 숨겨진다.

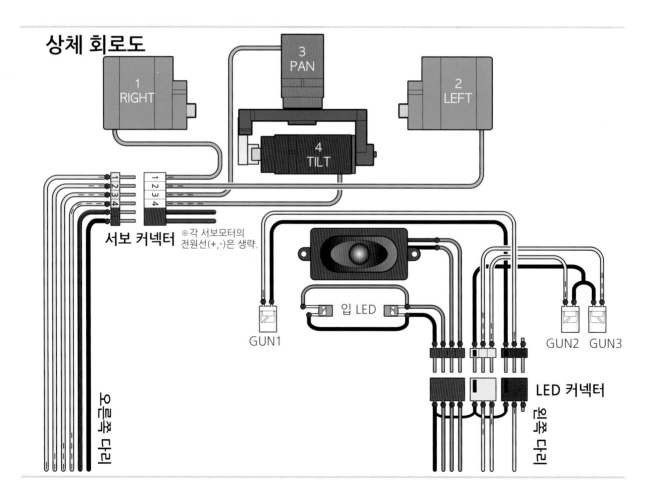

7 다리 전선 커넥터 AWG 30 빨간선, 검정선, 파란선, 노란선, 초록선, 2.54피치 핀헤더, 소켓, 만능기판

발바닥에는 베이스 고정을 위해 8mm 프라 파이프(▲)를 심어준다.

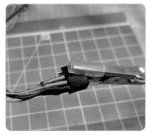

오른발용 커넥터는 2열 3핀(6핀) 소켓을 사용해서 납땜.

왼발용 커넥터는 2열 4핀(8핀) 소켓을 사용해서 납땜.

양쪽 커넥터 회로 이미지

오른발 커넥터. 전선의 색에 맞춰 핀 헤더를 기판에 납땜한다. 파랑 핀헤더는 신호선용,

반대편에 몸체 커넥터의 색에 맞춰 전원선, 신호선용 전선을 납땜한다.

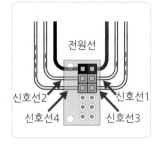

위에서 본 배선도.

완성된 기판을 베이스에 나사로 고정한다.

왼발 커넥터. 공통 GND용 검정핀, LED용 초록색핀, 예비용 빨간핀을 기판에 납땜.

기관포용 LED 3개는 각각 저항 100 Ω을 연결하고 전선을 연결한다.

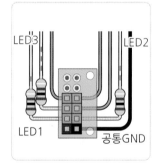

위에서 본 배선도.

완성된 기판을 베이스에 나사로 고정한다.

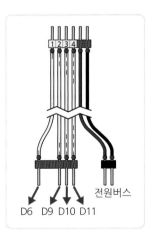

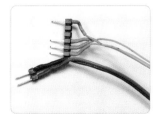

오른쪽 다리 브레드보드 결합용 커넥터. 네 개의 신호선과 두 개의 전원선은 각각 커넥터에 납땜. 신호선은 아두이노의 PWM핀(6, 9. 10, 11)에 맞춰 변형 4핀 커넥터로 제작했다.

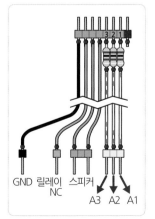

위에서 본 배선도.

왼쪽 다리 브레드보드 결합용 커넥터. 파란선은 입 LED의 +선으로 아두이노에 연결하지 않고 릴레이를 통해 스피커와 연동한다. 스피커는 DF 플레이어의 핀 배열에 맞춰 변형 2핀으로 제작. 총 LED는 A1, A2, A3핀에 맞춰 연결.

8 기타 공작

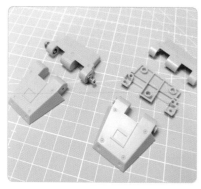

어깨 장갑은 팔의 가동에 따라 위아래로 움직이기 쉽도록 기존의 연결 핀을 잘라내고 볼트로 교체.

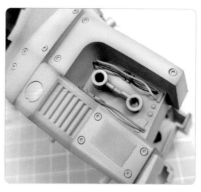

여러 굵기의 연선, 단선을 이용해 전선을 추가. 보다 입체적으로 보인다.

오른팔에도 여러 굵기와 색의 전선을 이용해 전선을 추가. 제품에서는 생략된 로켓탄용 전선도 추가했다.

발목에는 AWG24 단선을 이용해 모양을 잡아가며 전선을 추가. 전선 고정용 부품을 추가했다.

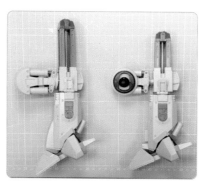

발에 있는 특이한 형태의 사각형 구조물은 모형에서는 길게 된 느낌. 길이를 약 8mm 정도 줄여 주었다.

사각형 구조물을 잘라내고 내부에 약간의 디테일을 추가 후 다시 이어 붙였다. 이어붙인 곳은 외부 장갑으로 가려진다.

모형은 사각형 구조물(회색)은 다리부품(푸른색)과 분리할 수 없는 구조. 도장의 편리와 보수를 위해 돌려 끼우는 방식으로 제작. 고정용 1mm 프라판을 부착.

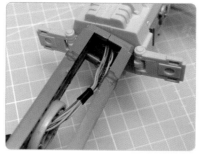

45˚ 각도로 끼운 후 회전하면 1mm 프라판으로 다리와 고정된다. 필요하면 돌려서 뺄 수 있다.

팔꿈치에 설치한 서보는 약간의 디테일을 추가하고 도장. 전선은 의도적으로 그대로 노출하고 있다. 은색은 미스터 하비 락카 GX213 "GX 화이트 실버"를 사용.

발목 부근의 실린더는 종아리에 고정되어 있어서 가동시 발목에 빈 공간이 생기게 된다.

발로 이동하여 붙이고 종아리의 빈 공간은 메워준다. 발목 가동과 함께 실린더가 움직이며 가동폭도 늘어난다.

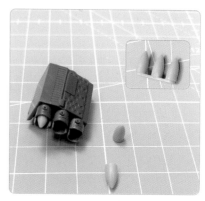

세 개가 이어져 있는 로켓탄 부품은 도장 후 조립할 수 있도록 탄두부분을 분리했다.

1 아두이노 기본 회로와 릴레이 AWG22 단선, 릴레이

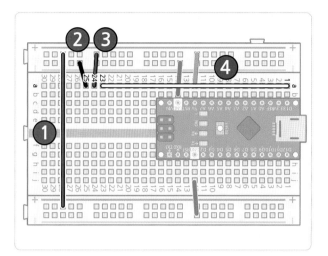

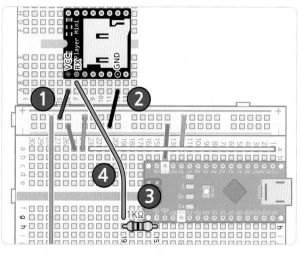

기본배선

① 위 전원버스 +와 아래 전원버스 +를 단선으로 연결
② 릴레이용 -전원선 : 25a - 전원버스 -
③ 릴레이용 +전원선 : 26a - 전원버스 +
④ 릴레이 신호선 흰선: 23a - 1a(D13)

※이번 회로에서는 위 전원버스와 아래 전원버스가 모두 외부전원 5V로 연결되어 있다.

DF플레이어를 브레드보드 미니에 조립 후 전선 연결

① DF플레이어 +전원선 : VCC .전원버스+
② DF플레이어 -전원선 : GND .전원버스-
③ RX용1KΩ 저항: 15h(D1 TX) .19h
④ DF플레이어 RX : DF플레이어 RX -19g(D1 TX)

※DF플레이어의 TX는 연결하지 않아도 된다.

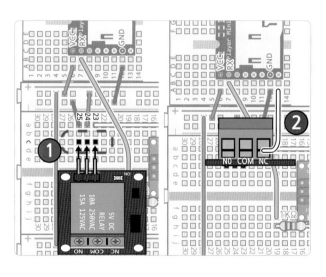

릴레이 연결

① 릴레이 전극 연결
　GND - 25C(-버스)
　VCC - 24C(+버스)
　SIG - 23C(D13)
② DF플레이어 스피커 - 릴레이 NC

아두이노, DF플레이어, 릴레이 연결
상태.
브레드보드 하프와 미니는 나사로
베이스에 고정했다.

TIP　릴레이 NC, NO 선택

한 가지 신경 써야 하는 것은 전력소모. 릴레이가 작동해 NO로 이동할 때는 회로 내부의 전자석에 계속 전기를 공급해야하므로 전류소모
가 생긴다.
NO: 항상 꺼져있고 이벤트가 생겼을 때만 켜지는 회로라면 NO에 연결한다. 아두이노 코드에서는 HIGH를 넣어주면 켜진 상태가 된다.
이 회로를 계속 켜진 상태로 유지하려면 전자석을 움직이는 전력을 계속 소모하는 단점이 있다.
NC: 항상 켜지고, 이벤트가 생기면 꺼지는 회로일 경우 NC에 연결한다. 아두이노 코드에서는 LOW를 넣어주어야 켜진 상태가 된다. 계속
켜진 상태라도 전자석을 움직이는 추가 전력소모는 없다. 그래서 이 책에서는 추가 전력소모가 없는 NC에 연결한다.

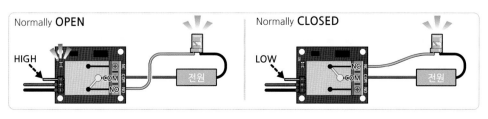

2 다리 케이블과 초음파 센서, 전원선 AWG 28 빨간선, 검정선, 흰선, 초록선, 2.54피치 핀헤더

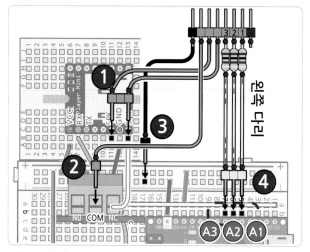

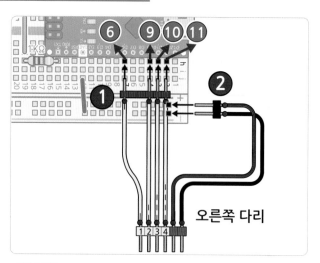

왼쪽 다리 커넥터 연결

① 초록선 2핀 스피커선 - DF 플레이어 SPK
② 파란선 1핀 LED선 - 릴레이 COM
③ 검정선 1핀 GND - 전원버스-
④ 노란선 3핀 - A1, A2, A3(점 번호와 맞춘다)

※LED용 노란선은 아날로그 1, 2, 3핀에 연결. 아날로그핀은 디지털핀으로 바꿀 수 있다. 코드 해설【11】참조.

기본 배선

① 서보 신호선(변형 4핀) 연결 - PWM핀
　1 - 7h(D6)
　2 - 4h(D9)
　3 - 3h(D10)
　4 - 2h(D11)
② 서보 전원선(2핀) 연결 - 전원버스

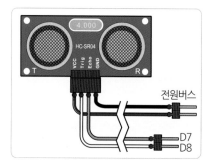

초음파 센서는 유지보수를 고려해 4핀 소켓을 끼우고 단자에 맞춰 VCC 빨간선, 트리거 흰선, 에코 초록선, GND 검정선으로 연결. 그 후 전원선을 2핀 헤더에, 트리거와 에코를 2핀 헤더에 연결한다.

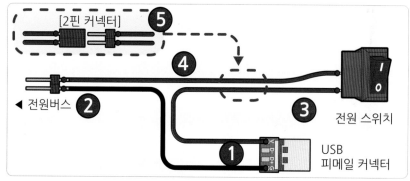

① USB 피메일 커넥터의 VCC에 빨간선, GND에 검정선을 연결.
② 검정선은 전원버스 2핀 헤더에 직접 연결.
③ VCC의 빨간선은 전원 스위치를 연결.
④ 스위치의 빨간선을 전원버스의 2핀 헤더에 연결
⑤ 스위치의 빨간선 두 개를 커넥터 타입으로 바꿀 수도 있다.

4핀 소켓에 전선을 연결한 상태. 전선은 수축튜브로 묶어 정리한다.

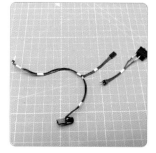

USB 피메일 커넥터와 전선 연결 상태. 공작에서는 스위치와 빨간선에 커넥터를 설치했다.

베이스에 커넥터 크기에 맞춰 구멍을 뚫고 피메일 커넥터를 외부로 보내고 글루건으로 고정.

USB 커넥터를 외부에서 연결하여 전원을 사용한다. 스위치를 연결했으므로 원할 때 켜고 끌 수 있다.

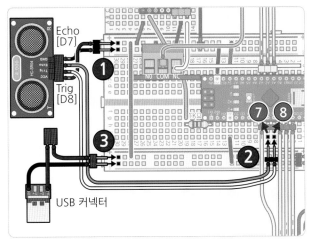

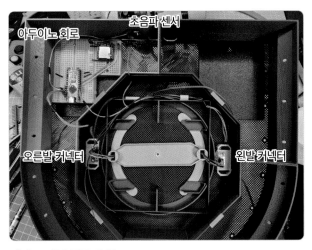

초음파 센서와 USB 커넥터 연결
① 초음파 센서 전원선은 전원버스에 연결
② 에코, 트리거 핀은 각각 D7, D8에 연결.
③ USB 커넥터는 전원 버스에 연결

베이스 하부 회로 구성
각 모듈의 전선은 아두이노 회로쪽으로 모인다.

TIP | **USB 5V 전원공급의 주의사항**

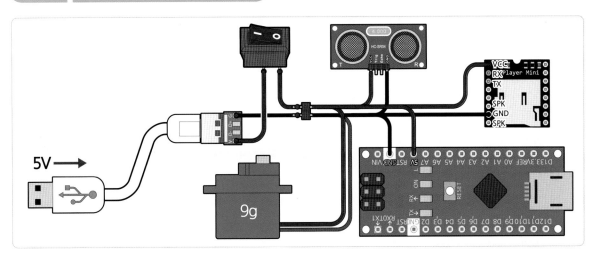

- USB 케이블 : 고속충전용 케이블 사용을 추천. 케이블을 벗겨보면 전선이 더 굵어 모터와 같이 높은 전류가 필요한 부품에 원활하게 전원을 공급할 수 있다. 충분한 전원공급을 못하면 아두이노가 제대로 작동하지 않는다.

- 전원 : 어댑터나 보조배터리 중 최근에 나온 것 중 과충전방지를 위해 데이터 통신을 하는 제품이 있다. 이런 고급기능이 있는 어댑터로는 아두이노를 작동시키지 못하므로 사용가능한 어댑터를 찾아야 한다. 미니 탁상등이나 선풍기 등에 사용하는 5V어댑터라면 사용 가능하다.

- 아두이노 보드 : 일반적으로 5V핀은 5V출력으로 사용하지만, 정확한 5V를 연결해주면 아두이노에 5V의 전원공급으로 사용할 수 있다. 반드시 안정적인 5V를 공급해야 한다. 5V의 범위를 넘어서면 보드가 고장날 수 있다. 일반적인 5V 충전기 어댑터라면 크게 걱정하지 않아도 된다.

- DF플레이어 : 흔히 아두이노의 5V출력에서 전원을 공급받는데, 다른 모듈이 많을 경우 DF플레이어에 공급하는 전류가 약해 제대로 실행되지 않을 수 있다. 직접 5V의 전압을 공급받으면 그런 걱정이 없어 오히려 좋다.

- 서보모터 : 가능하면 9g 서보모터 4개 이하를 사용하는 것을 추천. 혹시라도 4개 이상의 모터가 동시에 움직일 경우 전류가 부족해져 아두이노가 제대로 작동하지 않을 수 있다.

3 회로배선

사용부분		핀	전선	사용부품	기타
왼쪽 다리	스피커	SPK	초록선×2	1W	DF 플레이어 스피커
	오른팔 GUN 1	A1(15)	노란선-	3mmLED 웜화이트	100Ω
	왼팔 GUN 2	A2(16)	노란선- -	3mmLED 웜화이트	100Ω
	왼팔 GUN 3	A3(17)	노란선- - -	3mmLED 웜화이트	100Ω
	입 LED	릴레이COM	파란선	2×3 사각 LED 파랑2개	
	예비전선	-	빨간선	-	예비용
	공통 GND	GND	검정선	-	총 8선
오른쪽 다리	오른팔서보	~6	노란선-	SG90	
	왼팔서보	~9	노란선- -	SG90	
	회전서보	~10	노란선- - -	MG90	
	상하서보	~11	노란선- - - -	MG90	
	VCC	5V	빨간선	-	
	GND	GND	갈색선	-	
DF 플레이어	RX	D1(TX)	초록선		
	VCC	5V	빨간선		
	GND	GND	검정선		
초음파 센서	Echo	7	초록선		
	Trig	8	흰선		
	VCC	5V	빨간선		
	GND	GND	검정선		
릴레이	NC	SPK	흰선		
	COM	LED	파란선		입 LED와 연결
	신호선	D13	흰선		

모든 커넥터를 연결한 상태.
전선은 짧게 자른 수축튜브로 모아서 정리하면 깔끔해진다.
아두이노 보드에 연결된 USB 케이블은 프로그램 업로드용.

4 전체회로

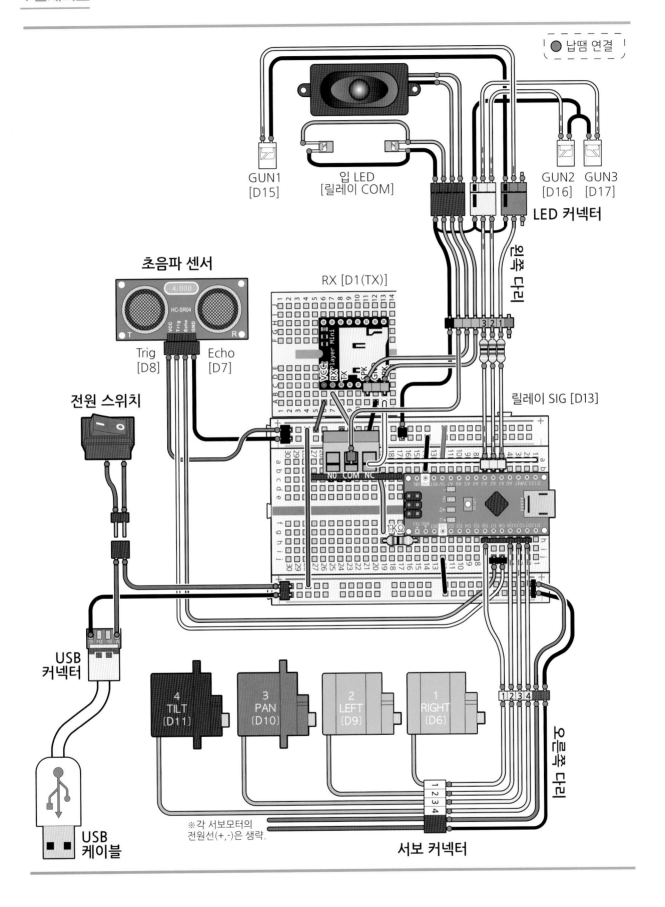

납땜 연결

GUN1
[D15]

입 LED
[릴레이 COM]

GUN2
[D16]

GUN3
[D17]

LED 커넥터

왼쪽 다리

초음파 센서

HC-SR04

Trig
[D8]

Echo
[D7]

RX [D1(TX)]

릴레이 SIG [D13]

전원 스위치

USB
커넥터

USB
케이블

4
TILT
(D11)

3
PAN
(D10)

2
LEFT
(D9)

1
RIGHT
(D6)

오른쪽 다리

※각 서보모터의
전원선(+,-)은 생략.

서보 커넥터

코드와 해설

이번 공작의 프로그램은 초음파 센서로 거리를 측정하고 거리의 범위에 따라 다른 작동을 하도록 제작했다. 거리를 측정한 값을 저장하고 세 개의 if문 조건과 비교해 해당하는 작동을 한다. 감지 거리는 초음파 센서로부터 50cm에서 시작한다. 이 거리 이상에서는 반응하지 않는다.

코드는 길지만 지금까지의 코드를 보아왔다면 크게 어려운 것은 없다. 초음파 센서의 거리 측정 코드가 까다롭게 보이긴 해도 일종의 공식으로 생각하고 그대로 가져가 쓰면 되므로 너무 긴장하지 않아도 된다.

주의 할 것은 이번에 사용한 MP3는 음성이므로 대사가 중간에 끊어지거나 대사는 하고 있는데 동작이 멈추면 어색해지므로 음성 효과와 동작의 시간을 맞추는 "싱크 맞추기"에 신경을 써서 코드를 제작했다.

▶ 범위 1 : 감지범위는 26cm~50cm. 침입자를 감지하면 경고음성을 내면서 좌우를 둘러본다.

▶ 범위 2 : 감지범위는 11cm~25cm. 이 범위에서 침입자를 감지하면 경고음성을 내면서 오른팔을 들어올리고 머리를 흔든다.

▶ 범위 3 : 감지범위는 10cm 이하. 아주 가까운 거리로 다가온 경우 경고음성과 함께 총쏘기 액션을 한다. 그 후 힘이 빠진 듯한 연출로 마무리.

마지막으로 전체 코드는 기본 상태로 되어 다음 작동을 위한 대기상태가 된다.

Contact
Naver Blog : Kyoji
코드다운로드
Kyoji: 네이버블로그
https://blog.naver.
com/ballak

CLIP
2-6 ED209
작동영상
Youtube.com/
Kyojipark

```
1  //ED209-A Written By C.J.ParkOn 230820 v 1.0
2  #include <Servo.h>
3  #include <DFPlayer_Mini_Mp3.h>
4
5  #define Echo 7   // Ultra Sonic
6  #define Trig 8   // Ultra Sonic
7  int Distance;   // Ultra Sonic
8
9  #define ModeSW 12   // Mode (A)HIGH=US,(B)LOW=Controller
10 #define Relay 13    // Mouth LED wire link to Relay
11 #define Gun1 15     // Right Hand GunLink to A1
12 #define Gun2 16     // Left Hand Gun1 Link to A2
13 #define Gun317      // Left Hand Gun2 Link to A3
14 Servo RightArm;     // Center 100, Up 120, Down 80, R106
15 Servo LeftArm;      // Center 80, Up 40, Down 100, R74
16 Servo BodyPan;      // Center 90, Left 130, Right 50(±40)
17 Servo BodyTilt;     // WakeUp95, Up 115, Down 70
18
19 void setup(){
20   pinMode(Trig, OUTPUT); // Ultra Sonic
21   pinMode(Echo, INPUT);  // Ultra Sonic
22   pinMode(Gun1, OUTPUT);
23   pinMode(Gun2, OUTPUT);
24   pinMode(Gun3, OUTPUT);
25   pinMode(Relay, OUTPUT);
26   pinMode(ModeSW, INPUT_PULLUP);
27
28   Serial.begin(9600);
29   mp3_set_serial(Serial);
30   mp3_set_volume(30);
31
```

【전처리 영역】
서보모터 라이브러리를 추가.
DF플레이어 라이브러리 추가
이번에 사용하는 LED와 서보의 이름은 작동 부분을 기준으로 만들었다.

//Ultra Sonic
초음파 센서를 사용하기 위한 핀 설정과 변수 설정.

【셋업영역】
핀모드 설정
MP3 설정
서보모터의 핀과 초기 각도 설정
울트라소닉 설정

```
32    RightArm.attach(6);
33    LeftArm.attach(9);
34    BodyPan.attach(10);
35    BodyTilt.attach(11);
36
37    RightArm.write(80); // Right Arm Down
38    LeftArm.write(100); // Left Arm Down
39    BodyPan.write(90);  // PanCenter
40    BodyTilt.write(95); // WakeUp95, Up 115, Down 70
41
42    digitalWrite(Relay, LOW);  // LED ON
43 }
44
45 void loop(){
46    digitalWrite(Trig, HIGH);
47    delay(10);
48    digitalWrite(Trig, LOW);
49    Distance = ((340 * pulseIn(Echo, HIGH)) / 10000) / 2;
50
51    if(Distance > 25&& Distance <= 50){
52      mp3_play(8); // You are illegally parked on private
53      for(int i= 90; i <= 130; i++){
54        BodyPan.write(i);
55        delay(35);
56      }
57      for(int i= 130; i >= 50; i--){
58        BodyPan.write(i);
59        delay(35);
60      }
61      for(int i= 50; i <= 90; i++){
62        BodyPan.write(i);
63        delay(35);
64      }
65    }
66
67    if(Distance > 10&& Distance <= 25){
68      mp3_play(1); // Please put down your weapon
69      delay(500);
70      for(int i= 80; i <= 120; i++){
71        RightArm.write(i);
72        delay(10);
73      }
74      delay(1000);
75      for(int i = 0; i <= 2; i++){
76        for(int i = 90; i <= 95; i++){
77          BodyPan.write(i);
78          delay(20);
79        }
80        for(int i = 95; i >= 85; i--){
81          BodyPan.write(i);
82          delay(20);
83        }
84        for(int i = 85; i <= 90; i++){
85          BodyPan.write(i);
86          delay(20);
87        }
88      }
```

거리측정 코드

범위 1 물체와의 거리 50cm~26cm 실행

머리회전 코드

범위 2 물체와의 거리 25cm~11cm 실행

고개젓기 코드

187

```
89      delay(1000);
90      for(int i = 120; i >= 80; i--){
91        RightArm.write(i);
92        delay(20);
93      }
94    }
95
96    if(Distance <= 10){
97    mp3_play(5); // Four... three... two... one...
98    delay(4000);
99
100   mp3_play(6); // I am now authorized to use physical
101   delay(1700);
102   RightArm.write(100);
103   LeftArm.write(80);
104   delay(1700);
105
106   digitalWrite(Relay, HIGH);  //LED OFF
107   mp3_play(7);                // Machine Gun Sound
108   for(int i= 0; i< 50; i++){
109     digitalWrite(Gun1, HIGH);
110     RightArm.write(106);  // Right Recoil Up
111     delay(40);
112     digitalWrite(Gun2, HIGH);
113     digitalWrite(Gun3, HIGH);
114     LeftArm.write(74);  // Left Recoil Up
115     delay(40);
116
117     digitalWrite(Gun1, LOW);
118     RightArm.write(100);  // Right Aim
119     delay(40);
120     digitalWrite(Gun2, LOW);
121     digitalWrite(Gun3, LOW);
122     LeftArm.write(80);  // Left Aim
123     delay(40);
124   }
125   mp3_stop();
126
127   digitalWrite(Relay, LOW);  //LED ON
128   for(int i = 100; i >= 80; i--){
129     RightArm.write(i);
130     LeftArm.write(180-i);
131     delay(60);
132   }
133   for(int i = 95; i >= 70; i--){
134     BodyTilt.write(i);
135     delay(100);
136   }
137   delay(1600);
138   for(int i = 70; i <= 95; i++){
139     BodyTilt.write(i);
140     delay(20);
141   }
142 }
143 }
```

범위 3 물체와의 거리 10cm 이하 실행

총 쏘기 코드

기운 빠지는 코드

TIP 상수(변수)이름 짓기 규칙 2

여러 단어로 상수나 변수의 이름을 지을 때 전문 프로그래머들은 몇가지 정해진 규칙이 있다. 그리고 그 규칙에는 이름도 있다(프로그래머들의 전문 용어일까? ^^). 이 규칙을 반드시 지켜야할 필요는 없지만 다른 사람에게 프로그램, 코드를 공유할 때 전문가의 느낌을 줄 수 있으니 시도해보자.

① 카멜 케이스(Camel Case): 뒷단어의 첫 문자를 대문자로 작성. 가운데가 낙타의 혹처럼 보인다.
예 : ledRed, showMe, rightArm

② 스네이크 케이스(Snake Case): 단어와 단어 사이에 언더바를 넣어준다.
예 : LED_RED, SHOW_ME, right_arm

③ 파스칼 케이스(Pascal Case): 각 단어의 첫 글자를 대문자로 쓴다. 프로그램 언어인 파스칼(Pascal)에서 유래.
이번 프로그램의 상수명은 파스칼 케이스로 한 것.
예 : LedRed, ShowMe, BodyPan

초음파 센서로 거리를 측정하고 그 값은 cm 단위로 저장한다. 프로그램에서는 범위에 따라 다른 작동을 하도록 구성되어 있다
(조건의 숫자를 바꿔 범위를 조절할 수 있다).
50cm 이상이면 아무 반응을 하지 않는다.
범위 1 : 26cm~50cm에 물체가 감지되면 ED-209가 상체를 회전하며 "당신은 사유지에 불법주차했다."는 대사를 한다.
범위 2 : 11cm~25cm 에서 물체가 감지되면 "무기 내려!" 대사를 하며 오른손을 들었다 내린다.
범위 3 : 10cm 이하에서 물체가 감지되면 영화의 초반에 등장한 충격적인 장면을 재현한다.

```
【 5 】  #define Echo 7 // Ultra Sonic
【 6 】  #define Trig 8 // Ultra Sonic
```

초음파 센서를 사용하기 위해 Echo(에코, 수신부), Trig(트리거, 발신부)의 핀을 설정한다.

```
【 7 】  int Distance;  // Ultra Sonic
```

초음파 센서의 거리를 측정하고 저장하기 위해 변수 상자 Distance를 만든다(이와 같이 변수를
만드는 것을 전문용어로 "변수를 선언한다"라고 한다).

```
【 11 】  #define Gun1 15    // Right Hand GunLink to A1
```

Gun1 LED는 아날로그핀 A1에 연결했는데, 디지털 핀으로 사용할 때는
15라고 쓴다. Gun2, Gun3도 마찬가지 이유로 16, 17로 핀번호를 설정.

※ A1이라고 써도 디지털로 하는데 문제 없지만, 나중에 코드를 열어볼 때
디지털로 사용하고 있음을 한눈에 알아 볼 수 있도록 숫자로 바꿔 쓴다.

TIP 아날로그핀을 디지털핀으로

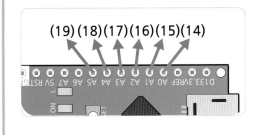

아두이노 나노의 아날로그 입력핀 A0~A5는 필요한 경우 디지털 입출력으로
사용할 수 있다. 디지털 입출력이 많을 때 설치 위치의 편리 등등의 이유로 사
용한다. 이때 핀번호는 그림을 참조.
이번 공작에서는 몸체의 기관총용 LED 3개를 15, 16, 17에 연결하기 위해 아날
로그 입력핀을 디지털 출력핀으로 썼다.
A0도 디지털핀으로 사용할 수 있지만 필자의 경우 A0은 랜덤함수를 쓸 때 필
요해서 가능하면 쓰지 않고 있다. A6, A7은 디지털핀으로 바꿀 수 없다.

```
【 20 】  pinMode(Trig, OUTPUT); // Ultra Sonic
【 21 】  pinMode(Echo, INPUT);  // Ultra Sonic
```

초음파 센서는 디지털로 작동한다. 트리거는 발신용이므로 아
웃풋, 에코는 수신용이므로 인풋으로 설정한다.

```
【 28 】  Serial.begin(9600);
【 29 】  mp3_set_serial(Serial);
```

시리얼 통신을 위한 코드. [08 ZAKU-II R-1A]에서는 DF플레이어를 사용하기 위해 '소
프트웨어 시리얼'을 사용했지만 이번에는 직접 시리얼 통신을 하므로 별도의 라이브
러리 추가가 필요없다. 셋업 영역에서 시리얼을 시작한다는 코드를 넣어주는 것으로
사용 가능하다.
"Serial"은 프로그램에서 정해진 코드(예약어)이므로 이름을 바꾸면 안 된다.

```
【 30 】 mp3_set_volume(30);
```

MP3 모듈 볼륨 설정. 최대인 30으로 했다. 각자 자신이 사용하는 스피커의 성능에 따라 적당한
값(0~30)으로 설정할 수 있다.

```
【 37 】 RightArm.write(80); // Right Arm Down
【 38 】 LeftArm.write(100); // Left Arm Down
【 39 】 BodyPan.write(90);  // PanCenter
【 40 】 BodyTilt.write(95); // WakeUp95
```

서보모터 4개의 기본 각도 설정. 상체는 정면을 보고, 양팔은 내린 상태가 기본 자세.

```
【 42 】 digitalWrite(Relay, LOW);  //LED ON
```

LED를 스피커와 연동하는 릴레이. 처음에는 LOW 명령으로 LED를 스피커와 연결한다. 릴레이
사용에 관한 자세한 설명은【106】코드 해설을 참조.

```
【 46 】 digitalWrite(Trig, HIGH);
【 47 】 delay(10);
【 48 】 digitalWrite(Trig, LOW);
```

초음파 센서의 발신(Trig)을 10ms 간격으로 초음파를 발사한다. 루프 영역에 있으므로 주기적으
로 발사하고 있다.

```
【 49 】 Distance = ((340* pulseIn(Echo, HIGH))/ 10000)/ 2;
```

물체가 있을 경우 반사되어 오는 초음파로 거리를 계산하여 디스턴스에 저장한다. 여기에 저장된
값은 cm 단위.

왜 이런 공식이 나왔을까?(혹시 궁금한 분을 위해)

340 = 소리는 공기중에서 1초에 340m의 속력.
 pulseIn(Echo, HIGH)= 에코에 반사되어 들어온 신호를 확인하는 함수.
/ 10000 = 음속은 m(미터) 단위. 이를 10000으로 나눠 cm(센티미터) 단위로 변경,
/ 2 = 음파가 물체에 닿고 돌아오는 동안 걸린 시간이므로 두 배의 거리가 된다. 나누기 2를 하면
물체와의 거리가 된다.

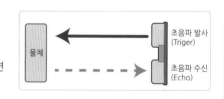

TIP 초음파 센서의 이상 작동

감지 범위를 cm 단위로 지정하고 있지만 실제 사용시에는 완전히 일치하지는 않는다. 이를 "값이 튄다", "노이즈가 발생한다"라고 표현하
는데, 초음파의 교란이나 저가부품 등의 이유로 엉뚱하게 거리를 측정해서 원하는 작동을 할 때가 있다. 예를 들어 앞에 아무 것도 없는데
혼자 작동하거나, 실제 물체가 있는 거리와 다른 작동을 하기도 한다.
혹시 이런 일이 있더라도 너무 놀라지 마시길. 이런 문제를 해결하기 위해 (약간)복잡한 코드로 거리측정의 오류를 보완할 수 있다. "초음
파 센서 칼만 필터 아두이노(Ultrasonic sensor Kalman filter Arduino)로검색해보면 관련된 자료를 찾을 수 있으며 어느 정도 보완하는
효과도 있다.
하지만 우리가 하는 것은 취미 모형 전자공작이므로 너무 신경 쓰지 말고 그러려니 하는 마음가짐을 갖는 것이 스트레스를 줄이는게 아닐
까 생각한다. 필자 역시 초음파 센서를 취미공작으로 사용할 때는 튀는 값도 재미라고 생각하고 별다른 추가 코드를 사용하지 않고 사용
중이다.

```
【 51 】 if(Distance > 25&& Distance <= 50){
```

범위 1에 해당하는 26cm~50cm의 사이에서 물체를 감지했을 때 블록【51】~【65】코드를 실행하는 if문.
25보다 크고(26~) 50보다 작은 범위를 설정. 두 거리 사이에는 &&을 사용한다. &&은 두 조건이 모두 만족해야 하는 조건을 만들
때 사용한다. & 하나만 쓰지 않도록 주의.

```
【 52 】 mp3_play(8); // You are illegally parked on private
```

0008_You are illegally pa.mp3 파일을 실행. 대사는 "You are illegally parked on pri-
vate property. You have 20 seconds to move your vehicle." (당신은 사유지에 불법
주차를 했습니다. 20초 내로 차를 이동하십시오.)
이 파일은 5.9초 실행한다. DF 플레이어를 사용해 사운드 파일을 실행하면 아두이노
에서 정지명령(코드)을 보내기 전까지는 끝까지 실행한다. [08 ZAKU II R-1A]에서는
총소리와 같이 비슷한 소리를 반복하는 긴 파일을 실행하고 다음 작동을 위해 mp3_
stop();코드를 사용해 실행을 멈추었다.

하지만 이번에는 음성 파일을 사용하므로 동작이 끝나거나 다음 동작을 하기 위해 정
지코드를 보내면 문장이 잘리게 된다. 또는 다른 동작을 하는데 이전 음성이 계속 나
오는 것도 어색하다. 음성 파일을 사용한다면 위와 같은 이유로 싱크를 맞추는 것에
조금 더 신경을 써야 한다.

> * 싱크(Sync) : 작업들의 작동 시간을 맞추는 것.
> 작동이 동시에 되거나 일정한 간격으로 작동하
> 도록 시간 간격을 조정하는 것. 동기화라고도 한
> 다. 어원은 Synchronization.

```
【 53 】 for(int i = 90; i <= 130; i++){
【 54 】     BodyPan.write(i);
【 55 】     delay(35);
【 56 】 }
【 57 】 for(int i = 130; i >= 50; i--){
【 58 】     BodyPan.write(i);
【 59 】     delay(35);
【 60 】 }
【 61 】 for(int i = 50; i <= 90; i++){
【 62 】     BodyPan.write(i);
【 63 】     delay(35);
【 64 】 }
```

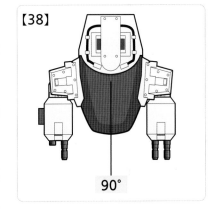

【38】

90°

BodyPan 서보를 작동해 좌우를 살펴보는 연출. 【38】코드의 초
기 위치인 90°에서 시작해서 왼쪽 130°으로 회전한 후 오른쪽
50°까지 회전한다. 그리고 초기 상태인 90°로 돌아온다. 음성
은 5.9초이므로 꽤 긴 시간이다. 작동각도와 딜레이를 조절해서
시간을 맞춘다.

90에서 130까지 작동 : 딜레이 35 * 작동각도 41회 =1435ms
130에서 50까지 작동 : 딜레이 35 * 작동각도 81회 =2835ms
50에서 90까지 작동 : 딜레이 35 * 작동각도 41회 =1435ms
총 5705ms = 5.7초. 음성 파일의 길이가 5.9초와 거의 비슷하게
작동을 마치게 된다.

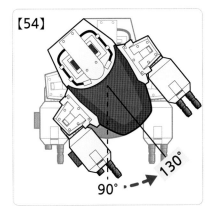

【54】

90° → 130°

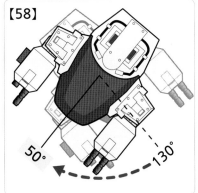

【58】

50° ← 130°

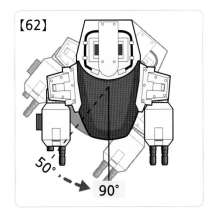

【62】

50° → 90°

음성 파일의 길이가 짧다면 작동각도를 줄이거나 작동시간(딜레이)를 줄이는 방법을 쓸 수도 있다. 작동각도를 줄이면 좁은 범위를
돌아보게 되고, 작동시간을 줄이면 보다 빠르게 회전한다.

```
【67】 if(Distance > 10&& Distance <= 25{
```

범위 2에 해당하는 11cm~25cm의 사이에서 물체를 감지했을 때 블록【67】~【94】코드를 실행하는 if문.

```
【68】 mp3_play(1); // Please put down your weapon
【69】 delay(500);
```

0001_ put down.mp3 파일을 실행(4.6초). 대사는 "Please put down your weapon. You have twenty seconds to comply." (무기를 내려놓으십시오. 20초 내로 응하십시오) 영화에서 이 대사는 무기를 든 사람에게 경고하는 장면에서 사용했다.
경고 대사를 하는 동안 0.5초 대기

```
【70】 for(int i = 80; i <= 120; i++){
【71】    RightArm.write(i);
【72】    delay(10);
【73】 }
【74】 delay(1000);
```

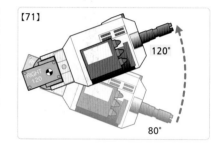

경고의 의미로 내린 팔을 들어 올리고 1초 대기

```
【75】 for(int j = 0; j <= 2; j++){
```

응용 for문을 사용하여【75】~【88】코드(고개 젓기)를 3회 반복한다.

```
【76】 for(int i = 90; i <= 95; i++){
【77】    BodyPan.write(i);
【78】    delay(20);
【79】 }
【80】 for(int i = 95; i >= 85; i--){
【81】    BodyPan.write(i);
【82】    delay(20);
【83】 }
【84】 for(int i = 85; i <= 90; i++){
【85】    BodyPan.write(i);
【86】    delay(20);
【87】 }
```

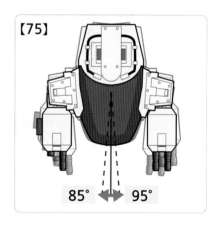

코드【51】에서는 50˚~130˚의 넓은 범위를 천천히 돌아보았지만 이번에는 "그러면 안돼"라는 경고의 의미로 85˚~95˚의 좁은 범위를 재빨리 움직이며 3회 반복한다.

```
【89】 delay(1000);
【90】 for(int i = 120; i >= 80; i--){
【91】    RightArm.write(i);
【92】    delay(20);
【93】 }
```

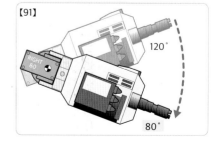

1초 대기 후 팔을 내린다.
총 작동시간 =【69】딜레이 0.5초 +【70】팔 올리기 0.4초 +【74】대기 1초 +【75】고개젓기 1.2초(0.4초 ×3) +【89】딜레이 1초 +【90】팔 내리기 0.8초 = 4.9초.
대사(4.6초)가 끝난 후 팔을 내린다.

```
【 96 】  if(Distance <= 10){
```

10cm 이하에서 물체를 감지했을 때 블록【96】~【142】코드를 실행하는 if문.

```
【 97 】  mp3_play(5); // Four... three... two... one...
【 98 】  delay(4000);
```

0005_4321.mp3 실행(3.7초). 대사는 "Four... three... two... one..."(사, 삼, 이, 일)
대사를 하는 동안의 시간을 딜레이로 4초를 설정.

```
【 100 】  mp3_play(6); // I am now authorized to use physical
【 101 】  delay(1700);
【 102 】  RightArm.write(100);
【 103 】  LeftArm.write(80);
【 104 】  delay(1700);
```

0006_I am now authorized.mp3 실행(3.4초). 대사는 "I am now authorized to use physical force!" (나는 이제 물리력을 사용할 권한이 있다.)
대사를 시작하고【101】1.7초 대기 후 양팔을 무장상태로 올린다. 양팔은 for문을 사용하지 않고 바로 각도를 바꾸어 즉각적인 작동(철컥!)하는 느낌이 된다. 오른팔과 왼팔 각도 설정 사이에는 딜레이가 없으므로 동시에 올리는 것처럼 보인다. 두 코드 사이에 딜레이를 조금 넣어도 재미있다. 오른팔 철컥! 왼팔 철컥! 하는 느낌
대사의 마무리를 위해【104】코드로 1.7초를 대기한다.
즉 이 코드는【100】에서 대사를 시작하고 중간에 총을 올린 후【104】코드가 끝나면 대사가 완료된다.

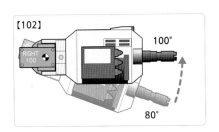

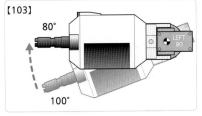

오른팔과 왼팔의 서보는 대칭으로 되어 있어 각도가 반대로 작동한다. 오른팔은 각도를 올리면 팔이 위로 올라가고, 왼팔은 각도를 내리면 팔이 위로 올라간다.

```
【 106 】  digitalWrite(Relay, HIGH); //LED OFF
```

LED는 아두이노에서 직접 제어하지 않고 스피커에 연결되어 연동하고 있다. 음성의 고저에 따라 변하는 전류를 이용해 LED의 밝기가 변한다. 대사를 할 때는 LED의 밝기 변화로 자연스럽지만 총소리와 같은 효과음이 나올 때도 함께 빛나는 것은 이상해 보인다. 따라서 필요에 따라 스피커와 LED를 연결하고 끊기 위해 릴레이를 사용했다. 이번 공작에서 효과음은 총소리 한가지이고 나머지는 대사 파일이므로 일반적인 상태에서는【42】코드를 써서 릴레이를 LOW로 하여 켜두고 있다.
총을 쏠 때는 릴레이를 HIGH로 하여 스피커와 LED의 연결을 끊어주어 LED가 빛나지 않고 총소리를 낼 수 있다.

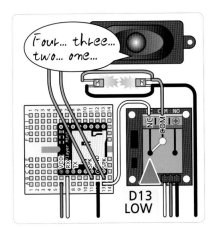

◀13번 핀에 연결된 릴레이에 LOW 신호를 보내면 NC와 COM이 연결되므로 LED에 스피커의 전류가 흐르는 ON 상태. 음성의 세기에 따라 LED가 빛난다.

▶릴레이에 HIGH 신호를 보내면 COM은 NO로 연결되어 LED는 연결이 끊어진 OFF 상태가 된다. 사운드가 실행되어도 LED는 빛나지 않는다.

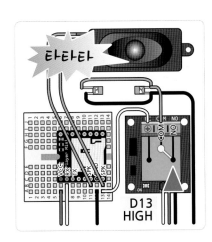

```
【 107 】 mp3_play(7);                // Machine Gun Sound
```

0007_ed_machine.mp3 실행(10초). 기관총 소리.

```
【 108 】 for(int i = 0; i < 50; i++){
```

for문을 이용해 총 쏘기 효과【108】~【124】코드를 50회 반복한다.

```
【 109 】 digitalWrite(Gun1, HIGH);
【 110 】 RightArm.write(106);  // Right Recoil Up
【 111 】 delay(40);
【 112 】 digitalWrite(Gun2, HIGH);
【 113 】 digitalWrite(Gun3, HIGH);
【 114 】 LeftArm.write(74);    // Left Recoil Up
【 115 】 delay(40);
```

오른손 기관총(Gun1)의 LED를 켜고 반동각도인 106°로 바로 올린다. for문을 사용해 순차로 올리지 않으므로 총격에 의한 반동처럼 보인다. 왼팔은 딜레이(40)의 시차를 두어 살짝 늦게 작동하여 엇갈리듯 작동한다.
왼손의 기관총 (Gun2)의 LED와 Gun3의 LED 두 코드 사이에는 딜레이가 없으므로 동시에 켜지는 것처럼 보인다.
왼팔은 숫자가 줄어야 올라가므로 74°로 왼팔을 올린다.
반동 각도는 너무 크면 과장되어 보이고 너무 작으면 실감이 나지 않는다. 이것은 모형의 크기에 따라서도 차이가 나므로 직접 테스트를 해보아야 한다.

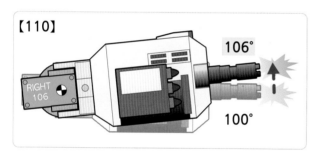

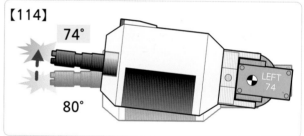

```
【 117 】 digitalWrite(Gun1, LOW);
【 118 】 RightArm.write(100);  // Right Aim
【 119 】 delay(40);
【 120 】 digitalWrite(Gun2, LOW);
【 121 】 digitalWrite(Gun3, LOW);
【 122 】 LeftArm.write(80);      // Left Aim
【 123 】 delay(40);
```

위의【109】~【1115】코드와 반대로 작동을 하여 총 쏘기 한 세트가 끝난다.
딜레이의 시간을 계산해 보면 40 + 40 + 40 + 40 = 160. 160을 50회 반복하므로 8000 = 약 8초 동안 작동한다.
영화 초반의 충격적 장면이란 ED209의 오작동으로 인해 대상물을 한참동안 사격한 장면이다. 이번 공작에서도 긴 시간 사격 연출을 위해 8초간 총격 장면을 재현하고 있다.

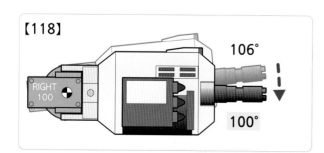

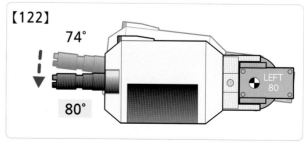

```
【 125 】 mp3_stop();
```

【107】에서 시작한 0007_ed_machine.mp3 파일은 10초. 발사 액션은 8초이므로 다음 동작을 하기 전에 현재 실행중인 MP3의 실행을 멈춘다. 효과음이므로 중간에 강제종료를 해도 어색하지 않다.

```
【 127 】 digitalWrite(Relay, LOW);  //LED ON
```

총쏘기 효과음이 끝난 후 릴레이에 LOW 명령을 넣어 다음 작동을 위해 LED와 스피커를 연결 상태로 만든다.

```
【 128 】 for(int i = 100; i >= 80; i--){
【 129 】   RightArm.write(i);
【 130 】   LeftArm.write(180-i);
【 131 】   delay(60);
【 132 】 }
```

사격을 마친 ED209는 갑자기 기운이 빠진다(영화에서는 뒤늦게 사태를 파악하고 코드를 뽑았기 때문). 우선 양팔을 사격 각도에서 아래로 서서히 내린다.
이때 주목해서 보아야 할 것은【130】의 (180-i) 괄호 안의 값이 들어가야 할 부분에 계산식이 들어가 있다.
i의 값이 100 일때 오른팔은 현재 사격 위치인 100, 왼팔은 (180-100) = (80)이 된다.
이와 같이 조건에 따라 i의 값이 늘어난다.
i의 값이 80일 때 오른팔은 팔을 내린 위치인 80이 되고 왼팔은 (180-80) = (100)이 되어 내린 각도가 된다.
이것은 두 개의 서보가 대칭적으로 설치되어 반대의 각도로 움직일 때 사용할 수 있는 방법이다.
【129】와【130】코드 사이에는 딜레이가 없으므로 동시에 내려오는 것처럼 보인다.

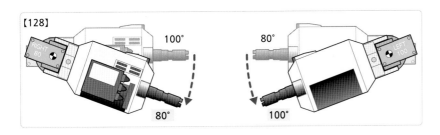

```
【 133 】 for(int i = 95; i >= 70; i--){
【 134 】   BodyTilt.write(i);
【 135 】   delay(100);
【 136 】 }
```

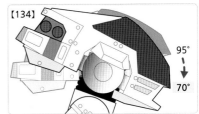

팔을 내린 후 다시 몸통을 내려 더욱 기운이 빠진(정확히는 전원이 빠진) ED209 연출을 위해 머리를 95˚에서 70˚으로 천천히 내린다.

```
【 137 】 delay(1600);
```

1.6초 동안 기다린다. 기운 재충전의 시간이 필요(라는 설정).

```
【 138 】 for(int i = 70; i <= 95; i++){
【 139 】   BodyTilt.write(i);
【 140 】   delay(20);
【 141 】 }
```

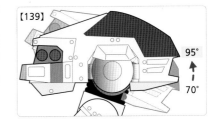

기운을 차리고 다시 기본 위치로 머리를 올리고 다음 코드를 대기한다.

아두이노가 쉽다는 말에 동의하지 못하시는 분들에게 드리는 변명

이전에 프로그램을 접해 본 경험이 없던 저는 2년 정도 망설이다가 결국 호기심이 두려움을 넘어서게 되었고, 아두이노 스타터킷(아두이노와 입출력 부품들, 그리고 사용설명을 함께 만든 제품)을 구입해 공부를 시작하게 되었습니다. 친절하지만 약간은 지루한 프로그래밍. LED를 켜고, 서보모터를 까딱까딱 움직여보고 부품을 다시 분해해서 다시 상자에 넣고를 반복했습니다.

몇 번의 연습을 해본 후 2016년 12월에 저의 첫 아두이노를 적용한 모형을 만들었습니다. 턱의 LED가 서서히 밝기가 변화하고(페이딩) 총에서는 빨간색 인디케이터가 깜빡이는(블링킹) 것이었습니다. 물론 당시에는 모르는게 더 많았지만 이렇게 만들 수 있다는 것을 경험하니 아두이노가 더욱 흥미로워졌습니다.

1/12 데스트루퍼, 반다이
페이딩과 블링킹. 2016작

지금 생각해보면 아두이노를 선택한 이유는 저의 무지와 게으름이 가장 컸던 것 같습니다. 전자회로를 능수능란하게 다룰 정도의 실력은 없고, 어려운 것을 열심히 공부할만큼 부지런하지도 않았지만 하고 싶은 것은 많았습니다. 이와 같이 전자공작을 자신의 취미에 응용하고 싶은 사람이라면 이렇게 저렴하고 (생각보다)쉽게 만들 수 있는 강력한 도구가 아두이노(그리고 비슷한 류의 MCU)라고 자신있게 말씀드릴 수 있습니다.

우리는 지금까지 소비자로서 상품을 구입하고 제조사가 정해준 용도에 맞춰 물건을 사용해왔습니다. 시중에서 판매중인 LED를 적용한 모형들은 보통은 켜고 끄기, 또는 페이딩하는 정도입니다. 만약 그 주기나 밝기를 바꾸고 싶다면 어떻게 해야 할까요? 전자회로에 관한 기초이론을 공부하고, 움직이는 모형을 만들기 위해 기계공학을 공부하면 해결할 수 있을지도 모릅니다. 대신 그것을 위해 투입해야 할 시간이나 비용은 만만치 않을 것입니다.

그에 비해 아두이노는 짧게는 하루, 길어도 열흘 정도면 자신이 원하는 것을 만들 수 있는 기본기가 완성됩니다. 물론 처음부터 복합적인 작동을 하는 것은 무리가 있지만 기본적인 것을 하나하나 연습하고 거기에 다시 새로운 것을 더해가면서 연습을 거듭한다면 어느 순간 새로운 것, 조금 더 복합적인 것을 차차 만들어 나갈 수 있을 것입니다.

특히 모형에 전자공작을 넣는 경우라면 목표가 뚜렷하게 보입니다. 자동차의 방향지시등을 깜빡이기, 로봇의 눈을 페이딩하기, 팔 움직이기 등을 하고 싶다는 생각을 가지고 있다면 관련 정보와 방법을 찾는 것은 훨씬 흥미진진할 것입니다.

1/6 스톰트루퍼, 반다이
초음파센서, 서보작동. 2017작

저의 두 번째 아두이노 전자공작은 2017년 1월에 완성한 초음파 센서에 반응해서 사격하는 스톰트루퍼였습니다. 주말에 이 코드를 어떻게 짤지 한창 고민하고 있을 때 마침 아들이 컴퓨터 화면을 보더니 아두이노를 학교에서 배웠다고 해서 아들과의 협력이 시작되었습니다. 페이딩 정도만 간신히 했는데 갑자기 서보모터나 MP3모듈을 쓸 수 있었던 것은 아두이노가 가진 범용성 덕분이었습니다. 풍부한 예제자료나 다른 사람이 먼저 만들어둔 코드를 잘 응용하는 것으로도 자신이 원하는 것을 만드는 것이 어렵지 않았습니다.

특히 아들과의 협력이 있었기에 전자공작 취미생활은 더욱 재미있었습니다. 서로의 생각을 나누고 업무를 분담함으로 각자 잘하는 것에 집중할 수 있었습니다. 이제 대학생인 아들의 프로그래밍 실력은 이미 저를 뛰어넘었고 제가 많이 부탁하고 배우고 있습니다. 동일한 작동을 하더라도 여러가지의 코딩방법이 있습니다. 코드를 만드는 사람의 아이디어에 따라 효율적이고 기발하고 편리하게 만들 수 있습니다. 그런 의미에서 지금 준비하는 세 번째 책(가칭 코딩편)에서는 아들의 그런 아이디어가 더욱 발휘하는 책이 될 수 있을 것입니다.

이번이 두번째 책이지만 아직 많이 부족합니다. 그럼에도 여러분의 전자공작 생활에 이 책이 조금이나 도움이 되고 작은 디딤돌이 될 수 있다면 아들과 저는 매우 기쁠 것입니다.

즐거운 모형전자공작 되시기를 바랍니다.

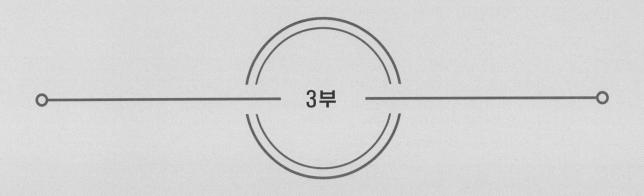

부록

ARDUINO

10 전자공작 부품 소백과

10-1 아두이노 보드의 종류

아두이노에서는 다양한 형태와 성능의 보드를 생산중이다. 장치를 분류할 때 일정한 크기와 기능을 묶어 폼팩터(Form Factor)라고 한다. 아두이노의 대표적인 폼팩터 세 가지를 소개한다. 여기에 소개하는 것 외에도 다양한 폼팩터가 있으니 있으므로 아두이노 홈 페이지(Arduino.cc) 방문을 추천한다.

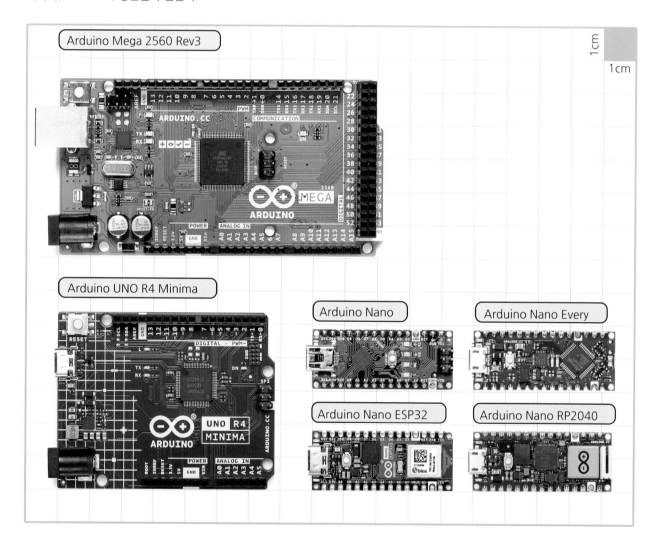

아두이노 메가 2560 Rev3 크기(가로, 세로)102mm × 53mm

ATmega2560 칩을 사용한 MCU. 54개의 디지털 입출력핀(그 중 15개는 PWM 출력 가능)과 16개의 아날로그 입력핀이 있다. 많은 수의 입출력핀을 가지고 있어서 비교적 큰 프로젝트에서 많은 입출력 부품을 사용할 때 적합하다.

- 정가 : $48.4
- USB B타입 커넥터로 컴퓨터와 연결.
- Digital I/O(디지털 입출력핀 개수) : 54 (PWM 15)
- Analog Input(아날로그 입력핀 개수) : 16
- I/O핀 출력전압 : 20mA
- 프로그램저장 용량(Flash Memory) : 256KB
- 사용전압: 5V
- 외부전원: 6V~20V (외부전원 연결을 위해 5.5mm의 배럴잭이 부착.)

아두이노 우노R4 미니마 크기 : 68.8mm × 53.3mm

아두이노의 대표적인 상품으로 현재 R4가 최신 버전이다. 32bit 마이크로 컨트롤러칩을 사용해 이전 버전보다 처리속도가 빨라졌다(미니마는 영어로 마니아를 의미).

- 정가 : $20
- USB C타입 커넥터로 컴퓨터와 연결.
- Digital I/O : 14 (PWM 6)
- Analog Input : 6
- I/O핀 출력전압 : 8mA
- 프로그램저장 용량(Flash Memory) : 256KB
- 사용전압: 5V
- 외부전원: 6V~24V (외부전원 연결을 위해 5.5mm의 배럴잭이 부착.)
※ WIFI기능과 12*8 LED가 추가된 우노 R4 WIFI보드도 판매중($27.5)

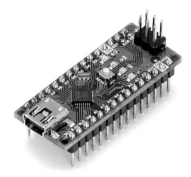

아두이노 나노 크기 : 45mm × 18mm

기능은 우노와 거의 동일하며 크기는 작다. 브레드보드에 끼워 회로를 만들기 편해서 전자공작에 자주 사용한다.

- 정가 : $24.9
- USB 미니 B타입 커넥터로 컴퓨터와 연결.
- Digital Input/Output : 14 (PWM 6)
- Analog Input : 6
- I/O핀 출력전압 : 20mA
- 프로그램 저장 용량(Flash Memory) : 32KB
- 사용전압: 5V
- 외부전원: 7V~12V (외부전원은 VIN핀에 연결)

아두이노 나노 에브리 크기 : 45mm × 18mm

아두이노 나노의 발전형 보드. 가격이 나노에 비해 저렴하고 저장용량도 증가했다.

- 정가 : $14.7
- USB 마이크로 5핀 커넥터로 컴퓨터와 연결.
- Digital Input/Output : 14 (PWM 5)
- Analog Input : 8
- I/O핀 출력전압 : 20mA
- 프로그램 저장용량(Flash Memory) : 48KB
- 사용전압: 5V
- 외부전원: 7V~21V (외부전원은 VIN핀에 연결)

아두이노 나노 ESP32 크기 : 45mm × 18mm

WiFi와 블루투스 기능을 기본으로 갖춘 ESP32 칩을 탑재한 아두이노. 인터넷 클라우드로 데이터를 주고받을 수 있어서 IoT 환경을 만드는데 유리하다. 아두이노 스케치는 물론 파이썬 프로그래밍도 가능하다.

- 정가 : $21
- USB C타입 커넥터로 컴퓨터와 연결.
- Digital Input/Output : 14 (PWM 5)
- Analog Input : 8
- I/O핀 출력전압 : 40mA
- 프로그램 저장용량(Flash Memory) : 16MB
- 사용전압: 3.3V
- 외부전원: 6V~21V (외부전원은 VIN핀에 연결)

아두이노 나노 RP2040 크기: 45mm × 18mm

RP2040 칩을 사용한 나노보드. 빠른 처리속도와 대용량 메모리를 갖추고 있다. 사운드센서(음성인식 포함)와 6축 자이로센서가 포함. 아두이노 스케치는 물론 파이썬 프로그래밍도 가능하다.

- 정가 : $29.4
- USB 마이크로5핀 커넥터로 컴퓨터와 연결.
- Digital Input/Output : 22 (PWM 20)
- Analog Input : 8
- I/O핀 출력전압 : 4mA
- 프로그램 저장용량(Flash Memory) : 16MB
- 사용전압: 3.3V
- 외부전원: 5V~21V (외부전원은 VIN핀에 연결)

1 서보모터의 크기에 따른 분류

원하는 각도를 원하는 속도로 조절하기 위해 사용하는 서보모터. 작동하는 전자공작을 할 때 편리하게 사용할 수 있다. 서보모터는 종류도 많고 특성이 다양하므로 여기에서 확인해보자.

서보모터를 분류할 때 가장 먼저 보는 것은 크기. 일반적으로 외형의 크기가 커질수록 힘(토크)이 커진다. 그러나 설치할 모형에는 공간이 제한되므로 모형에 공간을 만드는 공작은 필수가 된다.

■ 2g 서보모터
일반적으로 사용하는 가장 작은 크기의 서보모터. 로봇의 머리 회전, 작은 부품의 상하작동에 사용할 수 있다. 내부에 정밀한 플라스틱 기어를 사용하고 있어 무리한 힘을 가하면 망가지기 쉬우므로 주의해야 한다. 가격은 대략 5,000원 정도

■ 3.7g 서보모터
2g 서보모터보다 약간 더 큰 크기. 그만큼 토크가 조금 더 크다. 정밀한 플라스틱 기어를 사용하므로 무리한 힘을 가하면 기어가 망가지기 쉬우므로 반드시 작동 테스트를 해보고 사용을 결정해야 한다. 가격은 대략 5,000원 정도

■ 9g 서보모터
아두이노에서 자주 사용하는 대중적인 크기의 서보모터. 가격도 저렴하고 구하기도 쉽다. 플라스틱 기어를 사용한 SG90 서보모터, 메탈기어를 사용하는 MG90 서보모터가 있다. 메탈기어를 사용하는 쪽이 토크가 크고 고장의 염려가 덜하다. SG90의 가격은 대략 1,500원 정도, MG90은 2,000원 정도.

■ 표준(Standard) 서보모터
R/C카에서 일반적으로 사용하는 서보모터의 크기에서 이름이 유래했다. 크기가 큰만큼 높은 토크를 가지고 있다. 표준 서보모터는 같은 크기이지만, 토크, 기어 종류 등에 따라 상당히 많은 변형이 있고 제조사마다 성능이나 가격 차이도 많이 나므로 소량구입해서 테스트해보기를 추천. 플라스틱 기어를 사용하는 비교적 저렴한 SG5010이 3,000원 정도. 메탈기어를 사용하는 MG995가 5,000원 정도.

※ 가격은 참고용으로 동일 규격의 제품이라도 제조사, 판매점에 따라 편차가 있으므로 잘 비교해 구입하는 것을 추천.

> 2g, 3.7g, 9g 이름은 서보모터의 무게에서 유래했다. 하지만 현재는 실제 서보모터의 무게와는 상관없이 크기 구분용으로 사용하고 있다.

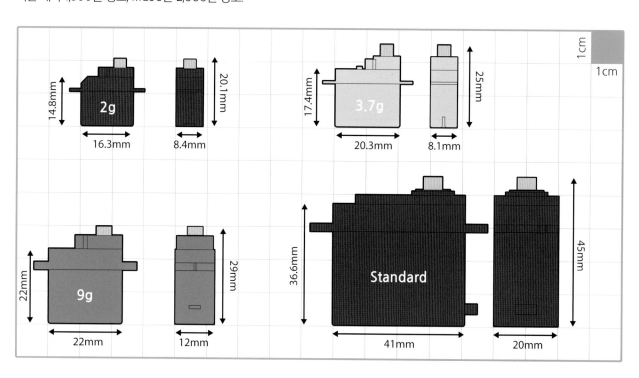

2 서보모터의 토크

서보모터에서 또 하나 중요한 것은 회전할 때의 힘을 의미하는 토크(Torque).
① 일반적으로 서보모터의 크기가 클수록 더 큰 모터와 기어를 사용하므로 토크가 커진다.
② 같은 크기의 서보모터라도 플라스틱 기어를 사용한 것보다 금속 기어(Metal Gear)를 사용한 것이 더 큰 힘을 낸다. 서보모터의
명칭에 MG가 들어간 것이 금속 기어를 사용한 제품.
③ 서보모터는 높은 전압을 넣어주면 토크가 커진다. 보통 서보모터는 4.0V부터 작동하며 6V까지 입력할 수 있다(이 범위를 벗어
나면 작동하지 않거나 고장날 수 있다. 대형 서보모터는 7.4V도 입력이 가능. 서보모터를 구입할 때 입력 전압을 잘 확인해야 한
다).

모형을 작동할 때 가능하면 큰 토크를 가진 서보모터를 사용하는게 좋다. 감당할 수 있는 토크보다 무거운 것을 작동하면 서보모터
가 작동하지 않거나, 불안정 작동(흔들림, 떨림) 또는 내부 기어 손상이 나며 심한 경우 서보모터 내부의 기판이 타는 경우도 있으
므로 주의해야 한다.

아래는 제품별의 토크 값으로 표시는 전압에 따라 달라지는 토크를 표시하고 있다. "토크@전압"

■ 2g 서보모터
0.2Kg @4.8V

■ 3.7g 서보모터
0.7Kg @4.8V , 0.8Kg @ 6V

■ 9g 서보모터
SG90(플라스틱 기어) : 1.2Kg @4.8V
MG90(금속 기어) : 2Kg@4.8V

■ 표준 서보모터
SG5010 : 8Kg @4.8V , 11Kg @6V
MG995 : 13Kg @4.8V , 15Kg @6V

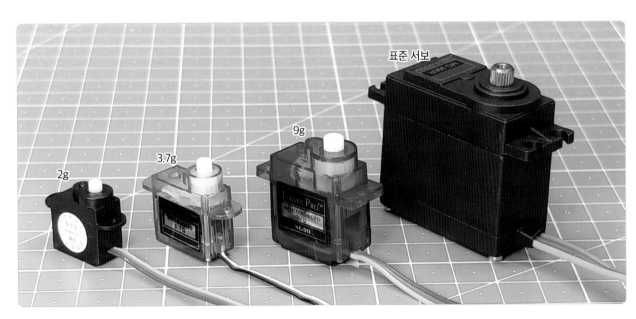

TIP 서보모터의 회전 방향

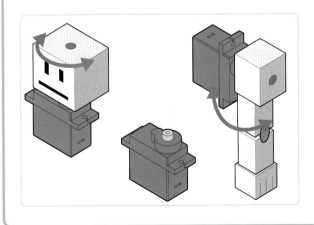

같은 서보모터를 사용해도 어느 방향으로 작동하는지에 따라 움직
일 수 있는 무게가 달라진다. 같은 무게라도 좌우 회전은 원활하지
만 상하 작동에는 더 많은 힘이 필요하다.

▶좌우 회전 : 좌우 회전 운동의 경우 작은 서보를 사용해도 비교
적 무거운 모형을 작동할 수 있다.

▶상하 작동 : 같은 무게라도 물체를 위아래로 움직이는 경우 더
높은 힘을 써야 한다. 특히 움직이는 물체의 무게중심이 회전중심
점(일러스트의 빨간점)에서 멀어질수록 더 많은 힘이 필요하다.

3 서보모터 사용 예

■ 2g 서보모터

서보모터의 크기가 작아 좁은 공간에 설치할 수 있다. 다만 토크가 높지 않고 어딘가에 걸려 서보모터가 작동하지 못하면 내부 기어가 쉽게 고장날 수 있으므로 주의. 고장에 대비해 가능하다면 분해 조립이 가능하도록 설치하기를 추천.

1/12 K2SO. 골반에 서보를 설치해 상체를 회전하는 구조.

1/20 Ma.K. 그로서훈트. 왼쪽 어깨에 공간을 만들어 서보를 설치해 왼팔을 상하로 작동.

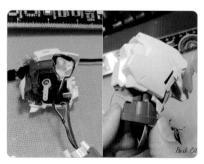

1/48 유니콘 건담 머리에 설치. 상하 작동.

■ 3.7g 서보모터

2g 서보모터 보다 약간 더 높은 토크를 가지고 있다. 공간의 여유가 있다면 2g 서보를 쓰는 것보다 3.7g 서보를 쓰는 것을 추천. 프라판으로 가이드를 만들고 나사로 고정하거나 글루건으로 붙여두면 나중에 보수를 위해 분해가 가능하다.

1/12 R2D2 머리 회전(본 책 [07 R2D2])

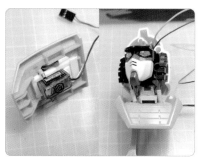

1/48 건담 머리 회전. 목 부품(노란색)에 서보모터를 고정하는 프라판을 추가해 고정 (<기초모전공> 12화)

1/100 건담 오리진. 몸통 내부에 공간을 만들어 설치. 오른팔 상하 작동.

■ SG90 서보모터

저렴하고 쉽게 구할 수 있는 SG90은 다방면에 사용이 가능하다. 플라스틱 기어를 사용하므로 고장에 대비해 분해 조립이 가능하도록 설치하는 것을 추천.

1/12 C3PO 몸통 회전. 3PO가 앉아있는 상자에 설치. 허리는 파이프로 연결(본 책 [07 C3PO]).

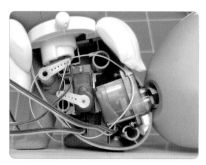

빅이브이 꼬리 좌우, 팔 상하 작동(본 책 [06])

1/72 악역 1호 포탑 회전. 포탑에 서보혼을 설치했다.

■ MG90 서보모터

SG90과 같은 사이즈이지만 메탈기어를 사용하므로 토크도 높고 기어 고장의 염려도 적다. 회전
작동이라면 제법 큰 모형에도 사용할 수 있다

모데로이드 ED209 상체 상하 작동과 회전(본 책 [09])

MG 1/100 기라도가의 가슴에 설치하여 왼팔을 상하 작동.

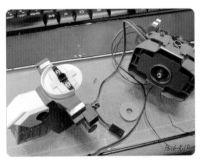

메가사이즈 1/48 유니콘 건담. 서보는 허리 위의 내부에, 서보혼은 골반에 설치해 회전 작동을 한다.

■ 표준서보모터

큼직한 크기만큼 시원한 작동을 할 정도로 큰 힘을 가지고 있다. 하지만 그만큼 전류 소모량이 높
아 건전지로 전원을 사용할 경우 빨리 닳는다. 외형이 크기 때문에 작은 모형의 내부에 숨겨 넣기
는 어렵지만, 베이스에 설치하고 프라봉이나 동파이프를 연결해 작동한다.

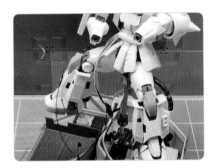

MG 자쿠II 몸체 회전. 베이스에 설치하고 동파이프로 자쿠의 몸체와 연결(본 책 [08]).

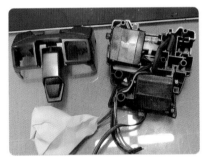

메가사이즈 1/48 건담. 큼직한 모형이라면 내부에 숨기는 것도 가능하다.

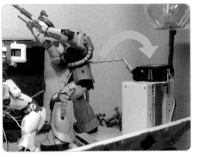

MG 1/100 자쿠II. 허리가 잘리는 장면 연출을 위해 상체를 상하로 작동. 외부 건물 속에 넣고 상체는 동파이프와 연결.

TIP 하이토크 서보모터

DS3218 서보모터. 하이토크 서보모터에는 금속 서보혼이 포함되어 있다. 가격은 $11 정도(배송비 제외).

표준 서보와 비슷한 크기이거나 약간 변형된 형태로 하이토크 (High-Torque) 서보모터가 있다. 기본적으로 메탈기어를 사용하고 토크는 20Kg 이상. 모형 전자공작에서라면 표준 서보모터 정도로도 충분하지만 필요에 따라서는 사용할 수도 있다. 토크가 높을수록 가격은 높아진다.

제품을 검색할 때는 20Kg Servo와 같이 토크 값으로 찾을 수 있다.
DS3218 PRO : 21Kg @5V , 23Kg @6.8V
DS3240 : 36Kg @5V , 45Kg @6.8V
DS35MG : 24Kg @5V , 30Kg @6V , 35Kg @7.4V
DS5160 : 58Kg @6V , 65Kg @7.4V , 70Kg @8.4V

※ 토크값은 제품 설명 페이지를 인용한 것으로 실제 제품의 성능은 제조사, 제조시기, 규격 등에 따라 다를 수 있다.

필자의 리드타입 LED. 크기, 렌즈의 형태, 색 등으로 분류해보면 조합이 상당히 많이 늘어난다. 어떤 것이 있는지 안다면 LED 선택에 도움이 된다.

LED는 낮은 소모전류, 다양한 색과 크기 등으로 모형 전자공작에서 광원으로 매우 좋은 재료다. 아마도 LED가 없었다면 전자공작에서 광원을 만드는 것은 꽤 까다로웠을 것이다.

전자공작 취미를 가지지 않은 사람이라면 LED가 그게 그거라고 생각하기 쉽다. 하지만 본격적으로 전자공작을 하려고 LED를 알아보면 엄청나게 많은 종류로 인해 혼란스러워하기도 한다.

이때 기본적인 구분법을 알아보면 미처 몰랐던 형태나 특징을 가진 새로운 것도 알게 되고 자신의 작업에 더욱 적합한 LED를 선택할 수 있다.

■ LED의 기본적인 구분

① LED의 형태 : 전극이 달린 리드타입, 작은 크기의 SMD타입
② LED의 불빛색 : LED에서 나오는 색의 종류.
③ 리드 LED : 렌즈의 형태, 렌즈의 색, 렌즈의 크기
④ SMD LED : 크기와 극성

1 LED의 형태

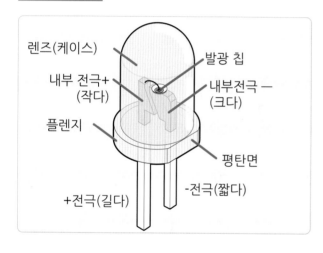

■ 리드타입 LED

전극용 다리(리드Lead)가 붙어있고 플라스틱 수지로 렌즈를 만든 LED. 우리가 흔히 알고 있는 형태.
렌즈 모양에 따라 더 멀리 비추거나 더 밝게 비출 수 있다.

네 가지 방법으로 +, -를 구분할 수 있다.
① 전극의 길이가 긴 쪽이 +극, 짧은 쪽이 -극.
② 내부 전극이 작은 쪽이 +극, 큰 쪽이 -극.
③ 플렌지의 평탄면(깎여있는 부분)이 -극.
④ LED에 전선을 연결해 길게 빼낸 후 극성을 표시를 하지 않았다면 건전지를 직접 연결해 켜지는지를 확인할 수 있다. LED는 전극을 반대로 연결해도 고장나지 않으므로 염려하지 않아도 된다.

■ SMD타입 LED

작은 조각 모양이라 칩(Chip) LED라고도 부른다. 기판에 직접 납땜하는 타입이라 전극이 LED에 붙어 있으므로 전선을 납땜해 사용해야 한다.
다양한 크기가 있으며 특히 깨알보다 작은(0.8mm) 크기까지 있으므로 좁은 공간에 설치할 때나 작은 불빛을 표현할 때 사용한다.
전극의 구분은 LED의 크기, 형태에 따라 여러가지 방법이 있으므로 (4 SMD 타입 LED의 분류)를 참고한다.

2 LED의 불빛 색

■ 단색 LED

단색 LED는 발광칩을 하나만 가진 일반적인 LED를 의미한다. 초기의 LED는 빨간색, 파란색, 노란색, 초록색 정도였지만 현재 시중에서 구입할 수 있는 LED의 색은 10가지 정도 된다.

▶ 기본색: 빨간색, 녹색, 파란색, 노란색, 흰색은 어떤 형태(리드타입이나 SMD등)의 LED라고 해도 이 다섯가지 색은 있다.
▶ 웜화이트 : 약간 노란색 느낌이 있는 흰색으로 자동차 전조등에서 일반 전구(할로겐 라이트)의 색과 같다. 색 온도는 3100K(캘빈) 정도. 모형에서는 자동차 전조등, 필라멘트 전구를 사용하는 실내 재현 등에 사용하면 효과가 좋다.

▶ 핑크 : 비교적 최근에 나온 색. 파랑에 빨강을 더한 색으로 정식 명칭은 마젠타(Magenta, 자홍색)이다. 로봇의 눈, 버니어, 광선검 등에 사용하면 좋은 효과를 낼 수 있다.
▶ 골드 : 웜화이트보다 조금 더 노란색 느낌이 있는 색. 약간 오렌지색에 가깝지만 더 밝다. 색온도는 2700K정도. 노란색이나 오렌지색을 사용할 곳에 골드를 쓰면 독특한 느낌으로 표현할 수 있다. 모닥불, 촛불, 화염 효과 등에서 좋은 효과를 낼 수 있다.
▶ 아이스 블루 : 파랑에 초록을 더한 색으로 정식 명칭은 시안(Cyan, 청록색)이다. 로켓의 버니어 효과에 사용해도 좋고, 파란색을 대체해서 사용하면 독특한 느낌을 낼 수 있다(이 색은 아직은 판매하는 곳이 많지 않아 찾기 어렵고 다른 LED에 비해 가격이 약간 높다).

빨간색(RED)　　녹색(GREEN)　　파란색(BLUE)　　노란색(YELLOW)　　흰색(WHITE)

주황색(ORANGE)　　웜화이트(WARM WHITE)　　핑크색(PINK)　　골드(GOLD)　　아이스블루(ICE BLUE)

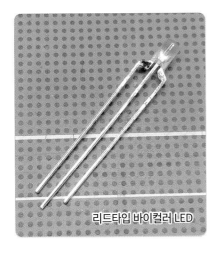

리드타입 바이컬러 LED

■ 바이컬러 LED(2색 LED)

두 개의 발광칩을 하나의 LED로 만든 것. 두 색의 전극이 따로 있고 공통 전극이 하나 있다. 보통 빨간색, 파란색, 녹색, 노란색의 조합으로 제품화되어 있다.

(빨간색-파란색), (빨간색-노란색), (빨간색-녹색), (파란색-녹색) 등 다양.

충전중일 때는 빨간색, 충전이 완료되면 파란색으로 표시하는 것과 같이 상태의 변화를 하나의 LED로 표현할 때 사용할 수 있다. 또는 로봇의 눈, 카메라, 조준경 등의 색 변화를 만들 때 응용할 수 있다.

이 책에서는 [07 R2D2&C3PO]에서 R2 머리의 빨간색-파란색 변화에 바이컬러 LED를 사용.

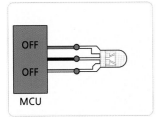 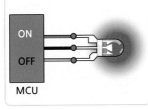 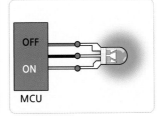 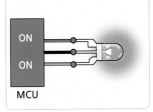

빨간색-파란색 LED를 아두이노에 연결하고 모두 꺼진 상태.　　빨간색 LED를 켠다.　　파란색 LED를 켠다.　　두 색을 모두 켜면 합성색이 나온다.

■ RGB LED (3색 LED)

빨간색, 녹색, 파란색의 발광칩 세 개를 하나의 LED로 만든 것. 전극은 기본적으로 R, G, B와 -극 네 가지인데, LED의 형태에 따라 사용법이 다르므로 제품을 구입할 때 상세 설명을 잘 참조해야 한다. 기본색인 세 가지 색(R, G, B) 외에 빛의 합성 원리에 따라 수많은 색을 만들 수 있다(컴퓨터, 휴대폰의 모니터는 RGB LED).

하나의 LED로 상태의 변화를 나타내는 효과로 사용할 수 있고, 기존에 없던 색을 직접 만들어내는 것도 가능하므로 보다 개성있는 작품을 만들 수 있다.

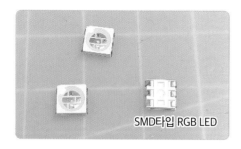

SMD타입 RGB LED

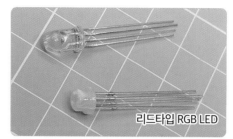

리드타입 RGB LED

TIP | 빛의 삼원색과 합성

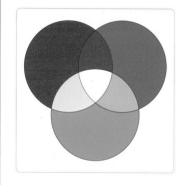

빨간색, 초록색, 파란색 세 가지의 빛이 있으면 수많은 색을 만들 수 있다. 그래서 이 세 가지를 빛의 삼원색(三原色, Primary Colors of Light)이라고 부른다(하지만 LED만으로는 명암을 표현하지는 못하므로 모든 색이라고 할 수는 없다).

▶기본 합성색 네 가지
빨간색(Red)+ 파란색(Blue)= 자홍색(Magenta)
빨간색(Red) + 초록색(Green) = 노란색(Yellow)
파란색(Blue) + 초록색(Green) = 청록색(Cyan)
빨간색(Red)+ 파란색(Blue)+초록색(Green) = 흰색(White)

이외의 색은 두 개, 세 개의 색을 조합할 때 각각의 밝기를 다르게 해 만들 수 있다. 그래픽 편집 애플리케이션에서 RGB의 비율을 조절해보면 다양한 색이 나오므로 그것을 참고해도 좋다.

---

3 리드타입 LED의 구분

■ 일반LED

LED 렌즈에 색이 들어가있는 타입. 빛 색의 종류가 많지 않지만 일반적으로 많이 사용하고 있다. 빛 색은 빨간색, 초록색, 파란색, 노란색, 흰색(투명), 주황색 정도. LED를 켜지 않아도 색을 구분하기 쉽고 적당한 밝기로 모형 전자공작에서도 자주 사용한다.

■ 고휘도LED

일반LED에 비해 밝고 빛 색의 종류도 많다. 또한 렌즈의 형태가 다양해서 용도에 따라 활용할 수 있다. LED 렌즈가 투명하므로 외형으로 빛 색을 구분할 수 없으므로 LED가 섞이지 않도록 잘 관리해야 한다. 만일 바닥에 굴러다니는 고휘도LED를 발견했다면 3V 수은전지(버튼 전지)를 사용하면 어떤 색의 LED라도 저항 없이 간단히 켤 수 있으므로 몇 개쯤 준비해두자.

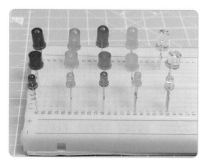

일반LED는 색을 구별하기 쉽다. 흰색은 고휘도LED와 같은 투명이지만 덜 밝다.

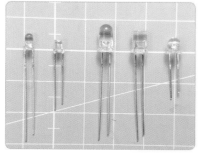

고휘도LED는 매우 밝다. 전원을 연결하기 전에는 어떤 색인지 알 수 없다.

고휘도LED는 빛색으로 나눠 지퍼백에 보관하면 편리하다.

■ 집중형 LED

가장 기본적인 형태의 LED. 라운드 타입(Round Type), 오발타입(Oval Type, 타원형) 또는 포탄형(砲彈形)이라고도 부른다. LED의 빛을 모아 멀리까지 밝게 비출 수 있다. 대신 빛을 비추는 범위(조사각도)가 넓지 않아 전체적으로 밝은 분위기를 내기는 어렵다. 직경 3mm, 5mm는 물론 8mm, 10mm크기도 있다.

■ 확산형 LED

조사각도가 넓어 광범위를 밝게 비춘다. 렌즈 부분은 형태에 따라 두 가지 종류가 있다.

▶ 플랫탑(Flat Top) : 가장 흔한 형태. 조사각도 약 80˚~100˚ 정도. 원통형(Cylinder Type)이라고 부르기도 한다. 지름은 2mm, 3mm, 5mm 등이있다.

▶ 스트로햇(StrawHat) : 비교적 최근에 나온 타입. 렌즈가 약간 둥글고 길이가 매우 짧은 밀짚모자 형태. 조사각도가 120˚~140˚ 정도로 플랫탑보다 더 넓은 범위를 비출 수 있다. 국내에서는 정식 명칭이 없으므로 고휘도 확산형 LED로 검색해서 형태를 보고 선택해야 한다. 해외 검색시에는 Strawhat으로 한다. 렌즈 지름은 5mm만 있다.

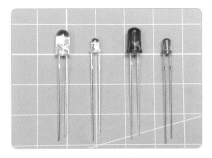

집중형LED. 왼쪽부터 고휘도5mm, 3mm / 일반5mm, 3mm.

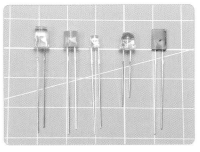

확산형LED의 종류. 왼쪽부터 고휘도 플랫탑 5mm, 일반 플랫탑 5mm, 고휘도 플랫탑 3mm, 모자타입 고휘도 5mm, 사각 LED.

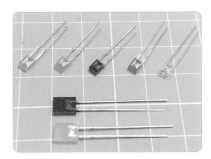

변형된 형태인 사각형LED도 확산형.

렌즈의 형태에 따른 밝기 비교. 각 LED는 벽과 10cm 거리 떨어져 있다.

집중형LED : 빛이 한곳에 모여 매우 밝다.

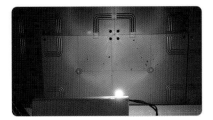

확산형LED - 플랫탑: 비교적 넓은 범위를 비춘다.

확산형LED - 스트로햇: 가장 어둡게 보이지만 더 넓은 범위를 비춘다.

■ 리드LED의 크기

리드타입 LED는 일반적으로 원형으로 지름 3mm, 5mm를 주로 사용한다.
2mm LED : 발광 부분은 4mm이지만 빛이 나오는 튀어나온 부분의 직경이 2mm이다.
사각형(square)LED : 외형이 사각형으로 발광칩 회로는 일반LED와 같다. 이 책의 (07 R2&3PO)에서 전원표시용으로 사용.

	2mm	3mm	5mm	사각형(확산형)
집중형				
확산형				

【1:1 크기】

4 SMD타입 LED의 분류

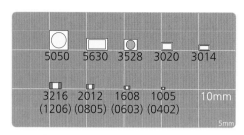
【1:1 크기】

■ SMD LED의 크기

SMD LED는 직사각형 또는 정사각형 모양이다. 가로 세로 크기로 이름을 붙였다. 5050 LED는 가로 5mm, 세로 5mm의 크기를 의미. 여기에 예를 든 것 외에도 다양한 크기와 형태가 있다.

SMD LED는 일반적으로 밀리미터 단위로 사이즈를 사용하는데 3216, 2012, 1608, 1005 LED의 경우 괄호 안과 같이 인치(Inch) 단위로 표기하기도 한다. 1206 LED는 인치 단위로 표기한 것으로 1.2mm×0.6mm가 아니라 3.2mm×1.6mm의 크기. LED를 구입할 때 크기를 잘 확인해야 한다.

■ SMD LED의 전극

리드LED는 공통 규격의 전극 표시 방법이 있지만, SMD LED는 크기와 제조사에 따라 여러가지 방법으로 극성을 표시하고 있다.
① 프레임 앞면에 커팅된 부분(▲)이 -극.
② LED 뒷면에 전류의 방향을 인쇄.
③ 전극의 크기가 다른 경우도 있다.

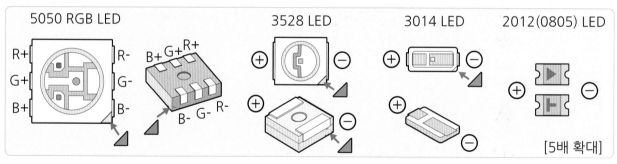

3색 LED는 각각의 전극이 각 색의 +와 -극.

일반적으로 단색LED는 +,- 전극이 하나.

커팅 부분이 있고 뒷면의 전극 크기가 다르다. 작은 쪽이 +.

전류가 흐르는 방향을 뒷면에 표시.

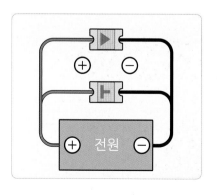

전원 장치의 전류는 +에서 -로 흐른다.
▶, ┠ 표시는 전류가 흐르는 방향을 의미.
+▶-, +┠-로 연결한다.

LED의 빛색에 따른 전압

아두이노 보드의 핀에 LED를 연결하면 LED를 켤 수 있다. 아두이노 핀은 5V의 전압을 출력한다.
LED는 색에 따라 크게 두 개의 정격전압이 있다(LED를 최적의 상태로 켤 수 있는 전압).

정격전압 2V LED : 빨간색, 노란색, 주황색

정격전압 3V LED : 파란색, 흰색, 웜화이트, 초록색, 핑크(마젠타), 골드, 아이스블루(시안)

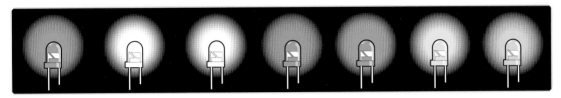

아두이노에 설치할 때 저항값 계산하기

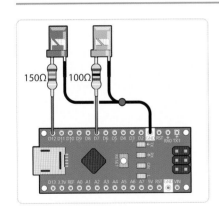

정격전압 2V의 빨간색 LED는 D12핀에 연결한다. 이때 아두이노로부터 공급받는 전압(5V)이 높으므로 LED를 보호하기 위해 LED의 +극에 저항을 설치했다.
정격전압 3V의 초록색 LED는 D7핀에 연결한다. 마찬가지로 저항을 설치.
LED의 -극(검정선)2개는 병렬로 묶어 아두이노의 GND핀에 연결한다.
두 LED의 정격전압이 다르므로 저항의 값이 다르다. 이것은 아래의 공식으로 알 수 있다.

$$\text{LED 저항값} = \frac{\text{공급전압} - \text{LED전압}}{\text{전류}}$$

전류는 LED가 소모하는 값을 넣는다. 일반적으로 LED는 20mA의 전류를 사용한다. 계산식에서는 A로 사용하므로 0.02로 기억하면 된다.

$$\text{LED 저항값} = \frac{\text{5V} - \text{LED전압}}{\text{0.02}}$$

핀의 공급전압은 5V이고 LED의 전류는 0.02. 여기에 각 LED의 정격전압을 넣으면 LED의 저항값을 계산할 수 있다.

정격전압이 2V인 빨간색 LED의 저항값.

$$\text{LED 저항값} = \frac{\text{5V} - \text{2V}}{\text{0.02}} = \frac{\text{3V}}{\text{0.02}} = 150(\Omega)$$

정격전압이 2V인 빨간색 LED의 저항값.

$$\text{LED 저항값} = \frac{\text{5V} - \text{3V}}{\text{0.02}} = \frac{\text{2V}}{\text{0.02}} = 100(\Omega)$$

위의 저항(100Ω 또는 150Ω)을 사용하면 최적의 밝기로 켜진다. 만약 이 값보다 낮은 저항을 쓰면 LED가 켜지기는 하겠지만 수명이 짧고 빨리 고장날 수 있다. 더 높은 저항을 사용하면 LED의 밝기가 낮아진다. 모형의 분위기에 맞춰 광량을 줄이고 싶을 경우 높은 저항을 사용하면 된다.

회로를 테스트할 때 일일이 저항값을 맞추는게 귀찮다면 220Ω 정도(약간 더 낮거나 높은 값도 Ok)의 저항을 사용하면 어떤 색의 LED라도 안전하게 켤 수 있다. 테스트 후 원하는 적절한 저항으로 바꿔주면 된다.

전선은 부품과 전원을 연결하는 자재. 이 책에서는 AWG 규격으로 전선의 크기를 설명하고 있다. 0번부터 시작해 숫자가 커질수록 가늘어진다. 주로 사용하는 피복은 UL 규격의 PVC로 내열 온도는 100˚C 정도다.

연선

연선(撚線, Stranded Wire)

일반적으로 전자공작에서 사용하는 전선. 도체(속전선)가 여러 가닥으로 되어 있어 여러 번 움직여도 속심이 쉽게 끊어지지 않는다.

※ 도체직경은 속전선 한가닥이 아니라 속전선 모두를 한묶음으로 했을 때의 직경을 의미.

AWG	도체 (mm)	피복직경(mm)	허용전류	비고
22	0.64	1.30	3.0A	전동모터(고속회전)
24	0.51	1.10	590mA	전동모터, 서보모터
26	0.40	1.00	390mA	서보모터
28	0.32	0.90	250mA	LED(병렬 13개 이하)
30	0.25	0.8	150mA	LED 소량(8개 이하)
32	0.20	0.60	90mA	LED 소량(5개 이하)

※ 주의할 것은 허용전류. 전선에 전류가 흐르면 전선의 자체 저항으로 열이 발생한다. 높은 전류를 사용하는 부품(모터, 다량의 LED 등)에는 가능한 굵은 전선을 사용해야 한다. 만약 허용전류 이상의 과도한 전류가 흐르면 고열로 피복이 녹아 합선의 위험이 있다. 비고에는 추천하는 전자부품(LED의 소모전류는 20mA를 기준).

단선

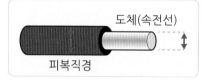

단선(單線, Solid Wire)

도체가 한 가닥이고 구부려두면 그대로 형태가 유지된다. 이 책에서는 AWG22를 사용해 브레드보드 배선을 하고 있다.

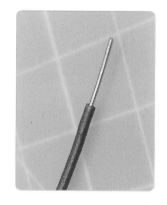

AWG	도체(mm)	피복직경(mm)	허용전류	비고
22	0.64	1.3	3.0	
24	0.51	1.05	590mA	

TIP | 전선으로 장식

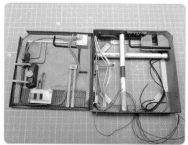

전선은 부품을 전기적으로 연결하는 용도 외에도 모형을 꾸밀 때도 응용할 수 있다.
◀[07] 밀레니엄 팰컨의 정비창 내부는 단선과 연선을 이용해 장식.
◀◀[09] ED-209의 베이스에는 HIV 1.5SQ 단선(220V용)을 사용했다. 무광 클리어를 칠하면 PVC 특유의 반사광이 없어지고 보다 그럴듯해진다.

에나멜선

피복직경=도체

에나멜선(Enamel Wire)

단선에 에나멜 코팅을 입힌 전선으로 도체 직경과 피복 직경은 거의 비슷하다. 피복이 공간을 차지하지 않아 같은 AWG 규격이라도 외형은 매우 가늘다. 에나멜 코팅을 벗기는 것이 조금 번거롭지만 좁은 공간에 작업이 많은 모형 전자공작의 특성상 자주 사용한다. 코팅을 벗기기 쉬운 UEW 에나멜선을 추천.

AWG	도체 =피복직경(mm)	허용전류	비고
28	0.32	250mA	LED(병렬 13개 이하)
30	0.25	150mA	LED 소량(8개 이하)
32	0.20	90mA	LED 소량(5개 이하)

동일한 규격의 AWG32 연선과 에나멜선을 비교해보면 에나멜선의 매력을 금방 알 수 있다. 다만 색이 있는 피복전선과 달리 색상 구분이 없다. 보이지 않는 곳을 통과하는 에나멜선은 구분을 위해 유성펜으로 표시하거나 길이를 다르게 해야 한다.

※ 모터와 같이 전류소모량이 큰 부품은 전선에도 고열이 발생하므로 에나멜선을 사용하지 말아야 한다.

점퍼 와이어

브레드보드로 회로를 만들 때 빠르게 부품을 연결해주는 케이블. 핀이 있는 메일(Male)과 구멍이 있는 피메일(Female) 헤드로 구성되어 있다. 헤드의 조합에 따라 M-M 타입, M-F 타입, F-F타입 세 종류가 있다.
가격이 매우 저렴해 부담없이 사용 가능. 10cm 길이 40개 묶음에 약 1,000원 정도.

길이는 10cm, 20cm, 30cm 등 다양한데, 브레드보드를 이용한 전자공작에서는 10cm를 가장 많이 사용한다. 그 중에서도 M-M타입을 가장 많이 사용하므로 4세트 정도 구비하는 것을 추천. M-F와 F-F는 두 세트면 충분하다. 공작을 하다 보면 긴 점퍼 와이어가 필요할 때가 가끔 있다. 이럴 때는 긴 것을 사지 말고 10cm의 점퍼 와이어로 조합을 하면 된다.

ⓐ (10cm M-M)+(10cm M-F) = (20cm M-M)	
ⓑ (10cm M-M)+(10cm F-F) = (20cm M-F)	
ⓒ (10cm M-F)+(10cm M-F) = (20cm M-F)	
ⓓ (10cm M-F)+(10cm F-F) = (20cm F-F)	

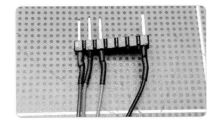

※ 점퍼 와이어는 저렴한 가격으로 대량생산을 하다 보니 때로는 품질이 나쁘거나 연결 핀이 헐거워지고 부러지는 경우가 발생하기 쉽다. 가급적 회로 테스트용으로만 사용하고 전자공작의 최종 완성은 전선과 핀헤더를 납땜하는 것을 추천. 필자가 아두이노를 시작한지 얼마 안되었을 때 점퍼 와이어로 회로를 만들었는데, 어렵지 않은 회로임에도 제대로 작동하지 않아 코드 수정, 부품 교체 등등 사흘을 씨름하다 결국 속전선이 끊어진 점퍼 와이어가 원인이었던 경험이 있다.

1 구분법

구분	설명
누름형 (Momentary)	스위치를 눌렀을 때만 전기가 통한다. 손을 떼면 원래 상태로 되돌아가 전기가 흐르지 않는다. 발사 스위치, 비상등 스위치 등에 사용. 예 : 택트 스위치, 푸시버튼 스위치
선택형 (Alternate)	스위치를 누르거나 움직이면 고정되어 ON이나 OFF를 그대로 유지한다. 전원용, 프로그램 선택용으로 사용한다. 예 : 슬라이드 스위치, 로커 스위치, 토글 스위치

2 스위치의 다양한 형태

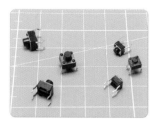

택트(Tact) 스위치 (누름형)
브레드보드나 PCB에 설치하기 적합한 핀 형태의 전극이 있고 다양한 크기가 있다. (6mm, 4mm)

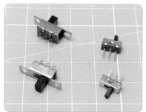

슬라이드(Slide) 스위치 (선택형)
손잡이(검정색)을 좌우로 옮겨 전원을 연결하거나 끊을 수 있다. 선택형 프로그램을 만들 때 유용하다.

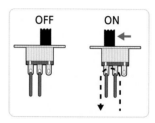

전원 스위치 연결
두 전극에 전선을 연결하고 손잡이를 옮겨 ON, OFF를 선택할 수 있다.

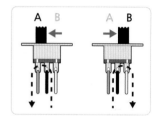

A, B 선택 연결
가운데(검정색) 공통선, 좌우에 A, B선을 연결해서 선택형 스위치로 만들 수 있다.

푸시버튼(Push Button) 스위치 (누름형)
둥근 버튼 형태의 스위치. 다양한 지름이 있고 버튼의 색이 여러가지 있어 용도에 따라 선택할 수 있다.

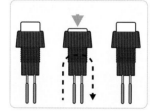

푸시버튼 스위치 (누름형)
버튼(스위치)를 누르면 전기가 흐른다. 누르지 않으면 버튼이 올라가 전기가 흐르지 않는다.

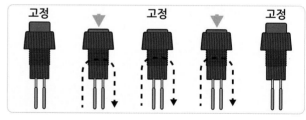

푸시락 스위치 (선택형)
외형은 푸시 버튼 스위치와 비슷하지만 버튼을 눌렀을 때 고정(락)이 되는 타입의 스위치. 한 번 버튼을 누르면 손을 떼도 고정되어 전기가 계속 흐른다. 다시 버튼을 누르면 전기가 흐르지 않는다.

토글(Toggle) 스위치 (선택형)
손잡이가 긴 형태. 기계적 생김새로 인해 독특한 모양의 스위치를 만들 수 있다. 전원용으로 사용할 수 있다.

로커(Rocker) 스위치 (선택형)
한쪽을 올리면 한쪽이 내려가는 형태. 생김새답게 전원용으로 주로 사용한다. I은 전원을 연결, O는 전원을 끊는다는 의미.

DIP 스위치 (선택형)
작은 크기이지만 여러 개의 선택 스위치가 모여 있다. 브레드보드나 PCB에 설치하기 적합한 형태.

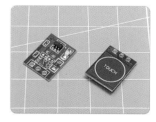

터치(Touch) 스위치 (누름/선택형)
손끝의 정전기를 감지해 스위치를 켜는 방식. 기계적 접촉이 없어 고장의 염려가 적다.

11 공구

11-1 납땜용 인두와 장비

전자공작을 할 때 부품과 전선을 튼튼하고 확실하게 연결하기 위해서는 납땜이 필수. 인두기는 물론 함께 구입해야 하는 장비들을 소개한다.

인두기

인두기는 다양한 종류와 가격대가 있다. 그 중 모형 전자공작에 적당한 형태를 소개. 아래의 제품은 하코(HAKKO, 일본)제 인두기 로서 다른 인두기 회사의 제품도 대부분 이와 비슷한 형태이므로 구입시 참고할 수 있다.

하코제 인두기의 가격은 취미용으로는 약간 비싼 편이지만 내구성이 좋고 온도 유지 성능이 우수하며 관련 부품을 구입하기 쉬운 장점이 있다. 다른 제품을 구입한다고 해도 지나치게 저가의 제품(1만원대)은 내구성이 약하고, 추가 소모품 구입이 어렵다. 2-3만 원대의 국산 제품도 사용에 큰 무리가 없다.

▲스테이션 인두기
온도 조절을 하는 스테이션과 인두 스틱이 분리 된 형태. 빠르게 가열되고 온도 유지 성능이 좋 다. 사진은 하코 FX-888D. 온도는 200˚C~480˚C까지 설정 가능. 18만 원 정도.

▲스틱형 인두기 - 온도조절
손잡이의 다이얼을 돌려 온도 조절이 가능한 스 틱형태. 보관이나 사용이 간편하다. 사진은 하코 FX-600. 온도는 200˚C~500˚C까지 설정 가 능. 8만 원 정도.

▲스틱형 인두기 - 터보
370˚C의 기본 온도로 사용하다 필요할 때 터보 버튼(노란색)을 누르면 순간적으로 700˚C의 고 온을 사용할 수 있다. 사진은 하코980. 입문용 으로 추천. 4만 원 정도.

> **TIP 인두기의 온도**
>
> 일반적인 전자부품(LED, 저항 등)을 납땜할 때는 350˚C(15W) 정도면 적당하다. 간혹 굵은 전선이나 넓은 전극에 납땜을 해야 할 때는 450˚C 이상의 온도가 필요하므로 조절이 되는 인두기가 편리하다.
>
> 주의할 것은 지나치게 높은 온도를 사용하거나 기본 온도라도 인두팁을 부품에 오래 대고 있으면 열에 약한 전자부품이 고장날 수 있다.
>
> 필자는 기본 온도를 400˚C로 사용하고 있다. 빠르게 납이 녹아 작업 시간이 줄어드는 장점이 있다.

클리너

납땜을 하다 보면 인두팁에 납찌꺼기가 남게 되는데 다음 납땜 작 업을 방해하므로 잘 닦아내야 한다.

▲스폰지 클리너
내열 스폰지를 물에 적시고 납찌꺼 기를 닦아낸다. 저렴하므로 많이 사 용. 하지만 물로 인해 인두 팁의 온 도가 급격히 내려가 표면이 손상되 는 단점이 있다.

▲와이어 클리너
금속 와이어 클리너. 인두를 찔러 넣 어 팁을 청소. 온도 저하 없이 납찌 꺼기를 청소할 수 있다. 인두 끝이 납으로 코팅되며 표면보호 효과도 있다. 납찌꺼기가 많이 묻어 딱딱해 지면 교체해야 한다.

인두 스탠드

고열을 사용하는 인두는 스탠드가 필수다. 간혹 인두를 사면 서비 스로 주는 간이 스탠드만으로는 안심이 안된다. 어느 정도 무게가 있고 집게가 있다면 더욱 편리하게 사용할 수 있다.

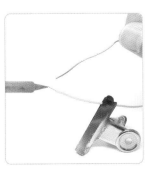

부품을 집게로 잡고 한 손에는 인두기, 한 손에는 실납을 들고 작업하면 편리 하다. 만약 집게가 없다면 철제 사무용 집게를 활용하는 것도 추천.

실납

납땜용 실납에는 납(Lead)을 사용하는 유연납과 납이 없는 무연납 두 가지 종류가 있다(※배합비율은 제조사, 제품마다 차이가 있다).

▶ 유연납: 주석(Sn) 66%와 납(Pb) 33%의 비율.
▶ 무연납: 주석(Sn) 99%와 구리(Cu) 0.7%의 비율.

유연납은 비교적 낮은 온도(180°C 정도)에서 녹아 납땜이 쉽다. 이에 비해 무연납(PbFree)은 비교적 높은 온도(220°C 정도)에서 녹아 사용이 약간 까다롭다. 전자제품을 대량생산 하는 공장에서는 의무적으로 무연납을 쓴다. 하지만 취미 전자공작을 할 때는 기본적인 주의사항만 지킨다면 사용이 쉬운 유연납이 편리하다(180°C, 220°C라고 해도 실제 납땜할 때는 유연납은 300°C 이상, 무연납은 350°C 이상의 온도에서 제대로 녹는다).

주의할 것은 너무 저렴한 실납은 배합 성분이 일정하지 않고 품질이 나빠 납땜이 제대로 되지 않는 경우가 있으므로 가능하면 판매 정보에서 납 혼합 성분을 표기한 믿을만한 제품을 구매하기를 추천.

희성. Φ1mm 유연납 1Kg. 4만 원 정도

YunFang Φ1mm 유연납 50g. 3,500원 정도

Asahi. Φ0.8mm 무연납 250g. 2만 5천 원 정도

실납은 여러가지 굵기가 있는데 직경 1mm를 추천. 판매하는 양도 다양한데, 테스트용이라면 50g, 안정적으로 여유있게 사용하려면 250g 정도를 추천. 필자의 경우 1Kg의 실납을 3년째 사용중인데 이제 절반 정도 소모했다.

TIP 납땜과 건강

납땜을 할 때 발생하는 연기를 흔히 납이 타는 연기라고 오해한다(납이 연기가 되려면 1,500°C 이상의 온도가 필요!). 사실 이 연기는 실납 안에 있는 페이스트(납땜이 잘 되게 도와주는 물질)가 타는 것으로 비록 납 연기는 아니지만 건강에 해롭다. 하지만 환기가 잘되는 곳에서 작업을 하면 크게 걱정하지 않아도 된다("납연기 흡입기"라는 제품도 있다).

간과해서는 안 되는 것은 납가루이다. 실납을 잡는 것으로도 손에는 납가루가 남기 때문에 납땜 작업 후에는 반드시 손을 깨끗이 씻어야 한다.

◀ 페이스트가 타면서 발생하는 연기. 밀폐 공간에서 납땜을 장시간 하는 것은 금지. 혹시 방에서 작업한다면 창문을 열어 환기를 잘 하면서 작업해야 한다.

▶ 휴지로 실납을 문질러보면 검은색 납이 묻어나오는 것을 볼 수 있다. 비록 미세한 양이지만 주의해야 한다.

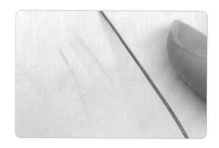

페이스트

실납 안에는 납땜을 도와주는 페이스트가 있지만 인두에 닿으면 쉽게 타버린다. 별도로 판매하는 페이스트를 구입해서 납땜할 곳(전선이나 부품 등)에 묻히면 납땜 작업이 편리하다. 페이스트는 액체, 반고체, 고체 타입이 있으며, 번리(BURNLEY)에서 제작한 둥근 통에 담긴 반고체 타입을 추천.

번리 솔더링 페이스트 57g. 3천원 정도.

납땜하려는 부품(속전선, 전극 등)을 페이스트에 찍어 묻히고 작업하면 깔끔하게 납이 녹아 들어간다.

※주의

페이스트는 소량만 사용해도 납땜이 잘된다. 너무 많은 양을 사용하면 인두의 열로 페이스트가 끓으며 바닥이나 모형에 튀게 된다. 뜨거운 방울이 손에 닿으면 화상은 아니지만 깜짝 놀랄 수 있다.

고백하자면, 필자도 뜨거운 페이스트가 손에 튀어 놀라 휘젓다가 모형을 치는 바람에 부품이 날아간 슬픈 경험이 있다. 다시 한번 말하지만 페이스트는 살짝 묻혀만 줘도 충분하다.

손으로 전선 연결 Hand-Wiring

전선을 연결할 때 확실하게 하려면 납땜을 해야 하지만 모형 전자공작을 할 때는 분리, 수정을 해야 할 경우가 자주 발생한다. 그래서 전선의 연결을 분리하기 쉽도록 손으로 꼬아 연결하는 방법을 소개한다. 수축튜브로 마무리하므로 합선이나 전선이 풀리는 것도 방지할 수 있다. 손으로 연결하므로 "핸드 와이어링"이라는 이름을 붙였다.

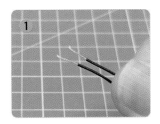   

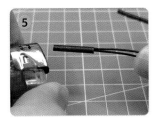

① 연결하려는 전선의 피복을 벗겨내고 가지런히 잡는다(필자는 보통 5mm~7mm 정도. 속전선의 탈피가 너무 짧으면 손으로 연결하기 어려우므로 주의).
② 속전선을 좌우로 벌려 V형태로 만들고 손끝으로 두 속전선을 함께 잡고 천천히 돌리면 두 전선이 서로 감기면서 연결된다.
③ 두 전선이 서로 꼬여 제대로 연결된 상태. 만약 V로 벌리지 않고 감으면 한쪽 전선만 꼬여 연결이 쉽게 풀릴 수 있다.
④ 연결한 속전선을 피복쪽으로 접어둔다.
⑤ 속전선 길이보다 약간 더 길게 준비한 수축튜브(약 1cm)를 씌우고 열을 가해 마무리. 속전선이 바깥으로 나오지 않게 감싸야 한다. 수축튜브를 벗기면 전선을 분리할 수 있다.

전선 병렬연결 Y-Wiring

여러 개의 부품을 동시에 조절할 때는 전선을 병렬로 연결한다. 사진은 세 개의 LED를 동시에 켜는 예. 핸드 와이어링과 마찬가지로 나중에 수리할 경우를 대비해 손으로 꼬아 연결하고 수축튜브로 마무리 한다. 아두이노 전자공작에서 -극은 모두 공통으로 GND에 연결하므로 여러 가닥의 검정선을 하나로 연결하는 경우가 많다. 여러 선을 하나로 묶고 공통선을 추가하므로 "Y 와이어링"이라는 이름을 붙였다.

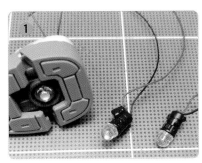  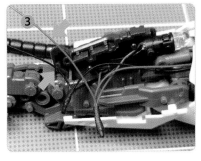

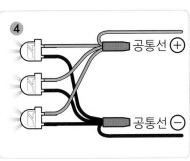

① 스러스터 효과용으로 준비한 3개의 LED.+극은 파란선, -극은 검정선으로 연결했다.
② LED를 각각의 위치에 조립하고 선을 모아준다. 피복을 벗기고 파란선 3개 한 묶음, 검정선 3개 한 묶음으로 꼬아서 연결한다.
③ 여기에 공통선으로 사용할 파란선과 검정선을 추가로 꼬아 주고 수축튜브로 마무리하여 완성.
④ 공통선에 전원을 연결하면 3개의 LED가 동시에 켜진다.

전선과 부품 납땜 Pre-Soldering

납땜하는 부분 각각에 납을 녹여 붙인 후 함께 납땜하면 확실하게 연결된다. 두 번 납땜하는게 번거로워 보일 수 있지만 납땜이 제대로 되지 않아 문제가 발생해 그것을 수정하는게 더 귀찮은 일이다. 양쪽 전극에 미리 납땜(Soldering)을 하므로 프리 솔더링이라는 이름을 붙였다.

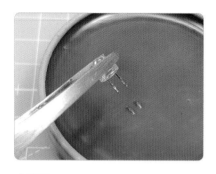
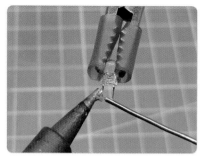
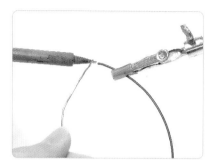

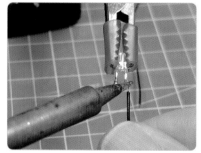

① 부품을 납땜하기 전에 전극이나 속전선에 페이스트를 조금 묻혀두면 납땜이 잘된다. 전극을 페이스트에 콕 찍는 느낌으로 살짝만 묻혀두는 것으로 충분하다.
② 부품의 전극에 인두 팁을 대고 실납을 가져가 녹여 붙인다. 얇게 퍼지면서 납이 코팅되면 Ok.
③ 속전선에 인두를 대고 1초 정도 가열하고 실납을 가져가 녹여 붙인다.
④ 납땜을 한 속전선과 전극을 맞붙이고 인두 팁으로 조금 가열하면 납이 녹으면서 납땜이 완료된다. 이미 납이 붙어 있는 상태이므로 페이스트를 더할 필요는 없다.

※ Pre-Soldering, Hand-Wiring, Y-Wiring은 연결 방법을 설명하기 위해 필자가 만든 용어.

11-3 　자주 사용하는 공구

와이어 스트리퍼/커터

모형 전자공작을 하다 보면 전선의 피복을 벗기는 작업(탈피)이 필수다. 전용 공구가 없어도 칼이나 니퍼로 벗길 수 있지만 전자공작에 사용하는 전선은 가늘어서 자칫 속전선이 끊어지는 경우가 많다. 필자가 애용하는 공구를 사용하면 전선 피복을 벗기는 작업을 손쉽고 빠르게 할 수 있다.

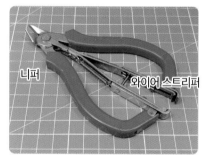

PROSKITT 8240. 한쪽은 전선을 자르는 니퍼, 한쪽은 전선을 벗기는 스트리퍼로 사용하는 멀티툴이다. 약 만 원 정도.

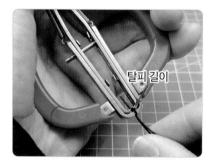

탈피하려는 길이를 안쪽 이빨에 맞추고 손잡이를 살짝 눌러 바깥 이빨로 전선을 잡아준다.

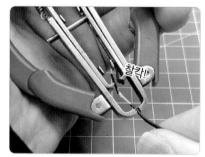

손잡이를 힘주어서 누르면 안쪽 이빨이 전선의 피복을 벗겨낸다.

※이 공구는 AWG28번 선까지는 한 가닥씩 탈피해도 문제 없지만, AWG30, 32와 같은 가는 선을 탈피할 때는 속전선까지 끊어버리는 경우가 발생한다. 가는 선은 두 가닥 이상의 전선을 한꺼번에 물리고 탈피하면 속전선의 손상없이 탈피할 수있다.

핀바이스

모형에 LED를 설치하려면 구멍 뚫는 작업을 많이 하게 된다. 이때 구멍이 없는 곳을 핀바이스(소형드릴)로 3mm나 5mm의 구멍을 뚫으려면 플라스틱 부품이 찢어지거나 손상이 심하게 될 수 있다. 핀바이스 날이 작은 순서대로 차차 넓혀 나가면 플라스틱 부품의 손상을 줄일 수 있다.

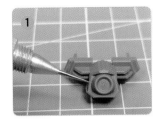

① 철필로 플라스틱 부품의 중심을 잡아 찍어두면 핀바이스 사용이 편리하다.
② 필자는 1mm, 1.5mm, 2mm, 2.5mm, 3mm, 4mm, 5mm을 사용하고 있다. 구멍을 자주 뚫다 보니 그때마다 바꿔 끼우기 번거로워 각각 핀바이스에 고정하고 손잡이에 지름을 표시.
③~⑤ 처음에는 1mm로 시작해서 1.5mm, 2mm, 2.5mm, 3mm와 같이 핀바이스의 직경을 차차 넓혀 주면서 작업하면 부품의 손상을 줄일 수 있다.

 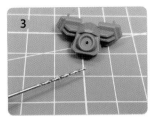  

핸드리머

구멍을 뚫기 위해 핀바이스를 사용하는데, 그렇다고 모든 직경의 드릴날을 갖추는 것은 관리도 작업도 힘들다. 이때 사용하는게 "핸드리머(Hand Reamer)". 핸드리머는 작은 구멍을 차차 넓혀 가는 공구.

 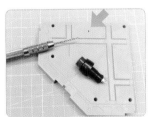  

"프라모델용 핸드리머"로 검색하면 나오는 제품으로 약 만 오천 원 정도. 16mm라고 써있지만 실제로는 14mm까지 뚫을 수 있다.

지름 9mm의 스위치를 설치해보자. 먼저 스위치의 위치에 1mm 핀바이스로 구멍을 만들어둔다.

리머를 구멍에 끼우고 약간 힘을 주어 밀면서 시계방향으로 돌린다. 플라스틱에 작업할 때는 생각보다 빨리 구멍이 뚫리므로 천천히 작업해야 한다.

구멍 뚫기는 한 번에 완료하려 하지 말고 작업 중간중간에 부품의 크기를 맞춰가며 뚫어야 적당한 크기로 구멍을 만들 수 있다.

파이프 커터

LED를 고정하거나 빛샘을 방지할 때 프라 파이프를 적당한 길이로 잘라 씌우는 작업을 자주 한다. 프라 파이프를 적당한 길이로 잘라야 하는데, 칼로만 한다면 깔끔하게 자르는 것이 생각보다 쉽지 않다. 이때 사용하는 것이 파이프 커터. 사진은 소형 동 파이프 커터기인 SM-128. 4,000원 정도. 지름 3mm~22mm의 파이프를 커팅할 수 있다.

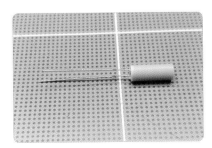  

LED에 광섬유를 고정하고 빛샘 방지를 위해 프라 파이프를 씌운 모습.

파이프를 커터기에 넣고 손잡이를 돌려 고정한 후 파이프를 천천히 돌린다. 두꺼운 파이프는 돌리면서 손잡이도 조금씩 조여줘서 더 깊이 자르도록 한다.

깔끔하게 파이프를 자를 수 있다. 플라스틱, 동, 알루미늄 파이프도 절단 가능(철제 파이프나 두꺼운 봉은 불가).

12 DnA 서보테스터 만들기

12-1 서보테스터 소개

1 DnA 서보모터

서보모터의 작동을 테스트하기 위해 시중에서 판매하는 서보테스터 제품을 사용한다. 하지만 각도가 얼마인지 정확히 알 수 없고 작동 범위도 90°로 제한이 있는 단점이 있다. 그러다 보니 프로그램에서 사용하는 정확한 각도를 설정하려면 아두이노에 연결한 후 다시 하나하나 각도를 맞추어야 하는 번거로움이 있다.

이번에 제작하는 "DnA 서보테스터"는 아두이노 나노와 몇 개의 부품으로 제작하는 서보테스터로, 가변저항을 돌려 각도를 표시한다. 또한 두 개의 각도를 지정해서 자동작동을 할 수 있는 기능도 추가되었다. (*DnA는 Digital & Analog를 의미. 필자와 아들이 소프트웨어인 코딩과 하드웨어인 전자부품을 사용하여 새로운 것을 만드는 팀의 이름)

브레드보드 하프에 최대한 컴팩트하고 간단하게 만들다 보니 FND가 세워지고 가변저항도 조금 불편한 위치에 있게 되었다. 커넥터를 끼우거나 가변저항의 종류를 바꾸는 등 개선의 여지가 많으므로 이 회로에 자신의 아이디어를 더해 개량해보는 것도 재미있는 시도가 될 것 같다.

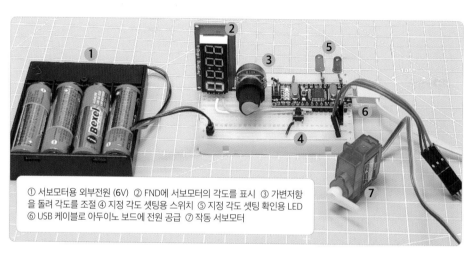

① 서보모터용 외부전원 (6V) ② FND에 서보모터의 각도를 표시 ③ 가변저항을 돌려 각도를 조절 ④ 지정 각도 셋팅용 스위치 ⑤ 지정 각도 셋팅 확인용 LED ⑥ USB 케이블로 아두이노 보드에 전원 공급 ⑦ 작동 서보모터

2 주요부품

기본부품
☐ 아두이노 나노 1개
☐ USB 커넥터
☐ 브레드보드 하프 1개

입력부품
☐ 가변저항 10KΩ 1개
☐ 6mm 택트 스위치 1개

출력부품
☐ TM1637 FND 1개
☐ 5mm LED 빨간색 1개
☐ 5mm LED 파란색 1개
☐ 서보모터 1개

전자부품
☐ 납땜용 도구
☐ AWG 22단선
☐ 저항 1/4W 220Ω 2개
☐ AA건전지 4구 홀더1개, AA건전지 4개
☐ 2.54 피치 핀헤더 2핀
☐ 점퍼와이어 M-M10cm

6mm 택트 스위치
아두이노에서 일반적으로 사용하는 누름형 스위치. 다양한 크기, 저렴한 가격으로 각종 전자공작에 많이 사용하고 있다.
6mm 택트 스위치는 50원 정도.

◀브레드보드에 조립하기 쉬운 4개의 전극 다리를 가지고 있다.
6mm는 스위치 몸통의 크기

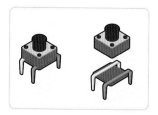

◀전극이 꺾인 방향을 기준으로 노란색, 초록색이 같은 전극이다(색은 이해를 돕기 위한 것으로 실제로는 모두 은색)

218

◀전극은 노란색 단자와 초록색 단자에 각각 연결해야 한다. 스위치를 누르면 노란색과 초록색이 연결되어 전기가 통한다. 마지막 그림처럼 같은 극에 연결하면 항상 연결된 상태가 되므로 스위치 기능을 하지 못한다.

TM1637 FND 4 Digit

LED로 숫자를 표시하는 장치로 4 Digit은 네 자리를 표시할 수 있다는 의미. 전용 라이브러리를 설치하고 사용할 수 있다. TM1637은 FND를 사용하는 IC칩의 이름. 1,000원 정도

파란색 기판에 FND모듈과 IC칩이 조립되어 있고 4개의 연결핀이 있다.

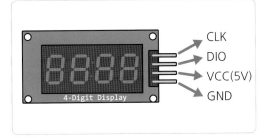

아두이노에는 4개의 핀으로 연결한다. CLK와 DIO는 아두이노와 신호를 주고 받는 핀으로 디지털 핀에 연결하고, VCC와 GND는 전원 버스에 연결한다.

12-2 서보테스터 공작

1 배선용 전선

■ 브레드보드에 부품을 조립할 때 배선용 전선으로 AWG22 단선을 사용하면 회로를 깔끔하게 만들 수 있어서 추천. 길이는 아래 그림에 맞춰 잘라서 준비한다.

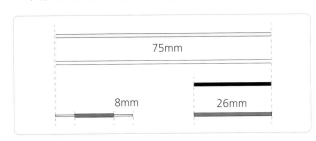

만약 단선이 없다면 점퍼 와이어를 사용하여 조립하는 것도 가능하다.

◀필요한 단선의 길이와 수량. (1:1크기)

□노란선 75mm 1개   □흰선 75mm 2개
□검정선 26mm 4개   □빨간선 26mm 3개
□전선 탈피 8mm

※조립 설명을 위해 네 가지 색의 전선을 구분해서 사용하지만 반드시 색을 지켜야 할 필요는 없다. 전선의 조립 위치만 맞다면 다른 색의 전선을 사용해도 된다.

점퍼 와이어 M-M 10cm으로 조립한 배선.
사진은 DnA서보테스터 프로토 타입. 탈피 작업 없이 바로 조립 가능한 것이 장점이다. 필자도 회로를 테스트 할 때는 점퍼 와이어를 사용하여 프로토 타입을 만든다.

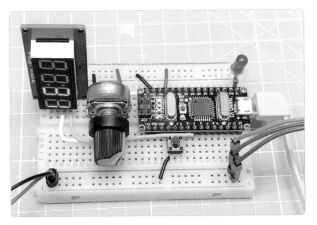

단선으로 배선한 상태.
DnA 서보테스터 V1.0 조립상태(본 책의 조립방법). 단선으로 길이를 맞춰 연결해서 깔끔한 회로를 만들 수 있다. 점퍼 와이어에 비해 중간에 전선이 끊어지는 등의 고장이 나지 않는다.

2 외부전원과 LED

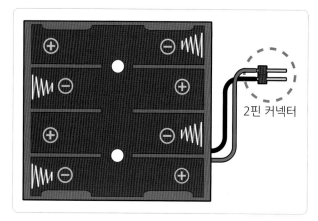

■ AA건전지 4구 홀더에핀 헤더 2핀을 연결한다.

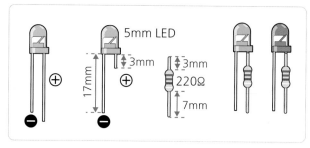

■ 확인용 LED
① 파란색 LED의 +, -전극을 그림의 길이에 맞춰 자른다(+전극 쪽을 짧게
  자른다).
② 저항을 그림의 길이에 맞춰 자른다.
③ +극에 220Ω의 저항을 연결한다.
④ 빨간색 LED도 동일하게 작업한다.

3 회로조립

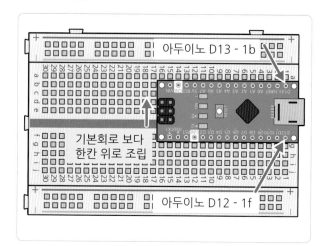

DnA 서보테스트를 만들 때 아두이노는 기본 회로보다 한 칸 위로 조립한다.

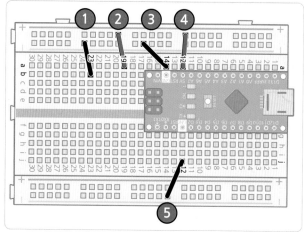

① 가변저항 검정선　23b - 위-버스
② 가변저항 빨간선　19a - 위+버스
③ 5V 전원 검정선　14a(GND) - 위-버스
④ 5V 전원 빨간선　12a(5V) - 위+버스
⑤ 공통 GND 검정선　12j(GND) - 아래-버스

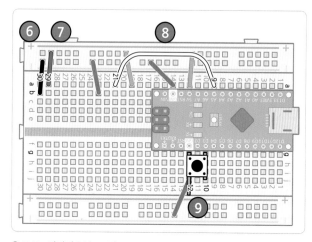

⑥ FND- 검정선 30b - -버스
⑦ FND+ 빨간선 29a - +버스
⑧ 가변저항 신호선 흰선 9a - 21a
⑨ 택트 스위치 10g(D3) - 12g(GND)

4핀 택트 스위치

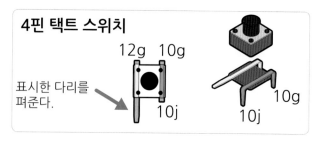

표시한 다리를
펴준다.

6mm 4핀 택트 스위치 조립 참고 (색은 참고용).
노란색, 초록색은 한 줄이다. 스위치를 누르면 노란색과 초록색이 연결된다.

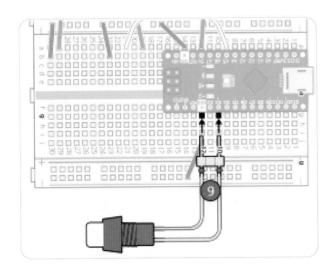

택트 스위치가 없거나 불편한 경우 일반 버튼 스위치(모멘터리= 누름형)를
사용해도 된다. 스위치에 전선을 연결하고 변형 2핀을 연결하여 조립한다.
⑨ 버튼 스위치 10g(D3) - 12g(GND)

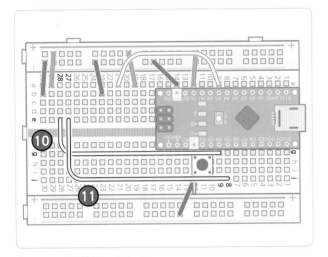

⑩ FND DIO: 흰선 28e - 9g(D4)
⑪ FND CLK : 노란선 27e - 8j(D5)

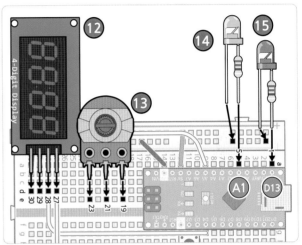

⑫ FND : 27e(노란선) - 28e(흰선) - 29e(빨간선) - 30e(검정선)
⑬ 가변저항: 19e(빨간선) - 21e(흰선) - 23e(검정선)
⑭ 파란색 LED : 저항5a(A1) - -버스
⑮ 빨간색 LED : 저항1a(D13) - -버스

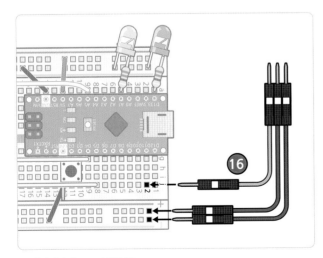

⑯ 점퍼와이어 M-M 주황선2j
  점퍼와이어 M-M 빨간선 아래 +버스
  점퍼와이어 M-M 검정선 아래 -버스

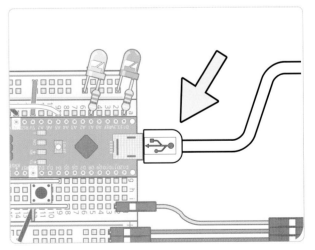

아두이노 보드에 USB 커넥터를 연결하고 코딩을 시작한다(코드 업로드).

1 프로그램

```
1  //Servo Tester ExpDnA_V1.1 2023.July.09 By C.J.Park
2  #include <TM1637Display.h> //"TM1637Display Library" Avishay Orpaz
3  #include <Servo.h>
4
5  #define BUTTON 3 // Set Button
6  #define DIO 4
7  #define CLK 5
8  #define LED1 13 // First Angle Set LED
9  #define LED2 15 // Second and Play LED
10
11 int POTV = 0;
12 int angle = 0;
13 int point1 = -1; // First Angle Int
14 int point2 = -1; // Second Angle Int
15 Servo Motor1;
16 TM1637Display display(CLK, DIO); //
17
18 void setup(){
19   Motor1.attach(11);
20   pinMode(BUTTON, INPUT_PULLUP);
21   pinMode(LED1, OUTPUT);
22   pinMode(LED2, OUTPUT);
23   display.setBrightness(10); // bright 0~15
24 }
25
26 void loop(){
27   angle = map(analogRead(A5), 0, 1023, 180, 0);
28   Motor1.write(angle);
29   display.showNumberDec(angle, false); // false = 90 ; true = 0090
30
31   //Check First angle save
32   if(point1 == -1&& digitalRead(BUTTON)== LOW){
33     point1 = angle; // Save current angle as first angle
34     digitalWrite(LED1,HIGH);
35     while(digitalRead(BUTTON)==0){
36     }
37     delay(100);
38   }
39
40   //Check Second angle save
41   if(point1 != -1&& digitalRead(BUTTON)== LOW){
42     point2 = angle;  // Save current angle as Second angle
43     digitalWrite(LED2,HIGH);
44     while(1){
45       for(int i= point2; i!= point1; i-=((point2-point1)>0)*2-1){
46         Motor1.write(i);
47         display.showNumberDec(i, true);
48         delay(16);
49       }
50       Motor1.write(point1);
51       display.showNumberDec(point1, true);
52       delay(1000);
```

【전처리영역】
서보모터와 FND의 라이브러리를 추가하고 전역변수를 설정.
angle = 서보모터의 각도.
point1 = 자동작동의 첫 번째 각도 저장용.
point2 = 자동작동의 두 번째 각도 저장용.

Contact

DnA서보 코드파일
다운로드
Kyoji: 네이버블로그
https://blog.naver.
com/ballak

Naver Blog : Kyoji

【셋업영역】
핀모드 설정과 FND의 밝기를 설정

【루프영역】
수동으로 서보모터의 각도를 조절하는
코드.

자동작동을 위해 스위치를 눌러 첫 번째
각도를 설정하는 코드.

```
53      // First angle to Second Angle
54      for(int i= point1; i!= point2; i+=((point2-point1)>0)*2-1){
55        Motor1.write(i);
56          display.showNumberDec(i, true);
57        delay(16);
58      }
59      Motor1.write(point2);
60      display.showNumberDec(point2, true);
61      delay(1000);
62    }
63  }
64 }
```

2 해설

【 2 】 #include <TM1637Display.h> //"TM1637Display Library" written by "AvishayOrpaz".

TM1637 FND는 오래전부터 사용되어온 부품으로 라이브러리도 여러 종류가 있다. 라이브러리에 따라 사용하는 명령어가 약간씩 다른 부분이 있으므로 주의해야 한다. 이번 코드에서 사용한 라이브러리를 주석에 표시했으므로 검색시 동일한 것을 사용해야 한다.
라이브러리 다운로드 주소 : https://blog.naver.com/ballak(Kyoji: 네이버 블로그)

Contact

Naver Blog : Kyoji

【 16 】 TM1637Display display(CLK, DIO);//

TM1637FND와 아두이노간의 통신을 위한 핀 설정. CLK는 클럭, DIO는 데이터 입출력 핀을 의미한다.

【 23 】 display.setBrightness(10);// bright 0~15

FND의 밝기 설정. 괄호( ) 안의 숫자를 바꾸어서 꺼짐(0) ~ 최고 밝기(15)까지 설정할 수 있다.

【 27 】 angle = map(POTV, 0, 1023, 180, 0);

서보 각도 설정용 함수. 가변저항(POTV)의 값(1024단계)을 서보모터의 각도(180)와 비율로 맞춰준다. 이번에 제작한 회로는 반시계 방향으로 돌리면 각도가 높아지도록 매핑값을 180, 0으로 설정했다. 만약 0, 180으로 설정하면 가변저항을 시계방향으로 돌리면 각도가 높아진다.

(POTV, 0, 1023, 180, 0)

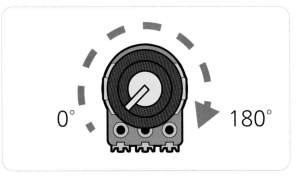

(POTV, 0, 1023, 0, 180)

```
【 29 】 display.showNumberDec(servoAngle, false);
```

FND에 표시하는 값과 표시방법을 설정. servoAngle의 값을 FND에 표시한다. 네 자리의 FND이므로 사용하지 않는 자리의 값을 어떻게 설정할지 false 또는 true로 설정한다. 이 프로그램에서는 수동조절일 때는 false, 자동작동일 때는 true로 설정했다.

false 사용하지 않는 빈 자리의 LED를 끈다.
【85】

true 사용하지 않는 빈 자리의 LED를 0으로 표시한다. 【0085】

```
【 48 】, 【 57 】 delay(16);
```

delay의 값을 바꾸면 자동작동을 하는 속도를 조절할 수 있다. 16보다 낮은 값을 쓰면 빠르게 작동하고, 높은 값을 넣으면 느리게 작동한다. 서보작동 테스트를 하는 동안 변화 상태를 파악하기 위해 조금 느리게 설정하는 것을 추천한다.

```
【 52 】, 【 61 】 delay(1000);
```

자동작동 최대값과 최소값일 때 정해진 시간 동안 잠시 작동을 멈춘다. 코드에서는 1000이므로 각각 1초 동안 작동을 멈춘다. 값을 낮추면 잠시 멈추는 시간이 줄어들고, 값을 올리면 멈추는 시간이 늘어난다.

12-4 　서보테스터 사용 방법

1 서보테스터 준비

① 전원용 USB 케이블을 아두이노에 연결해 프로그램을 업로드 한다. 아두이노에 전원 공급을 위해 계속 연결해둔다.
② 서보모터를 전선에 맞춰 연결한다.
③ 건전지를 넣은 4구 건전지 홀더를 아래 전원버스에 연결한다.

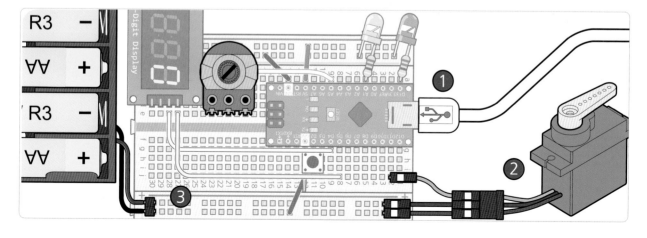

【가변저항 노브조립 방법】
가변저항에 노브를 조립하면 돌리기도 쉽고 표시선이 있어서 보기도 편리하다.

① 가변저항의 손잡이를 돌려 각도를 90°로 맞춘다.
② 노브의 표시선을 수직이 되도록 하여 가변저항 손잡이에 끼운다.

2 수동조절

시계방향(아두이노쪽)으로 돌리면 서보모터의 각도가 낮아지고, 반시계방향(FND쪽)으로 돌리면 각도가 높아진다.

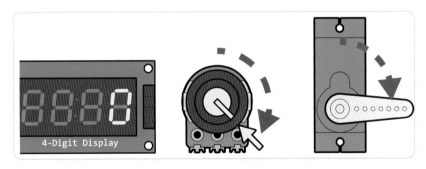

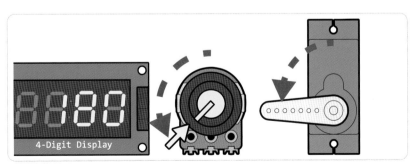

3 자동작동

두 각도를 지정하면 자동으로 왕복 작동을 한다. 각도 설정은 낮은 각도>높은 각도 또는 높은 각도>낮은 각도 어느 쪽으로도 할 수 있다.

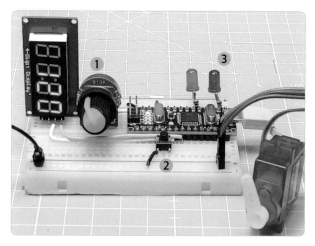

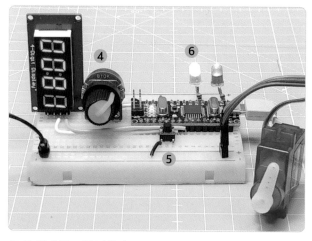

① 가변저항을 돌려 첫 번째 각도를 맞춘다.
② 셋팅 스위치를 눌러 값을 저장.
③ 첫 번째 각도가 저장되면 빨간색 LED가 켜진다.

④ 두 번째 각도를 맞춘다.
⑤ 셋팅 스위치를 눌러 값을 저장.
⑥ 두 번째 각도가 저장되면 파란색 LED가 켜지고 서보모터가 자동으로 작동한다.

⑦ 자동작동을 해제하려면 아두이노의 리셋 버튼을 누른다. 두 개의 LED가 꺼지고 서보는 가변저항의 각도로 복귀한다.

【종합 쇼핑몰】

전자공작에 필요한 부품이나 아두이노 같은 MCU 등 다양한 부품을 종합적으로 판매하는 쇼핑몰. 카테고리를 보는 것만으로도 정신이 없지만 관심을 가지고 조금만 찾아보면 점점 익숙해지게 된다. 여러 가지 부품을 한번에 구입할 수 있는 장점이 있고 미처 생각하지 못했던 부품도 볼 수 있는 재미가 있다. 자체적으로 컨텐츠를 만들어서 블로그나 유튜브를 운영하는 쇼핑몰도 있어서 부품 혹은 전자공작에 관한 공부도 할 수 있다. 메인 쇼핑몰은 물론 스마트스토어(네이버)를 운영하는 경우 주소를 병기하고 있다(카테고리는 2024년 3월 기준).

여기에 소개하는 온라인 쇼핑몰은 필자가 둘러보며 자주 사용하는 곳으로 이외에도 훌륭하고 좋은 온오프라인 상점이 많이 있으므로 참고용으로 사용해주시고 혹시 경험 많은 여러분이 추천해 줄만한 샵이 있다면 필자의 블로그(https://blog.naver.com/ballak)에 제보해주시기를 바란다. 쇼핑몰 리스트는 계속 업데이트할 예정.

상호	주소 스마트스토어	비고
엘레파츠	https://www.eleparts.co.kr https://smartstore.naver.com/eleparts	종합쇼핑몰, 네이버스토어 동시 운영, 자체 블로그, 유튜브, 매거진 운영 (카테고리) (반도체) (수동부품) (전자기계/통신) (커넥터/PCB, 센서/디스플레이) (개발보드/프로그래머) (배터리/전원/전선) (자동제어/임베디드/열관리) (하드웨어/지원부품/엔클로저) (기계/모터/동력/유압 공압) (로봇/3D프린터/IOT기기) (드론/액션캠/무선모형) (공구/수납) (테스트/계측기/광학) (화학제품/산업안전) (컴퓨터/주변기기/네트워크) (모바일/가전/차량용품) (오피스/서적/소프트웨어) (아웃도어/레저/취미)
디바이스마트	https://www.devicemart.co.kr https://smartstore.naver.com/devicemart_official	종합쇼핑몰, 네이버스토어 동시 운영, 자체 블로그, 유튜브, 매거진 운영 (카테고리) (반도체/전자부품) (센서) (RLC/수동소자) (MCU보드/전자키트) (오픈소스/코딩/인텔로봇) (LED/LCD) (전원/파워/배터리) (커넥터/PCB) (스위치/부저/전기부품) (케이블/전선) (수공구/전자공구/전동공구) (계측기/측정공구) (공구함/작업대/엔클로저) (기계/제어/로봇/모터) (컴퓨터/모바일/가전) (화학/산업/안전) (사무/생활/서적) (스쿨존) (캠핑카/보트/그린전기용품)
메카솔루션	https://mechasolution.com https://smartstore.naver.com/mechasolution_com	종합쇼핑몰, 네이버스토어 동시 운영, 자체 블로그, 카페 운영 (카테고리) (반도체/수동소자) (임베디드하드웨어) (교육용키트) (센서) (전기부품/모듈) (모터/기계부품/로봇) (조명/LED/디스플레이) (전원/파워/배터리) (커넥터/PCB) (전선/케이블) (버튼/스위치) (공구/측정) (3D프린터/3D펜/필라멘트) (컴퓨터/사무/생활/서적) (특가상품/리퍼상품)
IC114 (협신전자)	https://www.ic114.com https://smartstore.naver.com/ic11401	종합쇼핑몰, 네이버스토어 동시 운영 (카테고리) (ATMEGA) (아두이노(Arduino)) (키트상품) (라즈베리파이) (전자부품) (로봇/모터/RC카/키트) (LED/FND/LCD) (콘덴서/저항/가변저항/노브) (SMPS/DC-DC컨버터) (브레드보드/PCB) (스위치/플러그/잭) (센서/휴즈홀더/스피커) (지지대/악어클립/그레버) (커넥터/핀헤더/터미널블럭) (배터리/베터리홀더) (안테나/케이블/수축튜브) (납땜공구/공구/기타상품)
인투피온	http://www.intopion.com	종합쇼핑몰, 부품사용방법 자체 블로그 운영 (카테고리) (반도체) (스위치 및 커넥터/상호연결) (케이블/전선/전원/배터리) (개발보드/평가기판) (모터/패스너/부속품) (납땜작업제품) (부품케이스/수납상자) (공구/도구/측정/검사장비) (컴퓨터/주변기기/사무용품) (기타(화학안전산업용품등))
아이씨뱅큐	https://www.icbanq.com	종합쇼핑몰, 유튜브, DIY컨텐츠 운영 (카테고리) (SBC MallSBCMall) (반도체) (MCU보드/제어모듈) (디스플레이 LED/LCD) (센서) (공구/PCB/화학품) (모터/로봇/전자키트) (R/L/C부품 수동소자) (파워/전원) (스위치/전기/기계류) (컴퓨터/주변기기/네트워크) (커넥터) (와이어케이블) (박스/캐비닛/엔클로저) (측정 / 테스트 장비)

상호	주소	비고
다이조아	https://diyjoa.com	다양한 전자부품을 판매하고 있다. 공장에서 더 이상 사용하지 않는 불용 부품을 매우 저렴하게 판매하는 것도 많다. 필자는 여기에서 커넥터류, 덤핑 LED, 전원 관련 부품을 구입한다. 단, 재고가 일정하지 않아 눈에 띄는 것이라면 당장 필요 없더라도 넉넉히 구입해두는 것이 좋다. 주의할 점은 판매하는 부품의 사용방법, 규격 등은 구입자가 알아서 방법을 찾아야 한다. 초보자에게는 비추천.

【스마트 스토어】

네이버에서 운영하는 스마트스토어에 입점한 업체. 종합쇼핑몰보다 규모는 작지만 아두이노 전자공작을 위해 필요한 부품들은 충분히 있다. 스마트스토어의 장점은 여러 업체의 비슷한 부품을 장바구니에 담아두고 가격비교를 하기 좋다. 다양한 부품을 사다 보면 샵마다 가격 차이가 나는데, 이를 쉽게 알 수 있어서 필자도 애용한다. A, B를 구입해야 할 경우 동시에 담아두고 합계 가격으로 비교해 보는 것도 방법(카테고리는 2024년 3월 기준).

상호	주소	비고
알파마이크로	https://smartstore.naver.com/misoparts	(카테고리) (아두이노보드) (아두이노모듈) (모터) (ESP SERIES) (WIFI 블루투스 시리얼) (승압강하(DC-DC)) (케이블) (LED) (LCD) (커넥터 스위치) (브레드보드PCB) (릴레이) (사운드) (카메라) (배터리 홀더) (개발 디버깅 프로그램) (엔코더디코더) (저항 다이오드 IC)
송파메이커스	https://smartstore.naver.com/makerspace	(카테고리) (메이커코너) (아두이노및 MCU 보드) (라즈베리파이) (마이크로비트블럭코딩) (모터 및 모터 드라이버) (센서류) (아두이노센서 및 모듈) (사운드 및 디스플레이) (유무선 통신 및 업로더) (IOT사물인터넷) (파워 케넥터케이블) (3D 프린터 부품) (전기전자) (전자부품) (전기전자부품) (메이커 부품류) (스마트팜개발) (목공툴)
오픈아이디어	https://smartstore.naver.com/openidea	(카테고리) (오픈소스 개발보드) (라즈베리파이) (전자모듈) (MCU 개발보드) (센서) (스위치 릴레이) (커넥터) (터미널단자) (전선 케이블 지원부품) (PCB 브레드보드) (전원 배터리 방열판) (LED LCD) (키트) (스피커 부저마이크) (모터 기계 로봇) (공구 수납) (계측기 측정기) (컴퓨터 모바일 기타기기 서적) (반도체 RLC)
오픈하드웨어	https://smartstore.naver.com/openhw	(카테고리) (전원) (전자석-솔레노이드) (디스플레이) (전자모듈) (아두이노) (라즈베리파이) (센서) (모터) (3D프린터) (드론) (반도체 부품류) (마이크로비트) (공구류)

【해외 쇼핑몰】

국내에서 구하기 어렵거나 가격 차이가 많이 나는 경우, 또는 대량으로 구입해야 할 경우 해외 쇼핑몰을 이용할 수 있다. 다만 배송비가 너무 높지 않은지, 배송기간은 얼마나 걸리는지에 대해서는 잘 고려해야 한다.
아두이노나 에이다프룻의 경우 국내 쇼핑몰에서도 정식 수입하고 있으므로 한 두 개 사는 거라면 국내 쇼핑몰이 편리하다.
알리 익스프레스는 최근 적극적인 마케팅으로 사용자가 많이 늘었다. 그러나 저렴한 가격이라고 하지만 품질 편차가 크고, 최근 가격이 전반적으로 올라있다. 그리고 배송비까지 붙으면 국내 수입업자들이 판매하는 재고보다 비싼 경우도 있으니 잘 확인해야 한다(SG90, MG90 서보모터의 경우 국내 구입이 더 저렴한 것도 있다). 필자는 주로 LED, 서보모터(하이토크, 초미니) 그리고 기타 특이한 부품 등을 구입하고 있다.

상호	주소	비고
아두이노 공식 판매점	https://www.arduino.cc (상단 메뉴 중STORE를 클릭하면 이동)	본점답게 자세한 상품설명과 다양한 학습자료가 있다. 다양한 아두이노에 관한 구체적인 스펙이 궁금하거나 대량구매할 때 이용하면 좋다.
에이다프룻	https://www.adafruit.com	아두이노와 MCU관련한 재미있는 모듈을 제작, 판매하는 미국의 쇼핑몰. 관련된 학습자료도 많다. DF 플레이어도 이곳에서 만들어 판매하기 시작했다.
알리 익스프레스	https://www.aliexpress.com	대표적인 중국의 국제 온라인 쇼핑몰.개별 판매자들이 한 사이트에 모여있다. 비슷한 제품도 가격, 품질 차이가 크다. 배송이 느리므로 급한 주문은 하지 말 것. 국내에는 구할 수 없는 전자부품의 종류가 다양하고 저렴하다. 필자는 샘플로 몇 개씩 구입해본 후 용도가 맞고 품질이 괜찮은 경우 다시 대량 주문을 해서 사용하고 있다.

찾아보기 1 TIP

부품이나 코드를 사용하는데 있어 설명이 더 필요하거나, 현재의 공작 내용에 더해 알아두면 좋을 정보를 다루고 있다.

목차순

찾아보기 2 부품

책에서 사용한 부품을 정리. 같은 부품에 두 개 이상의 페이지가 있으면 사용법이 바뀌거나 다른 용도로 사용하는 것.입니다. 동일한 용도로 사용되는 경우는 최초에 등장하는 페이지만 표시합니다.

※ 일부 부품은 TIP과 겹치고 있습니다. ※ 3부 부록의 부품은 색인에 포함되어 있지 않습니다.

목차순

찾아보기 3 코드

책에서 사용한 주요 코드. 같은 코드에 두 개 이상의 페이지가 있으면 사용법이 바뀌거나 다른 용도로 사용하는 것입니다. 동일한 용도로 사용할 경우 최초에 등장하는 페이지만 표시합니다.

책의 순서대로 정리

모형 전자공작 아두이노 프로그램편

초판 1쇄 인쇄 2024년 06월 20일
초판 1쇄 발행 2024년 06월 25일

지은이 : 박성윤, 박철종

펴낸이 : 이동섭
편집 : 송정환
본문 디자인 : 강민철
표지 디자인 : 조세연
영업 · 마케팅 : 조정훈, 김려홍
e-BOOK : 홍인표, 최정수, 서찬웅, 김은혜, 정희철
관리 : 이윤미

㈜에이케이커뮤니케이션즈
등록 1996년 7월 9일(제302-1996-00026호)
주소 : 08513 서울특별시 금천구 디지털로 178, 1805호
TEL : 02-702-7963~5 FAX : 0303-3440-2024
http://www.amusementkorea.co.kr

ISBN 979-11-274-7771-4   13000